New Wun Ching Developmental Publishing Co., Ltd.

New Age · New Choice · The Best Selected Educational Publications — NEW WCDP

第四版

總編纂／田博元
編　纂／汪中文
主　編／劉燕儷
編著者／王淑端・李巧雯・吳遐功
　　　　王耀德・邱重銘・王俊傑

台灣

歷史與文化

FORMOSA

　　21 世紀是人類重新反省並重建人文價值的新世紀，以人為本的人文教育受到重視，尊崇人性的人文精神更成為教育理念的核心。歷經上一世紀「重科技，輕人文」的偏差發展，所導致人類價值觀念的變化，已然對人類自我以及自我所處的社會與自然環境產生負面影響，原本美善的人類本質受到衝擊，而人類賴以生存的社會與自然亦受到破壞。雖然科學技術達到空前的發展，人類生活得到前所未有的便利，然而精神層次的空虛貧乏卻造成生命意義的失落，即使物質世界日新月異目不暇給，徒然使人迷失於外在華麗的堆砌，找不到內在心靈的依靠。

　　21 世紀的大學通識教育，正是為了補「重科技」之偏，以救「輕人文」之弊，提出科學與人文並重的教育方向，並進一步直指問題的關鍵，以人文價值的建立為一切教育的根本目的，從而奠定人文精神在通識教育的核心地位。中國的「人文」觀念源遠流長，先秦時期「以人為本」思想的成熟之作《易傳》，即提出「人文」一詞以與「天文」對舉，《周易‧賁卦‧象辭》說：「剛柔交錯，天文也；文明以止，人文也。觀乎天文，以察時變；觀乎人文，以化成天下。」「人文」在此泛指一切由人類所建立的文明，包括精神與物質層面，它與「天文」一樣燦然可觀。人類以天道運行為範式，高度發揮自主力量的結果，其成就自是可與頭頂之天比擬。源於《易傳》的「人文」一詞，所指涉的相當於現代所謂廣義的人文的概念，近人譯介西方教育思想，則常以之作為「humanism」與「humanities」的中譯。進一步區分之，則「humanism」指人文精神；「humanities」指人文學。不論以之作為廣義或是

狹義，皆說明「人文」是吾國本有的思想，「以人為本」是我中華民族的文化本質。因此，21 世紀人文精神的重建，實際上是一種固有傳統美德、優良文化的復興。

　　嘉南藥理科技大學自創校時代起，即注重學生人文素養的培育，專業教育與通識教育並重，以貫徹全人教育的辦學理念。自 91 學年度起，更提升通識教育委員會層級，由校長擔任主任委員，同時更名人文社會中心為通識教育中心，重新規劃通識教育之理念方向與課程架構，以與全校各系之專業課程應合，使之相得益彰，共同提昇本校學生的專業知能與雅博素養。

　　92 學年度起，本校通識課程規劃更趨完善，分為「核心通識課程」與「發展通識課程」，前者以培養學生的基礎能力為目標，包含「文學」、「哲學」、「英文」、「台灣史」、「憲法」、「資訊」、「體育」、「國防教育」、「勞動合作教育」等課程；後者以擴展學生視野、涵養博雅氣質為目標，分成「人文」、「社會」、「自然」、「生命」、「藝術」五大領域，提供多元的知識觀點，幫助學生據以建構省思生命價值與意義的基礎。

　　97 學年度起，因應本位課程的推動，本校通識課程再度調整：核心通識部分，增列「素養導向」課程，而將原有科目統整為「基本能力」與「認識臺灣」課程；發展通識部分，增列「外語領域」，而將「生命領域」併入「自然領域」。此一全新的課程設計，符合教育部「推動大學通識核心課程方案」八大核心能力之建議，並兼顧在地化的人文關懷與全球化的宏觀視野，必能使本校學生並具專業能力與通識素養，成為「博雅的專業人」，當完成學業、踏出校門、進入職場，不僅擁有紮實專精的競爭力，更是一位重視操守、胸襟寬闊、樂觀奮鬥的美善的人。

　　本校「通識叢書」編撰計畫，源於本人忝任社會科學暨管理學院院長時之構想，並在 95 學年度正式啟動付諸實行，由本人擔任總編纂，通識教育中心主任、文化事業發展系主任及資深教授擔任主編，敦請各領域學有專精

的教師參與編撰，預計完成全系列專為科大學生編寫的通識教科書。此一「通識叢書」編撰計畫，以核心通識課程用書為起點，逐步擴及發展通識課程用書。目前核心通識「基本能力」課程的「中國文學欣賞」、「應用文及習作」、「英文聽講訓練」、「英文閱讀寫作」等科目，「素養導向」課程的「中國哲學導論」、「藥物科技應用概論」、「環境永續與生活」、「健康與生活」等科目，以及「認識臺灣」課程的「台灣歷史與文化」、「民主法治與生活」科目，已陸續完成或正進行教材編纂，部分科目並於 96 學年度起正式使用本「通識叢書」作為教科書，為授課教師與修課學生提供莫大便利與助益。未來將針對發展通識「人文」、「社會」、「外語」、「自然」、「藝術」五大領域所開設的近百門選修課程，審慎評估，精擇內容，延攬授課教師編寫教材，充實本「通識叢書」內涵，嘉惠莘莘學子。

　　期盼在「通識叢書」編寫團隊的共同努力下，本校通識教育能幫助學生養成美善的人格，並落實在生活實踐上，不僅自我能發現生命的意義，建立生命的價值，也讓自我賴以生存的社會安和樂利，自然環境永續長存。

田博元序於嘉南藥理大學
文化事業發展系講座辦公室

自 1990 年代以來，有關認識台灣的著作大量出現，學校的歷史教育中也納入台灣歷史課程，市面上因而出現極多的台灣歷史教科書，其中專為技職、大學院校學生編寫的台灣史著作，數量眾多而且內容也多元豐富。不過，對於台灣的認識，僅從歷史層面來介紹，略顯不夠完整，欠缺全面性，因而有本書《台灣歷史與文化》之編纂，期能有拋磚引玉之效。本書的特點如下：

一、 本書為提供大專院校學生的通識課程教科書，編纂內容來自台灣歷史與文化等有關學者的研究成果，不屬學術著作，所以非必要不特別註明出處，而於書末列出主要參考資料。

二、 本書分為七章，章節的編排依循著歷史發展軌跡──緩緩流動的時間長河中，在台灣島嶼的特定空間下，生存其間人們的所作所為。所以首論時間變化的「台灣歷史」，次之以人群的「台灣族群」、空間的「台灣地名」，終於台灣文化的「教育」、「民間信仰」、「節慶與祭典」、「歌謠」等內容。

三、 每一章的最前面有簡要內容提要，引導學生迅速掌握該章的內容和重點，以利閱讀。

四、 本書年代的標示，採用西元紀年為主，不過終戰前的年代呈現，依據各章節需求，在當時紀元後用（　）註記西元；終戰後則一律用西元紀年為主。

《台灣歷史與文化》一書是群策群力的成果，第一章台灣的歷史，由劉燕儷執筆；第二章台灣的族群，由李巧雯執筆；第三章台灣的地名，由邱重銘執筆；第四章台灣的教育，由王耀德執筆；第五章台灣的民間信仰，由吳適功執筆；第六章台灣的節慶與祭典，由王淑端執筆；第七章台灣的歌謠，由王俊傑執筆。

　　本書編纂過程雖已盡心盡力，唯疏漏之處、在所難免，尚祈各方不吝惠予雅正，我們虛心以待。

　　　　　　　　劉燕儷序於嘉南藥理大學文化事業發展系

目 錄
CONTENTS

第一章

台灣的歷史

　　台灣島上出現人類活動，大約起於距今 5 萬年前，不過一直到 16、17 世紀為止，少有文字記載，所以這段歷史稱為「史前時代」，在這段漫長的時間中，島上主要散居著屬於南島語系的原住民。16、17 世紀以降，到 21 世紀初的今日，有關這個島嶼的文字記載多了起來，所以往後這四百多年的歷史就稱為「歷史時代」。歷史時代的台灣，這個島上活動的人群，驟然多元化，除已有原住民、少數來台走私貿易的海盜、漁夫外，出現遠自歐美各地的西方人士，近鄰的漢人、日本人勢力也大量湧入。這些新移入的族群，彼此競逐，依次建立政權，輸入各種文化。

　　歷史探討的核心課題，是人類隨著時間推移，面對環境挑戰而採行的應變之道，由此探討台灣島上人群的歷史變遷，前後有三種變化最為顯著。最早的變動來自原住民。原住民由史前時代邁入歷史時代，期間歷經怎麼的變化，而形塑成今日的風貌？第二種變動是漢人農業社會在台灣的建立過程。歷史時期渡海來台的漢人，如何將草莽台灣建設成農業樂土？漢人優勢的清代台灣社會是如何形成？這個漢人社會特色是什麼？最後的變遷是台灣由傳統社會走向現代化過程。台灣移墾農耕社會，歷經清末、日治及國民政府，輾轉催生出現代社會。

　　總而言之，本章以時間為縱軸，述說台灣歷史變遷中，引人注目的三項歷史過程。

第一節　史前時代

　　本節主要討論台灣史前時代的文化和生活其間的人群。

一、史前時期

　　史前時代的台灣歷史，主要依據考古研究來重建。考古學者挖掘台灣考古遺址，從殘留的遺物和遺跡，像是人類骨骸化石、用過的石器、陶器和骨器等工具，或是房屋基址、墓葬群址等遺跡，來復原史前台灣

的風貌。台灣的史前時代，大約起於距今 5 萬年前，約是舊石器時代晚期，期間經歷新石器時代、金屬器時代到 16、17 世紀為止。

（一）舊石器時代晚期

迄今最早的台灣人，大約在距今 5 萬年前的舊石器晚期出現，那時是冰河時期，海平面下降，台灣海峽浮出海面，成為台灣和歐亞大陸交通往來的「陸橋」。所以這批最早入台的人類，很可能是由中國華南地區，追逐動物等食物而入台。舊石器時代的人類，以打製石器為主要工具，過著採集、狩獵和漁撈的生活。根據考古挖掘，台灣屬於舊石器晚期的文化遺址，較著名的有台東縣的長濱文化、小馬洞穴遺址，台南縣左鎮人等。

這些舊石器晚期的文化，以長濱文化最早被發現，也最為人們所認識。長濱文化人居住海邊洞穴，或是近海低地、岩蔭等隱蔽背風處，為了尋找食物，不斷地遷移居所，在 5 千年前卻突然消失，原因不明。雖然長濱文化遺址發現數量不少的舊石器晚期遺物，可惜並未挖掘出人類化石，反倒是在台南市左鎮區菜寮溪附近，找到人類頭骨殘片和牙齒。這批被命名為「左鎮人」的人類化石，推測生活在距今約 2 到 3 萬年前的台灣人類。

（二）新石器時期

距今 1 萬年前，地球冰河期結束，海水上升，台灣海峽形成，台灣成為孤島。這個島上的居民，除了原先覓食抵台的舊石器人類外，一群來自海外，可能是現今某些原住民祖先的人群，漂流來台定居。這群新入住台灣的移民，開啟台灣的新石器時期。

1. 新石器時代早期

考古學者認為他們來自亞洲大陸東南沿海，使用磨製石器，懂得製造陶器，而且食物獲得有漁獵、採集外，增加新的方法，即是山田燒耕農業，種植芋、甘藷等農作物。這些文化特點是新石器時期的重要表徵，而這群台灣新住民所形成的文化被稱為大坌坑文化，生存的年代約

距今 7000 到 4500 年前，在台灣的北、中、南和東部都有存留的遺址。大坌坑文化的名稱，是源自於最早發現此型文化的地點新北市八里區大坌坑，故以此地名命名，再者因為此一類型文化，其燒製的陶器表面都有繩紋印痕，所以又被稱為繩紋陶文化。

大坌坑文化與舊石器晚期的長濱文化沒有直接傳承關係，也不是由台灣自行發展出來的文化，而且其文化特徵與其初來之所大陸東南沿海南島語族相同，所以學者大都認為大坌坑文化是南島語族祖先遺留的文化。

2. 新石器時代中期

到了距今 4500 到 3500 年前，新石器中期來臨，人類漸漸長期定居下來，不再頻繁的搬遷。這個時期的史前文化有二個發展內容，一是根源於大坌坑文化上發展的文化，稱為繩紋紅陶文化，其特徵是陶器表面有繩紋細痕，以紅陶陶器為主，分布範圍廣濶，從西海岸沿海到澎湖群島皆存有考古遺跡。其中分布在恆春半島西側墾丁一帶的墾丁文化，挖掘出的陶片上有穀痕，是迄今為止台灣最早稻米栽培的證據。

另一個發展則是源自海外新移民的加入，像是圓山文化人即是一例。他們來自中國華南沿海和中南半島一帶，進入台灣後，散居在東北部海岸和台北盆地。其名稱的由來，是因為日治時期的學者伊能嘉矩發現磨製石器和貝塚，地點就是在今日台北市的圓山而得名。新石器時代的台北盆地是一個與外海相連的湖泊，圓山人定居湖邊山丘上，已懂得種稻，不過狩獵、漁撈仍然是他們主要營生手段，也因此才會出現貝塚這樣的垃圾堆。[1]

就考古研究推斷，圓山人的社會組織嚴謹，擅紡織，會養狗來幫助打獵，有拔齒、獵人頭的習俗，死後埋在貝塚中，採行仰身直肢的葬喪法。這些文化特徵都與現今台灣原住民相同，所以極有可能圓山人就是現今部分原住民的祖先。

---

[1] 圓山人的漁撈食物中有貝類，他們將貝肉吃完後，貝殼丟棄一旁，日積月累，這些貝殼與其他廢棄物堆疊成垃圾小山般的貝塚。

3. 新石器時代晚期

　　新石器晚期的文化遺址主要有台灣北部的植物園、芝山岩文化，中部的營埔文化，南部的大湖文化、鳳鼻頭文化，及東部的卑南、麒麟、花崗山文化等。時間分布約在距今 3500 到 2000 年前，這個時期隨著農業發展，糧食穩定增加，出現更大的定居聚落，彼此之間互有往來，也有衝突，甚至出現戰爭；社會組織更形複雜，出現社會分工與貧富不均的情形，因而隨之而來有玉石、貝殼、陶器等裝飾品，也出現特有的喪葬儀式。以下舉卑南文化說明。

　　分布在東台灣的卑南文化，在台東縣卑南鄉的考古遺址相當完整，就出土遺物看來，卑南人聚落已形成部落組織，部落間可能有連盟行為，也出現戰爭現象。再者，從挖掘出來的千餘具石棺分布位置，顯示可能是實行室內葬，棺槨方向都指向北北東的都蘭山方向，顯然隱含某種特殊意涵的喪葬儀式；棺內有數量不一的精緻玉器、陶器和貝飾等陪葬物，也表達著卑南人的社會結構比以往的文化系統複雜，出現社會分工和財富分配不均的階級之別。至於卑南人，一般而言，學者大致主張他們或許是現今台灣原住民族中的阿美族與卑南族的共同祖先。

（三）金屬器時代

　　在距今 2000 年到 400 年前，史前台灣進入金屬器時期。島上的人群發明煉鐵技術，這個時期以十三行文化最為著名，分布在台北盆地附近，及淡水河河口到花蓮北邊的海岸一帶，其中以新北市八里區十三行遺址為人熟知。

　　從遺址和出土文物觀察，他們居住在海邊、河邊和湖邊，居住的房屋是干欄式建築；生計主要是依賴農業，漁獵退居次地位；在工具使用方面，石器用具減少，鐵製品大增，諸如農具、獵器和武器等，所以聚落中有煉鐵作坊和鐵渣、煤塊的殘留。同時由於他們使用的陶器與清代台灣北部平埔族極為相似，因而有學者推測，十三行文化的居民，極有可能是北部平埔族原住民凱達格蘭族的祖先。出土遺物中引人注目的是

出現中國瓷器、唐宋中國的銅錢，乃至非產自本島的玻璃、瑪瑙等飾品，顯見他們與島外的中國東南沿海和東南亞地區，有貿易的往來。

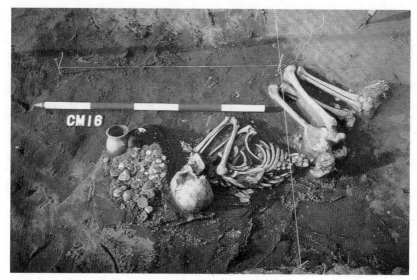

圖 1-1　十三行文化屈肢葬

金屬器時期的台灣，各地文化遺址發現的喪葬方式有很大差異，像是北部十三行文化埋葬習俗是屈肢葬、中部番仔園文化埋葬習俗是俯身葬，所以推測此時期的文化發展，呈現多元文化的特點。

二、史前時代的台灣人

從前面的論述可知，史前時代活躍在台灣島上的人群，在遙遠的舊石器晚期，有留下蹤跡的長濱文化人等，可惜迄今仍無法確知其身分。不過，到了新石器時代以後，多數的學者都傾向贊同，台灣島上的主人是說南島語的族群，而他們又被視為是今日原住民的祖先。

（一）史前台灣南島語族的源流

在史前時代的台灣，這些原住民祖先，是如何演變成今日多元化、多族群的原住民族？一個流行的看法是，南島語族原是一支居住在亞洲

大陸東南沿海的古老民族，在距今六千多年前開始，或是受到北方民族的壓迫，或是尋求更為理想居住環境，出現了一波波的族群遷徙浪潮，輾轉經由東南亞、中國華南進入台灣。其中部分族群以台灣為跳板，繼續向南航行，經由菲律賓向南擴張到印度洋和西太平洋之間。

而選擇留在台灣的南島語族，從台灣西岸入居台灣後，隨著生產方法和技術的突破，族群日漸繁衍，因而由西海岸平原向內地擴展到河谷、丘陵，乃至山區。為了適應不同的生態環境，各地慢慢地發展出面貌不盡相同的族群，其親屬關係、政治、經濟與社會結構出現歧異，甚至宗教信仰也不一樣，也因此造就今日多元化、多族群的原住民。

另外一個有關史前台灣人的觀點，是由語言學者、考古學家提出。學者們發現許多古代南島語族的語言，被保存在台灣原住民的語言中，因而推論台灣極有可能是南島語族的發源地之一，甚至主張台灣到中國大陸東南沿海一帶，就是南島語族的發源地。這個主張卻苦於該區域考古研究資料的不足，及無法解釋為何中國大陸東南沿海遍尋不見南島語言蹤跡，假如能克服這二道難題，則此說將對於台灣史前人類來源，有突破性的貢獻。

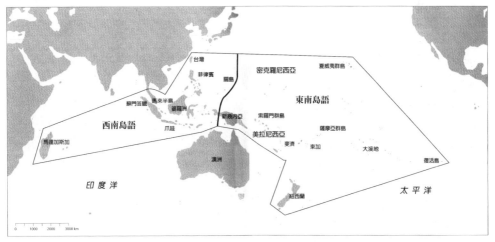

圖 1-2　南島語分布區域

（二）台灣南島語族的族群和分布

　　史前時代台灣的南島語族，由於沒有文字留下來，加上各族群語言、文化又不同，所以有關他們的名稱和分布，主要來自後來其他入台族群的說法。

　　早先在清代統治台灣期間，官方依據他們漢化程度深淺、納稅與否及居住地理位置，概分為「熟番」和「生番」等[2]。前者大多數歸順清廷、接受漢化，並且向官府繳納「番餉」（清代稱原住民的聚落為「社」，番餉的繳納，以「社」為單位，主要為納銀）。他們主要居住在台灣西部沿海的平原、盆地地帶；後者則是不歸順清廷、不納餉及不漢化，甚至常常出草（獵取人頭）殺害漢民族，大多居處在中央山脈及以東的地區。到了日治時期，日本學者透過系統性地研究，將台灣南島語族概分為平埔族和高山族，即是「平埔族」對應著清代的「熟番」；「高山族」是對應著清代的「生番」。此後，日本學者的學術成果，成為認識台灣南島語族的基礎。

　　有關台灣南島語族的族群和分布，乃至他們的人口數量、社會、經濟文化狀況及變遷過程，在本書第二章〈台灣的族群〉有詳盡的說明，此處不再贅言。

---

[2]　介於二者中間還有所謂歸化的「化番」，化番不漢化，但是輸餉給官府，甚至幫助政府剿討為害百姓的生番。

第二節　大航海時代

　　16、17 世紀，台灣成為多方勢力角逐的地方。先是為中日海盜、海商的巢穴和東亞走私貿易據點。接著，隨著新航路的開拓，歐洲的葡萄牙人、西班牙人、荷蘭人蜂湧而至亞洲，尋找商機，其中後到的荷蘭人，意外落腳台灣南部，台灣首次出現殖民政權。不久，荷蘭人宿敵西班牙人占領台灣北部，北台灣成為兩強相爭的場所，最後荷蘭人勝出，統轄全島。荷蘭人獨享殖民台灣的豐碩果實之餘，卻遭到反清復明的鄭成功挑戰，失去台灣，而台灣在鄭氏政權治理下，漢人社會初立。

一、東西方海上勢力競逐下的台灣

（一）中國人、日本人在台灣的活動

　　14 世紀晚期，朱元璋建立大明帝國，由於沿海一帶常受到海盜、倭寇騷擾，所以實行朝貢貿易和海禁的政策，不許外國商人來華自由貿易，也禁止人民出海活動，甚至強制將澎湖的官、民遷回大陸，以求有效杜絕沿海居民與海上盜賊的勾結，維持治安。可是福建、廣東地區地狹人稠，沿海居民為謀生計，不得不違犯法令，私下出海捕魚或販易海外。這些違法犯禁之民，在騷動不安的東亞海域，為求自保，逐漸出現武裝的走私海商勢力，甚至與倭寇合流，組成海盜集團，回過頭來侵擾中國南部沿海地區。此時澎湖反成為這些漁民、海商與海盜的基地，他們或到台灣北部從事硫磺、黃金貿易，或到台灣南部捕撈烏魚、與原住民交易物品等。

　　16 世紀中葉起，明帝國除以軍事行動大力追剿海盜外，也對原先的海禁政策提出檢討，認為此政策非僅成效不彰，反驅民為盜，坐大了海盜集團，因而數度放鬆禁民出海政策。當時一方面恰逢西方人東來，為求中國絲綢等商品不遺餘力，中國沿海販易走私之民，因而成群結隊穿梭於東亞海域；一方面日本侵略朝鮮、琉球，為了防堵日本的向外擴

張，明帝國重新駐兵澎湖。於是，靠近澎湖的台灣，取代澎湖，成為中日走私貿易的據點，同時成為海盜、倭寇出沒之地和巢穴所在。

日本人在台灣的活動，除原有的倭寇、商人外，16 世紀晚期開始，到 17 世紀中葉為止，日本官方 3 次企圖出兵台灣，結果目的並未達成，鎩羽而返。17 世紀中葉以後，日本實行海禁政策，結束了日人在台活動。

（二）西方人的東來

西方人來到東亞海域，最早的是葡萄牙人。1557 年，他們在中國南方的澳門建立據點，扮演中國和日本之間的仲介貿易角色。在一次途經台灣海峽的旅程中，他們望見台灣這個美麗島嶼，稱為「Formosa」（福爾摩沙島），此後西方人就稱台灣為福爾摩沙島。緊跟著葡萄牙之後出現在東亞海域的是西班牙人，他們在 1571 年占領菲律賓的馬尼拉，以此為基地在東亞從事商貿活動。

1581 年，屬於西班牙領地的荷蘭脫離西班牙獨立，從此成為西班牙在海上競逐的勁敵。1602 年，荷蘭成立聯合東印度公司，積極向東方開拓商貿事業，然而在尋找東亞海上的據點時，一再受挫，先是攻取葡萄牙人的澳門失敗、之後選擇築城離中國福建沿海不遠的澎湖，卻也因為澎湖自宋以來即曾為中國領土，又是中國漁民的漁場，所以便遭遇明朝軍隊的驅趕。後來荷蘭人再度築城澎湖，明軍反攻，雙方緊張對峙之際，經由中國走私商人的斡旋，在明朝福建地方官員默許下，東向占領台灣，時間是 1624 年。

二、荷蘭的經營台灣（1624-1662）

台灣在 1624 年首次出現荷蘭人的政府組織，到 1662 年被鄭成功驅逐為止，荷蘭人統治台灣 38 年。

（一）荷蘭人的統治機構和方法

荷蘭據台，首先在大員建立熱蘭遮城（Zeelandia，今日台南安平），後來在台江對岸建立普羅民遮城（Provintia，今日台南市），就以這二個據點為中心，荷蘭人展開對台灣的殖民統治。荷人統治台灣是荷蘭聯合東印度公司，該公司獲得荷蘭政府授權，不僅獨占東方貿易

圖 1-3　1626 年間西班牙人繪製台灣（今日安平港）地圖

的專賣權、還可以設立軍隊、代表政府向外宣戰、媾和，可以在殖民所在地任命官員、徵稅，有司法裁判權等。

荷蘭東印度公司在台灣設置大員商館，作為統治中心，派任的台灣最高負責人稱為「台灣長官」，總攬行政事務。其次，設置大員評議會，做為最高的決策機構，由台灣長官、商務員、軍隊領袖、艦隊司令等組成評議員，並選出評議長一人，來輔佐台灣長官。此外，東印度公司還聘用神職人員來台傳教，這些神職人員除傳教外，主要為輔助行政事務的順利推行。

荷蘭人統治台灣住民方法，簡而言之有二項，一為二元統治、一為分化政策，說明如下。

1. 二元統治

當時台灣的住民，大致可分成二類，一是原住民，是當時台灣的主要居民；一是來台農墾的漢人，由於二者屬性迥異，所以採取不同的統治方法，形成二元統治的方式。荷蘭人對於尚未進入文明社會的原住

民，先是武力鎮壓，然後依據原住民各社不相統屬的狀況，為便利統治而建立「地方議會」（Landdag）制度。這個制度起於 1636 年，由傳教士召集南北各社的長老向台灣長官表示服從、效忠，而台灣長官則給予長老們衣服、權杖等代表統治權的信物，雙方建立類似歐洲封建形態的政治關係，台灣長官形似封建「領主」，而原住民長老如同「封臣」。各社長老因於台灣長官的權杖信物，在荷蘭政務官的監督下，繼續統治各社，而台灣長官則透過「地方議會」，宣達政令，同時聽取各社長老報告管下各社事務，獎賞政績好的長老，懲罰施政不佳的長老，嚴重者免其職，另選長老。此外，藉由傳布基督教信仰的文教措施，也發揮一定的政治功用。

對於文化水準高的漢人，荷蘭人一方面營造適於漢人農墾環境，誘使漢人來台生產米、糖，謀求增加公司的經濟利益；同時採取向漢人徵稅方法，減輕行政成本與實行經濟控制。另一方面，荷蘭人劃定若干區域，集中漢人在這些特定區域內，然後透過來台漢人中的有力人士協助統治。這些漢人領袖有的很早就入居台灣，從事商貿或農墾活動，與荷蘭人關係密切，也幫助荷蘭人招攬漢人來台，所以荷蘭人借重他們在漢人社會的影響力，由他們管理居住在特定區域內的漢人。他們有義務向荷蘭人報告漢人農墾區內的事務，荷蘭人則獎以部分的經濟利益，諸如承包稅收、免除種稻的稅收等等。

2. 分化政策

鑑於荷蘭人實行剝削住民的殖民統治，經營台灣所獲致的大量財富，並不是留在台灣，回饋給住民，而是運回荷蘭母國，然而荷蘭駐台人員大致上只有千餘人左右，相較於人口數多達 6 萬多的原住民，和來台人數日漸增多的漢人，人力非常單薄。因此為求有效統治，乃在諸種政策實行上，有意無意間造成漢民與原住民利益衝突，達到分化雙方的目的。像是獎勵漢人農墾，可是隨著農墾範圍的擴大，必然侵奪原住民的生活空間，結果雙方關係緊張，經常處於對立狀況，彼此合作困難，當然有利於荷蘭人的統治。

（二）轉口貿易的開展與興衰

　　前面提到荷蘭占領台灣的目的，主要是做為東亞海上貿易的據點，因此荷蘭人以大員為據點，展開東亞的貿易活動。其商貿活動是將收購自中國或台灣的商品，轉往東南亞巴達維亞（Batavia，今日印尼雅加達，荷蘭聯合東印度公司亞洲總部）和日本銷售；再將轉購自日本和巴達維亞的商品，回頭銷往中國或其他地區，諸如邏羅（今日泰國）、波斯灣等地。下面以圖表方式表列台灣轉口貿易與商品內容。

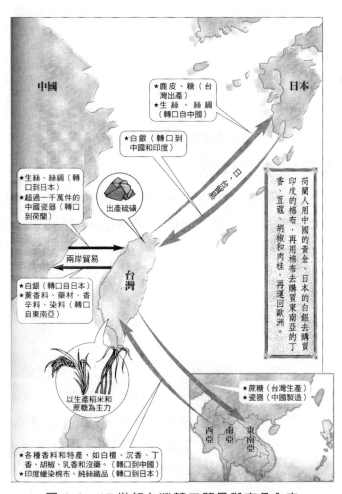

圖 1-4　17 世紀台灣轉口貿易與商品內容

　　荷蘭人以這樣的轉口貿易方式來獲取商貿利潤，一開始並不順利，治台 10 年後的 1635 年才漸入佳境，1640 年達到頂點，不過隔年就漸走下坡，走向衰退，直到統治結束。荷蘭人在台轉口貿易的榮枯，主要取決於二個因素，一是中國的變化，一是鄭芝龍的態度。1635 年以前，由於中國福建沿海海盜猖獗，明朝實行海禁，荷蘭人難以購買中國商品，僅有極少數的走私商人到大員祕密貿易，加上荷日關係惡化，日本甚至一度斷絕與荷蘭通商。1635 年以後，福建沿海恢復平靜，而且當時雄霸海上的鄭芝龍，與荷蘭人合作，台灣轉口貿易因而欣欣向榮。1640 年以後，荷蘭人轉口貿易滑落之因，是伴隨著中國因明清政權更迭引發的巨大動亂，貨源不定，加上壟斷中國貨源的鄭芝龍，又中止與荷蘭人合作，自行運往各地方販售，甚至禁止商人入台。

　　面對購買中國貨品困難重重，台灣這個轉口貿易據點又不可放棄的背景下，荷蘭台灣當局的經營重心不得不轉向島內。

（三）農業開墾的出現與發展

　　荷蘭人據台以前，漢人已在台灣南部、北部與原住民有商貿往來，荷蘭人進入台灣之後，注意到台灣的農業價值，因此有計劃地向對岸漢人招手，提供船隻運送、供給牛隻、種籽等優惠，吸引漢人入台。此外，由於東印度公司的商貿性格，所以台灣的農業開墾，一開始就與商品經濟結合，農產品即是商品，當時生產作物主要是稻米和甘蔗，雖然原先稻米的生產是為了滿足在台人員食糧，但是很快地稻米變成換取現金的經濟作物。

　　1640 年起，荷蘭人目光聚焦台灣島內，為了獎勵農墾，荷蘭人一方面興修陂埤水利、引進耕牛和採行農作物減稅等措施；一方面則大力招徠大陸漢人來台農墾，恰逢中國動亂，因此漢人入台人數劇增。依據學者估計，1640 年代初期在台漢人不滿萬人，1661 年荷蘭統治結束前夕，漢民已達 3 萬 5 千人。得力於充沛的勞動力，台灣土地的開發因而擴展迅速，耕地面積大幅成長，自 1645 年到 1660 年，稻米和甘蔗種植面積

增長 4 倍多；開墾區域也由台南向北擴及北港、蕭壠、麻豆、灣裡、茄拔、新港及大目降等地，向南到達阿公店等地。

　　即使是台南赤崁一帶的水稻種植，因為是移民的主要糧食，也隨著人口增長而有很大的進展，甚至能夠出口到對岸福建、廣東等糧食短缺之地，賺取高利。雖然 1650 年以後，此區因為蝗災等自然災害及郭懷一的抗荷行動而使米、糖生產下滑，不過 1657 年後，產量和種植面積又再度增長。

　　荷蘭人對於農墾的經營，不改其商人本色，其本身並不直接參與農作，而是採取勸墾的方法，鼓勵漢人領袖和富有小農領墾土地[3]，由他們自行管理雇工（甘蔗）和召佃佃農（稻米），而荷蘭人所做的是提供各項資助，舉凡農業貸款、耕牛、農具、種籽等。而荷蘭人所給予的各項資助，並不是無償資助，而是經由不同管道獲得補償，像是提供耕牛，荷蘭人在出售牛隻過程中已獲得利潤；提供甘蔗種植貸款，荷蘭人獲得全部產品的收購權，因而能夠輕易壟斷甘蔗價格。

（四）荷蘭的統治危機與鄭成功的攻台

　　荷蘭人在台的殖民統治，1650 年以後漸生變化。先是島內情勢不穩，米、糖生產大幅減少，造成漢人失業者眾，生活陷入困境。在此同時，荷蘭人竟然又提高漢人稅賦，因而引發漢人普遍的不滿和怨懟，終於在 1652 年，爆發郭懷一抗荷事件。面對漢民的大規模反叛，荷蘭人採取血腥屠殺的手段來因應，有數千漢人被殺，老弱婦孺也包含在內。郭懷一的抗荷行動雖然失敗，不過卻激發在台漢人的反荷意識，為荷蘭在台統治的危機揭開序幕。此後，荷蘭人在台灣的統治日趨衰落。

　　處於頹勢的台灣當局，雪上加霜的是面臨島外鄭成功攻台威脅。1646 年，反清的鄭成功起兵海上，在東亞海域與荷蘭人競逐海上貿易利益。1653 年以後，隨著鄭成功海上勢力的長足發展，荷蘭人除商貿利益

---

[3]　荷蘭人治理台灣時，所有農田皆為東印度公司所有，稱為「王田」，漢人農民沒有土地所有權，只許有土地使用權。

大受影響外，在台荷蘭當局也因於郭懷一事件後，陷於鄭成功可能攻台
的恐懼之中，鄭荷關係漸漸緊張。荷蘭人一方面加強在台戰備，修堡
壘、增兵力；一方面使盡伎倆，甚至謀求通商清朝，力圖削減鄭成功的
海上勢力，因而雙方勢同水火，已達公開對抗之勢，所以 1656 年，鄭成
功對台採取海禁行動，封鎖台灣、禁止一切船隻前往大員貿易。結果，
荷蘭遭受前所未有的商貿損失，只好派出漢人何斌，到廈門與鄭氏和
談，隔年鄭成功取消對台海禁。

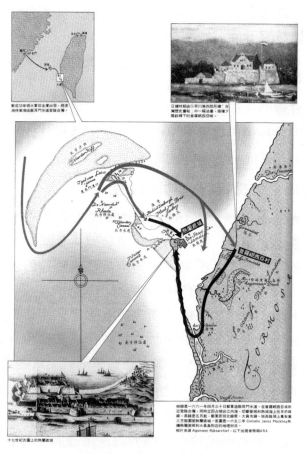

圖 1-5　鄭成功攻台圖

　　鄭成功實行對台海禁，展現其海上霸主實力，同時也造成到廈門談判的何斌，後來叛逃到廈門。據聞鄭成功自何斌手中，獲得台灣港道、防禦砲台位置及荷蘭人兵力布署地圖，其中特別是「鹿耳門水道圖」，更為鄭成功攻台一役成功的重要關鍵。1661 年 4 月鄭成功攻台，其路線即是由鹿耳門水道進入台江，直接進攻台灣本島的普羅民遮城，荷蘭人措手不及，很快就投降。接著，鄭成功得以順利地圍困熱蘭遮城的荷蘭人，擊敗來自巴達維亞的援軍。9 個月後，在 1662 年 2 月，缺水缺糧苦守熱蘭遮城的荷蘭人向鄭氏求和，結束荷蘭人在台灣的統治。

三、鄭氏政權的治理台灣（1662-1683）

　　1662 年鄭成功逐荷治台開始，到 1683 年清朝施琅攻克台灣為止，共計 21 年，歷經鄭成功、鄭經、鄭克塽三代。不過要談鄭氏政權之前，一定要先提鄭氏集團的奠基者鄭芝龍。

（一）海上豪雄鄭芝龍

　　前面提到 16 世紀中葉以後，明帝國間或開放海禁，當時恰逢西方人東來，為求中國商品不遺餘力，中國沿海販易走私之民，因而成群結隊穿梭於東亞海域，形成亦商亦盜的華商海盜集團，其中主要的代表人物即是鄭芝龍。

　　鄭芝龍為福建泉州南安人，小名一官，早年投靠在澳門的母舅，娶妻陳氏，受洗為天主教徒。後來東渡日本，結識華人海商領袖李旦、顏思齊等人，成為其中的一員，並且再娶田川氏為妻。1624 年，明朝地方官與荷蘭因為澎湖問題交涉時，鄭芝龍為荷

圖 1-6　鄭芝龍像

蘭人工作。隔年，由於李旦、顏思齊相繼去世，鄭芝龍乘機接收二人勢力，以台灣的笨港一帶為巢穴，侵擾閩粵。

1627 年，他接受明朝招撫，受命掃蕩海上賊盜。明朝招安鄭芝龍，目的是以夷制夷，借其力削弱群盜，然後再一舉擊潰。對應明朝政策，鄭芝龍借力使力，假手官方之名，擊垮其他海上群盜，再代之以己方勢力，反而成為東亞海域勢力最強的華人海商，也是中、日和歐洲殖民勢力的主要中間商人。但是他並不以此為滿足，一心一意要主導東亞海域商貿秩序，因此先是協助荷蘭人購得中國私貨、招佃漢人到台農墾，之後趁著荷蘭人與葡萄牙人在日本的對立，漁翁得利，取得日本市場。壟斷中、日貨源的鄭芝龍，轉而打擊在台荷蘭人生意，投注全部心力經營海上商貿事業，成功的建立其霸業。

總之，鄭芝龍以卓越交涉能力，藉由東亞海域華人勢力茁壯的機運，稱雄海上。可是，他卻在取得海上支配優勢後，無法跳脫中國功名利祿思想的枷鎖，轉向中國陸地發展，買入土地，投身官場，尋求加入傳統士紳行列。1644 年，滿清入關，鄭芝龍先是投入反清的南明政權，後來見風轉舵降清，力圖保住在陸上的利益。不過，這一次的選擇卻導致他的死亡。

（二）鄭成功的入台與施政

當鄭芝龍降清之際，他那中日混血的兒子鄭成功，卻因為母親遭清兵淫辱自殺，及感念明帝的恩情與厚望，選擇投入反清復明的行動。他成功的接收父親海上勢力，成為鄭氏集團的領袖，所以能夠以海上商貿的巨大利益，供養軍隊，是反清勢力中相當令清朝頭痛的人物。在他勢力最盛之時，曾率眾數十萬北伐進兵南京，可惜失敗而退回根據地的金門、廈門。此時固守金、廈二地，在練兵、籌糧有其困難，而且清人一統中國之勢已成，加上台灣地理位置、農商之利，又有何斌獻圖之助，鄭成功乃獨排眾議，留下兒子鄭經防守金、廈，率軍攻台，以台灣做為休養生息，長期抗清之地。

1661 年，鄭成功登陸台灣本島後，立即著手行政區域的規劃，引進中國的郡縣制度，以鞏固統治。他改普羅民遮城為東都明京，設一府二縣，一府為承天府，二縣一為天興縣（北路）、一為萬年縣（南路），設官治理。1662 年，荷蘭人投降後，將熱蘭遮城改為安平鎮。澎湖設為安撫司，派駐重兵守台。

另一方面，則因大軍入台，軍糧極為匱乏，所以鄭成功頒布拓墾準則，獎勵官民墾荒，除將荷蘭人的王田改為「官田」，同時鼓勵私人招佃墾殖外，特別注重寓兵於農的兵屯政策，只留下圍

圖 1-7　鄭成功像

攻熱蘭遮城的少數軍隊，其餘大量部隊派遣到各地去開墾，由駐守在各地的營丁開墾附近田園，自耕自食，這類田園稱為「營盤田」。兵屯政策的積極推行，不僅達到解除軍糧不足問題，連帶地促進農業的開發，和發揮保護各屯墾區漢人的安全，使他們免受原住民攻擊。當然屯田政策的成功推行，必然侵占原住民的生存空間，引發原住民的抗爭，因此台灣鄭氏政權始終與原住民處於緊張的關係。

此外，清廷以經濟封鎖來阻斷鄭氏商貿巨利，所以除原先禁止福建、廣東諸省沿海人民出海營生外，1661 年起更實施強制他們向內地遷居的遷界政策。鄭成功對應之道，反是利用東南沿海居民的生活困頓、流離失所，積極招攬他們入台開墾，成效甚佳，入台者眾，為農墾提供充足勞動力。

1662 年 5 月，鄭成功英年早逝，享年 39 歲。雖說其據台是做為反清復明的根據地，然在台僅一年多的蹇促時間，鄭成功移植中國政治制度來台、寓兵於農的拓墾做法，及引進大量漢人入台，為日後台灣漢人社會的奠立，初立根基。因此，在台漢人感念其功，奉為神明膜拜，稱為「開台聖王」。

（三）漢人社會的初奠

　　鄭成功死後，子鄭經接任。他以父親反清復明的遺志為目標，繼續與清軍周旋，有關台灣的經營，則委由陳永華經理，續行其父之政而成效斐然。

　　有關這時期的重要施政，首先是中國傳統體制的深化。鄭經改東都為東寧，並以東寧稱呼全台，同時將天興、萬年二縣改為州，澎湖及南北二路各置安撫使。各州之下，設有 4 坊、24 里與原住民番社，並派任基層官員處理民事，舉凡人民的職業、遷徙、婚嫁、生死等，皆受官方經管。此外，中國文教制度的移植，建孔廟、興學校、行科舉，皆在陳永華主導下完成，除為鄭氏政權培養治國人材外，也為漢文化在台發展、基層漢人社會的建構，奠定永世不移的根基。

　　其次，繼續推行兵屯及獎勵私人農墾政策，以利農業的拓殖。鄭氏時期軍隊屯墾所在的「營」、「鎮」，有不少演為今日地名，像是台南市的林鳳營、新營，高雄市的左營、前鎮等皆是。據學者研究，鄭氏兵屯農墾土地面積雖無載記，不過兵屯即有 40 餘處，兵屯農墾面積應是相當可觀。當然，鄭氏政權也不忘繼續招納大陸沿海居民入台拓墾，及興建與農業開發相輔相成的水利修築。其結果是漢人農墾區域，除集中在原先荷蘭人所在台南地區外，向北擴展到北港溪，南到下淡水溪（今日高屏溪）。北港溪以北及下淡水溪以南，漢人農墾區則為點狀分布。

　　總之，隨著鄭氏政權的來台，中國東南沿海居民大舉遷入台灣，在台漢人激增。這些移民，包含移民主力的鄭軍將士及其眷屬，約有 5 萬到 6 萬人左右；鄭氏父子招納的沿海流民及不願降清的明朝遺臣等，約有 4 萬到 5 萬人；及少數被迫移入的大陸沿海遭擄婦女及降清叛臣親族等。這些新移入的漢人估算有 10 萬人，再加上荷蘭時期留台漢人，合計鄭氏治台時期漢人，人數達到 12 萬人。這個數目是荷治時期在台漢人高峰期的 3 倍多（3 萬 5 千人），接近荷蘭治下原住民人數的 2 倍（6 萬多人）。所以說，從漢人的角度看來，鄭氏父子的經理台灣，其歷史地位，除了是第一個在台的漢人政權外，更重要的是奠定日後台灣成為以漢人為主體的社會。

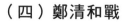
（四）鄭清和戰

自鄭成功起兵抗清，到台灣鄭氏政權為清朝所滅，在這長達 30 餘年的鄭清對抗期間，雙方並非一直處於對立局面，而有過數次的和談。和談的結果，最後以戰爭收場，原因很多，其中除了鄭清勢力的消長外，彼此對於「剃髮」問題，無法達成共識，也是重要原因。蓋清廷以中國政權自居，所以視漢人的鄭氏政權為其臣民，堅持鄭氏必須同清朝治下之民，遵循剃髮之制。相對於此，鄭成功認為剃髮如同投降，背棄明朝，所以清廷雖誘以高官厚祿，終是無成；及至鄭經繼任，對於剃髮爭議，則引中國箕子入朝鮮故事，表明他可以比照朝鮮人之例，不必剃髮。然而此說並不為清廷接納，和談終歸失敗。

和談既不成，退守台灣的鄭經，時時留心大陸的變化，伺機反攻。1674 年，趁清朝三藩之亂，鄭軍精銳盡出，加入中國戰局。6 年後大敗而歸，隔年病歿。12 歲幼主鄭克塽在內鬨中即位，自此鄭氏陷入內爭。2 年後清廷起用鄭氏降將施琅，率軍攻台，澎湖一役，大勝鄭軍，鄭克塽降清。

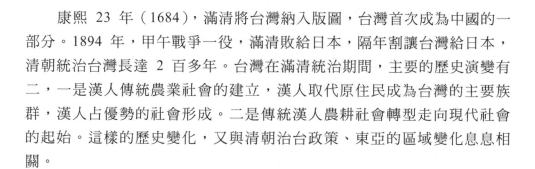

第三節　滿清時期

康熙 23 年（1684），滿清將台灣納入版圖，台灣首次成為中國的一部分。1894 年，甲午戰爭一役，滿清敗給日本，隔年割讓台灣給日本，清朝統治台灣長達 2 百多年。台灣在滿清統治期間，主要的歷史演變有二，一是漢人傳統農業社會的建立，漢人取代原住民成為台灣的主要族群，漢人占優勢的社會形成。二是傳統漢人農耕社會轉型走向現代社會的起始。這樣的歷史變化，又與清朝治台政策、東亞的區域變化息息相關。

一、台灣棄留的爭議和清前期的治台政策

康熙 22 年（1683），台灣鄭氏降清，清朝中央出現對於「台灣問題」的爭議。一派主張「棄台論」，放棄台灣，將在台漢人遷回大陸；一派主張「留台論」，力主將台灣納入清朝版圖。結果，康熙皇帝在「留台論」大將施琅的勸說之下，基於國防安全的考量，視台灣為東南沿海諸省的屏障，隔年選擇統治台灣。

圖 1-8　施琅像

清廷納台入清是因於東南海防安全的因素，然而此地曾為鄭氏抗清的據點，因而對在台漢人充滿不信任與猜疑，加以財政困難，無力經營台灣，所以實行「防台而治台」政策。即是積極地防範台灣反清，消極地開發經營台灣，以維持現狀的安定為主之政策。這樣的政策基調一直維持到1874年的牡丹社事件之前。以下說明其主要政策。

（一）積極防範台灣反清的措施

1. 防範在台官吏、軍隊造反

駐台官員、軍隊，皆實行迴避本籍的 3 年輪調制，也都不准帶家眷入台，家眷留大陸形似人質。兵士出缺，也不准由台灣徵調。

2. 防範百姓造反

除將原先鄭氏治台時期的漢人，其中與鄭氏關係密切者、犯罪至徒罪以上者，及在台無妻兒產業者，這些可能危及在台治安者全部遣回大陸外。為了限制大陸漢人遷台，以防在台人口過多，一旦反叛，清廷鞭長莫及，無法控制，實行〈渡台禁令〉。〈渡台禁令〉又稱〈移民三禁〉，主要內容有三，一是想要渡航台灣，必須先向原籍地申請渡航許可證，

經負責官府核准,才能渡航來台,嚴禁非法偷渡。二是渡台者,一律不准帶家眷,已渡者亦不得回大陸接眷。三是廣東為海盜集中地,廣東人不准入台。

3. 其他措施

管制鐵器、竹器的製造,以防人民私造武器為亂。實行禁止漢人進入山區的〈封山禁令〉、不准興建土石城牆,來阻止人民據城或嘯聚山林為亂。

(二)消極開發措施

除前述〈渡台禁令〉、〈封山禁令〉施策阻礙台灣開發外,清朝對台施政的消極面,從台灣政制系統的簡省與層級的低下,也可看出一斑。

清初台灣政制依循鄭氏治台規模,設台灣府一府,及台灣縣、諸羅縣、鳳山縣三縣,隸屬福建省,為福建省的下級行政區。所以在清代地方行政四級制的系統中(省→道→府→縣),府縣二級制的台灣,是沒有自主權限的行政單位,須受對岸福建省管轄。而且以一府三縣,來統轄面積甚大的台灣,人力顯見過於薄弱。後來台灣行政區域雖然因內亂

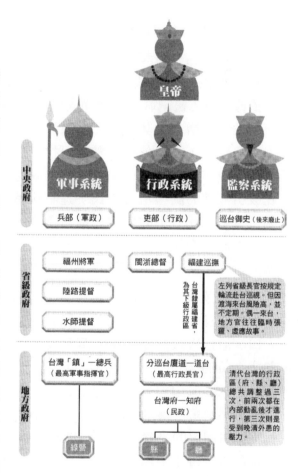

圖 1-9　清代台灣政令傳達的體系

與外患，而有的變更，不過直到清末台灣建省以前，台灣一地仍然維持著府縣二級制的規制不變。

總之，清初治台政策以維持台灣現狀為目的，然而實行結果卻事與願違，除短暫阻礙台灣開發外，徒增吏治敗壞、駐兵腐化、人民械鬥不止、民變迭起、男女人口失衡等對台灣歷史發展的不良影響。

二、漢人農業社會的建立

（一）漢人成為台灣主要族群

清初遷移部分台灣鄭氏之民回到大陸，導致在台漢人人數銳減，加上實行〈移民三禁〉政策，嚴格限制大陸漢人來台，所以康熙據台初期，依據官方志書記載，在台漢人僅 6 萬多人[4]。可是有清一代，中國人口持續性的激增，尤其福建、廣東諸省地狹人稠，人口過剩嚴重，形成龐大人口壓力，人口外移之勢不可擋。加上對岸台灣新闢之地，土地肥沃、荒野廣布，土地價格便宜、人力缺乏工資高等有利誘因。這些誘因在在吸引無數的閩粵沿海之民，違禁偷渡，寧願忍受人蛇集團的剝削和欺騙，冒著九死一生的危險，橫渡黑水溝，以求在台地謀生路。再者，不管是偷渡或合法，移民來台不易，所以大多數有落地生根的想法，或是攜著祖先牌位，或是遷葬父母骨骸的移民不在少數。

清代大陸移民入台的人數不詳，不過數量應是相當驚人，大多集中在前面的百餘年間，此從清代台灣人口統計可以推知一二。清代台灣漢人人口，治台初期官方記載 6 萬多人，嘉慶 16 年（1811）的統計有 194 萬餘人，即自 1684 年到 1811 年間，每年平均人口增加超過 1 萬人（194–6（萬）／1811–1684（年）＝1.48…），這樣快速的人口成長，必然非屬自然增殖，應是大陸漢人移居台灣的結果。自嘉慶 16 年（1811）到日本治台前夕的光緒 19 年（1893），人口增加 50 餘萬人，總人口達到 250 餘萬人，每年平均增加 6 千餘人，顯見這段時間人口增長趨緩，此

---

[4] 參見蔣毓英《台灣府志》卷 7〈戶口〉。

時人口增長大致因於自然繁殖。換言之，在清朝治台的前百餘年間，必定有大量源源不絕的中國漢人移居台灣，所以以每年人口 1 萬餘人增加速度計算，到了清乾隆時期，台灣漢人人口顯然已破 100 萬人，漢人成為台灣社會中最大的族群，台灣儼然已成為漢人為主體的社會。

（二）農業的拓墾和農耕社會的形成

大量的中國漢人移民台灣，這些移民大多數是農民，所以農業的拓墾，成為清代台灣最重要的歷史變化。台灣的農業拓墾，荷蘭、鄭氏皆有所經營，但是全面性的土地開墾，始於清代，尤其是清代的康熙、雍正、乾隆三朝百餘年間，農墾速度最快，由南而北，台灣西部平原的荒莽「草地」，轉為精耕農作的田園，水稻與甘蔗是主要的農作物。19 世紀的嘉慶、道光以後，農業拓墾進一步擴展到中、北部丘陵與近山地帶，以及宜蘭地區。到了清末，除「後山」的台東、花蓮及高山地帶以外，台灣大部分地區已開墾完畢。

台灣農業拓墾的成功，除得利於充沛的勞動力外，水利的興修與農墾組織運作得宜，也是主要因素。可想而知，由於清朝採取消極的治台政策，所以埤、陂、圳等水利設施的興建，大多由人民自行聚資興修，其中水圳的開鑿，特別利於水田稻作增產，因而出現許多著名水圳，諸如台北盆地的瑠公圳、彰化平原的八堡圳、高雄曹公圳等。台灣的埤圳數量，由滿清治台初期的 16 條，到清末割台前夕的 663 條，耕地面積變化由 18 萬多甲，增為 41 萬多甲。埤圳增建所反映出的耕地面積增加，正可說明水利修建對於農業開發的貢獻。

與水利興建相輔相成的是農墾組織的運作。清治台灣初期，台灣未開闢之地，除原住民所有地外，皆屬於官有地。因此移民的土地開發，或是取得官方發給稱為「墾照」的開墾執照，或是向原住民（熟番）取得土地耕作權，然後進行農業拓墾，而取得墾照者稱為「墾戶」或「墾首」。由於官方立場並不鼓勵移民入台墾荒，也無多餘人力規劃繁雜的土地拓墾事宜，因而核准的開墾土地面積遼闊，墾首必須具備大量資金，來購置稻種、耕具、牛隻，乃至闢建埤圳、貯備糧食、搭蓋農舍等方可。

面對官方的政策，移民的對策，是由財力雄厚人士集資合股出任墾戶，招募移民提供勞動力來開墾土地。墾戶取得新墾之地的土地所有權後，本身不參與實際耕種，而是將土地分割成數股，招募佃戶開墾，而向佃戶將收取地租，稱為「大租」，所以墾戶又名「大租戶」。佃戶取得土地面積遠超本身所能耕種時，會將部分土地再分租給其他佃農，而向佃農收取租金，稱為「小租」，所以佃戶又名「小租戶」。台灣的

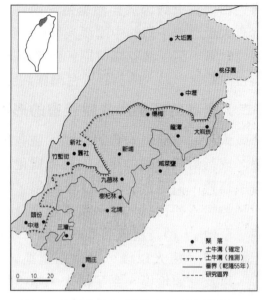

圖 1-10　清代台灣漢人拓墾新竹地區

土地制度也因此形成墾戶（大租戶）、佃戶（小租戶）和佃農的一田多主制。大租戶須繳田賦（正供）給官方，而向原住民（熟番）取得土地耕作權者，則繳交租穀或財貨（番大租）給原住民。

　　19 世紀以後，漢人拓墾由海岸平原向內陸擴張，到達丘陵等近山地的原住民土地。此等靠山地帶，接近非屬清朝領民的生番出沒之地，拓墾漢人因而常遭生番狙殺。面對此種危險，漢人移民採取墾、隘合一的做法，由墾戶在近山險要之處搭蓋稱為「隘」的隘寮，召募勇士為「隘丁」，定時巡邏守望，名義上是在「官督民辦」下，協助政府護民，防止生番越界殺害清國人民。實際上則在近「隘」地區，招徠佃戶開墾番地，以隘丁保護農墾佃戶，不斷地向內陸拓墾，蠶食原住民的土地。

　　台灣漢人移民，巧妙地利用官方的拓墾規定，以上述農墾組織方式，搭配水利興建、源源不絕的偷渡移民，有效、迅速地將台灣帶入精耕細作的漢人農業社會。

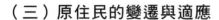
（三）原住民的變遷與適應

　　滿清治台時期，將台灣原住民分為熟番、化番與生番。熟番大多居住在平原、丘陵地帶；生番大多居住在清朝控制以外的山區。化番指歸化生番，有時接受清朝管轄，有時反叛清朝。對於原住民，清廷推行「隔離漢番」政策，實施「封山禁令」，禁止漢人進入山區，而且在漢人與原住民（主要為熟番）交界處劃定「土牛紅線」，作為漢番界線，嚴禁漢人進入熟番地區開墾。可是從清廷多次重新劃定番界，而且「土牛紅線」移動由海岸趨向內陸看來，熟番生存空間日益壓縮，而造成他們陷入困境的就是侵墾其地的漢人。

　　清治初期，居住在平原、丘陵地帶的熟番，首先接觸到不斷移入台灣的漢人，結果百餘年間土地大量流失。漢人經由侵占、買賣、通婚，乃至欺騙等手段，獲取土地。其間滿清政府雖然採取「護番禁墾」政策，嚴禁漢人承租、買賣熟番土地；重畫「土牛紅線」以清釐田地等，仍阻擋不住漢人侵墾的浪潮。甚至出現「番大租」的番產漢佃的妥協措施，官方默許漢人大小租的做法，由漢人承租佃墾熟番土地，繳納佃租給熟番，謀求將原住民納入漢人經濟社會體系，來防止熟番土地流失。不過成效甚微，熟番土地幾乎流失殆盡。於是，面臨到生存危機的熟番，除不斷與漢人爆發衝突外，更數次群起反抗官府，結果受到嚴酷的鎮壓。當然居處山地的生番，遭遇漢人侵墾的機會較微，不過在近山的丘陵地帶，也因於漢人墾隘合一的拓墾方法，土地多少有所流失。

　　面對漢人不斷侵墾土地，反抗又失敗的情形下，以熟番為主的原住民發展出二種應對方法，一是另起爐灶，遷徙他處。一部分熟番因而越過中央山脈、繞過海岸來到「後山」的台東、花蓮；一部分熟番移居中部內陸的埔里盆地。另一種應對之道就是接受漢化，經濟上學習漢人的精耕細作的農業、社會文化上則漸漸同化於漢人，尤其漢人娶原住民女性的通婚現象頻繁，更加速原住民社會的瓦解。儘管熟番逐漸消融在強勢漢人之中，但是不同的族群互動，彼此之間很難沒有相互的影響，因

此處於弱勢的原住民文化，亦滴水穿石地滲進漢人文化之中，諸如母系社會的招贅婚俗、閩南語中「牽手」的妻子稱呼、台語歌謠中的熟番曲調等。

（四）台灣漢人社會的特色

清朝統治台灣百餘年後，漢人居於優勢社會形成。此時渡海來台的漢人，多為福建、廣東二省移民，因此中國華南地區的社會文化隨之移植入台。然而，由於清朝實施「防台而治台」統治政策，加上台灣僻處帝國邊陲，因而台灣漢人社會也孕育出不同於原鄉的台地獨特社會風貌。以下舉祖籍地緣關係的村莊、「羅漢腳」游民階級，及非傳統婚姻型態的盛行來說明。

1. 祖籍地緣關係的村莊

台灣農村多為祖籍地緣關係形成的一村多姓村莊，而非傳統中國同族聚居的一村同姓聚落。由於清初「移民三禁」政策，漢人渡海來台多屬單身男性，全家舉族遷台者寡。這些單身移民或是招呼同鄉同籍結伴入台，或是來台舉目無親轉而投靠同鄉，自然而然形成同一村莊的居民來自相同原鄉，加上移民多屬文盲，因此共同的方言、習俗和神明信仰，將不同祖籍居民區隔出來，久而久之形成各依祖籍地緣分布的農村莊落。

當時大抵依據移民祖籍，可分為閩籍（閩南人為主）和粵籍（客家人為主）二大類的村莊，閩籍中又分為泉籍（泉州人）和漳籍（漳州人）。換句話說，祖籍地緣分布的不同，也形成族群的區隔。這樣壁壘分明的族群分布，在農業拓墾的過程，爭土地、求水源等糾紛所引發的生存資源爭奪，極易導致族群之間的集體械鬥，稱為「分類械鬥」。雖說不只是族群間會出現分類械鬥，不過此類族群衝突的「分類械鬥」影響最大，分類械鬥因而成為台灣漢人農墾社會的特有現象。

2.「羅漢腳」游民階級

　　台灣社會階級結構雖同於傳統中國，地主、富商與有科舉功名者為社會的主要上層階層，農民、工匠與商販等為社會的下級階層，然而卻有數量頗多的「羅漢腳」游民階級充斥其間。「羅漢腳」游民指的是無家室、無恆產、無固定工作、無固定職業的游民，因為常寄居廟宇而被稱為「羅漢腳」。他們常因失業淪為乞討或盜賊，在械鬥或民變中，趁機搧風點火，搶劫破壞，成為妨礙社會安定的危險因子。

3. 非傳統婚姻型態的盛行

　　男多女少是移民社會的常見情形，不過清初「移民三禁」的政策，加重台灣男女比例的嚴重失衡。不孝有三無後為大的傳統中國婚姻觀，又使得漢人男子視結婚生子為人生必經之路。在上述因素影響下，造成台灣一地嫁女索取高額聘金，常常導致男方無力負擔，不能成婚。所以漢人男性除與原住民女性通婚以利成家立業外，台灣出現不守傳統禮俗的特殊婚娶方式，諸如「招出」、「接腳夫」、「招婿」[5]，及「童養媳」、「童養婿」等婚姻。

 三、台灣的開港和清後期的治台政策

（一）台灣的開港

　　1860 年代，東亞局勢新變化影響台灣者，首當其衝的就是清廷與西方列強戰爭失敗後，開放台灣（今日安平）、淡水、雞籠（今日基隆）、打狗（今日高雄）四個港口，做為外商來台貿易商港。

---

[5]　在清代出現的特殊婚姻中，所謂「招出」，指的是女方嫁入男方家中，明文規定男方須在繼承、財產分配、喪葬及祭祀等方面，履行給女方家庭若干條件。例如雙方明定契約，規定部分子女須過繼給女方家庭；所謂「接腳夫」，指的是留在夫家的寡婦，招入其他男性為夫，此類夫婿通常地位較低；所謂「招婿」，即是女方家中無男性子嗣，為求繼嗣，於是由女兒招納夫婿同居女家，所生部分子女為女家子嗣，同時有協助女家經營家業的義務。

台灣開港通商後，在經濟方面的深刻影響，就是讓台灣從清初漸漸形成的以兩岸經貿為主，台灣米、糖等農產品輸往大陸；大陸手工業品、奢侈品輸入台灣的中國經濟圈，回到荷蘭、鄭氏時期國際海洋貿易經濟圈。台灣重新加入世界市場，當時原有的糖、加上二項新作物茶與樟腦，透過外商的國際貿易網絡，行銷全世界。

在社會方面的突出變化，除了新興的社會領導階層「買辦」和「豪紳」崛起外，由於台灣中、北部粵籍（客家人）所居住的丘陵、近山之區，正是新興商品茶、樟腦的產區，不少粵籍移民憑藉種茶和熬製樟腦的經濟利益，提高社會地位。再者，原屬台灣偏遠地區的中北部，也因為是茶、樟腦的產地，出口貿易興旺連帶地引入大量的人才與資金，政府的稅收也節節高升，導致往後台灣建省，省會設於台北。台灣的重心轉而北移，往後重北輕南的台灣歷史發展走向於焉形成。

台灣開港後的社會變遷，島內內部出現上述的轉變，外來變化則見西方傳教士再次入台，在教育與醫療方面，引入西方近現代的文化（參見第四章〈台灣的教育〉）。傳教士傳入近現代文化及開港後台灣經濟走進世界市場，預告台灣歷史第三次轉變期的來臨。

（二）清後期的治台政策

1860 年台灣開港後，由於列強對台野心，台灣不斷爆發國際糾紛，小者諸如外商違法貿易、外國船難引發生番殺人，大者有如洋人私入後山侵墾。乃至 1874 年，日本藉口「牡丹社事件」，出兵攻打台灣，至此清廷領悟台灣的重要，於是改弦易轍，由清初以來的消極治台轉為積極治台。1875 年起，以沈葆楨為首的在台多位精幹官員，推行現代化革新，使台灣在 1895 年割讓日本之前，短短 20 年間，躍升為清朝最現代化的省份。

首先清廷在沈葆楨建議之下，廢止原先「移民三禁」、「封山禁令」政策，改以「開山撫番」做法，積極開發山地和討伐生番，來強化政府對於台灣內部掌控。此外，在西部沿岸修建新式砲台，購置槍械、船

艦，修築連接閩台水陸電線等，來加強台灣海防。接踵其後的丁日昌，繼續推動沈葆楨的新政，具體規劃台灣現代化藍圖。

1884 年，法國在中法戰爭中出兵進攻北台灣，劉銘傳臨危奉令，入台防守。此役更是凸顯台灣對於中國海防的重要，因此清廷雖財政窘蹙，仍排除萬難，於 1885 年下詔建省，以劉銘傳為首任台灣巡撫。他承繼前人成果，興辦一系列的現代化新政，舉其大者有國防事項，除繼續擴大原先海防事宜外，設廠自製槍彈、建屋儲存槍彈、整軍練兵等；有交通建設興革，修築鐵路（基隆到新竹一段）、公路、架設台灣與增建兩岸水陸電線、創立郵政等；有財稅革新，推行「清賦」政策。「清賦」政策主要有二方面，一方面清查隱田，增加稅收；一方面以小租戶為業主，促進土地所有權人單純化，來改革阻礙產業現代化的大小租之土地制度。

劉銘傳的新政，不少措施因其去職及財政困難而停頓，不過他的政策成為後來日本治台時期，日人推行全面現代化政策時所繼承和擴充的基礎。

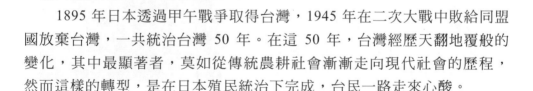

第四節　日本時期

1895 年日本透過甲午戰爭取得台灣，1945 年在二次大戰中敗給同盟國放棄台灣，一共統治台灣 50 年。在這 50 年，台灣經歷天翻地覆般的變化，其中最顯著者，莫如從傳統農耕社會漸漸走向現代社會的歷程，然而這樣的轉型，是在日本殖民統治下完成，台民一路走來心酸。

一、日本的領台與治台三階段

1895 年，日本依據馬關條約規定，派軍接管台灣，不過接收過程一波三折，耗時數月才平定全台。日本在台北設立總督府，做為最高的統治機構，對於如何統治台灣，各方意見紛歧，又見異民族的台民激烈抗日，最後界定台灣為「殖民地」。

　　台灣是日本第一個殖民地，在此之前日本並無統治殖民地的經驗，所以 50 年間的台灣統治，主要受到日本國內和國際局勢變動的牽引，形成「無方針主義」、「同化主義」、「皇民化運動」三個時期的變化。以下說明這三時期的內容。

1. 無方針主義時期（1895-1919）

　　1895 年日本在腥風血雨中接管台灣，展開對台統治。不過，隨之蜂起不止的各地反抗游擊戰，讓總督府疲於應付，也讓日本內部興起轉賣台灣與西方列強的主張。但是，日本是當代亞洲國家中唯一擁有殖民地者，自詡為如同西方列強，是帝國主義的一員，不能也不願放棄台灣，所以到 1898 年，內閣重臣兒玉源太郎出任台灣總督為止，台灣總督已更迭 3 任。

　　兒玉任用出身醫生的後藤新平為民政長官，後藤提出有名的「生物學原理」為統治原則。即是對於異民族的台灣，應對其風俗習慣、社會文化進行詳盡調查後，再制定、推行順應現實需要、彈性調整政策的「無方針主義」。透過從調查中台灣人「愛錢」、「怕死」與「好名聲」的特性，實行高壓與懷柔並用手段，推行一系列政策，有效遏止台民反抗，鞏固總督府的集權政權，奠定日本殖民統治的基礎。此一「無方針主義」的漸進政策，一直推行到 1919 年為止。

圖 1-11　後藤新平像

　　有關上述「無方針主義」政策，試舉一例說明。對於台民抗日行動的層出不窮，後藤祭出「匪徒刑罰令」，先以經濟利益，招降抗日首領（台人愛錢、怕死心理下的懷柔手段），瓦解抗日集團後，為求一勞永逸，訴諸欺騙方式殲滅抗日領袖（高壓手段）。後藤的兩面手法，終使各地抗日活動漸漸消聲匿跡。

2.「同化主義」時期（1919-1937）

1918 年第一次世界大戰結束後，鼓吹民族自決、強調民主風潮襲捲全世界，日本在這股風潮下，進入「大正民主」時代。1919 年，朝鮮爆發「三一運動」的獨立抗日行動，台民也展開追求民主的政治社會運動，因此日本當局，改以「內地延長主義」的「同化政策」為殖民地統治的基調，此一政策實施至 1937 年止。在此政策之下，總督府倡導日台融合，一視同仁。例如教育上，實施中學以上日台共學制（1922 年）；種族關係上，准許日台通婚等等。不過同化政策成效不彰，台人受歧視情形處處可見。

3.「皇民化運動」時期（1937-1945）

1930 年代起，日本向外擴張腳步加快，1931 年發動「九一八事變」侵略中國東北，1937 年中日戰爭全面爆發。在此背景下，日本走向軍國主義，積極南進，亟須台灣的人力、物質投入，因此加速台民的同化，期使台民成為徹底的日本人，因此推行「皇民化運動」，此為「內地延長主義」的第二時期。皇民化運動的內容，由國語（日語）運動、改姓名、宗教、社會風俗日本化，漸及志願兵制度、徵兵制。這個政策也由漢人貫徹到原住民。

皇民化運動一共實施 8 年，日人雖大力宣揚成果輝煌，不過在 1945 年日本投降停止之後，猶如石投水中，蕩起輕波，終歸沈寂。

二、現代化——日本治台的特點之一

在世界殖民史上，殖民母國在收奪、剝削殖民地的過程中，往往伴隨帶入現代化的內容，日本殖民台灣也不例外，以下見於台灣資本主義化基礎的完成、西方法制的引入和社會文化生活方面的變化。

（一）資本主義經濟基礎的奠立

　　總督府首先進行各種資源的調查與統計，舉凡土地、林野、人口、宗教、舊慣、蕃族和衛生等，充分掌握台灣的詳情。接著依據調查統計，實行改革土地制度、統一貨幣與度量衡及金融制度的建立、交通、電力能源等基礎建設，為台灣的資本主義化奠定全面的根基，也為日本資本家大舉入台，舖設康莊大道。

　　在土地改革方面，整頓隱田、確立土地所有權（小租戶為業主，以公債為補償收回大租權）。其中土地所有權的釐清，是產業資本主義化必經之路，由此降低的土地交易風險，也有助於日本資本家獲取土地。貨幣與度量衡統一等方面，總督府配合台灣銀行等現代化金融機構的設立，以漸進方式，使當時台灣流通總類達百餘種的各式貨幣行用漸趨減少，最後台灣流通貨幣與日本國內合流。度量衡的同步於日本亦如之。這些金融革新，除使台灣迅速資本主義化，同樣也有利於日本資本家的在台投資。

　　在交通建設方面，主要有通訊的郵電、海陸空等運輸設施的建設。電報電話舖設、郵電局增立，暢通了各種訊息。陸上交通建設，完成西部從基隆到高雄的縱貫南北鐵路，連絡市鎮與重要鄉村間的公路網也形成，加上基隆和高雄二大港口的整建、各地軍民用機場的開闢。這些交通網的連結，使得各地物產交換、人群的往來日趨熱絡。此外，能源供應的水力發電廠陸續興建，也扮演台灣產業發展的重要推手。

（二）西方法制的引入

　　日本在走向富國強兵的現代化過程中，學習西方的法律制度，因此殖民台灣之後，自然而然將西化的法制引進台灣，成功地使台灣走上法制現代化之路。

　　日本治台以前的台灣，是受到中華法制影響的地區，中華法制中行政與司法不分，行政官員身兼司法裁判官。但是隨著日本傳入西方的法院制度，司法審判權由法官負責，司法因而脫離行政而獨立。同時，伴

隨西方法院制度出現的還有律師制度。清代台灣的訴訟，常由科舉功名
者代寫狀紙，至此律師取代原有的訟師，律師成為專門職業。此外，對
於民事紛爭、刑事裁決方面，日治時期受到西法的影響，認為應由國家
獨占刑罰權和全面規範民事，所以舊時官府默許的民間動用私刑和裁處
民事之權也被終止。

　　由於法制的轉換與承繼，涉及的層面既深且廣，因此日本引西法入
台的做法，也同於其他西方制度的引進，採取漸進方式，即是所謂「舊
慣溫存」的做法。日治初時，沒有全面引入西化的日本法律，而是彈性
許可台灣舊有的慣習仍可在台人之間沿用，諸如非屬西方民法規範的納
妾婚姻、庶子財產繼承等。不過對於此類台灣傳統慣習，總督府另外納
入承認女子（包含妾）具有離婚權，妾的離婚變得容易，造成納妾婚姻
的日漸消失。換言之，總督府以溫和的手段，慢慢地消融台灣舊有習慣
法於西化的日本法之中。1920 年代以後，因於同化政策的推動，加速西
化日本法的引進台灣，而隨著大量西化日本法的行用台灣，台灣法制的
現代化於焉形成。

圖 1-12　　台灣高等法院

（三）社會文化生活變化

　　台民受到日人引進西方現代文明的影響，傳統社會文化生活產生明
顯改變，現代生活風貌漸漸浮現，以下舉風俗習慣與娛樂休閒二方面來
說明。

1. 風俗習慣

　　風俗習慣的顯著變化出現在放足斷髮的普及、西式服飾引進、西式的時間、星期制作息習慣之養成等。所謂「放足斷髮」，指的是改變原有女性纏足、男性辮髮的習尚，女性不再纏足，男性剪掉辮髮留平頭的西化風尚。到了 1915 年，官方與民間齊力推動的「放足斷髮」成效卓著，政府法令也明文禁止。放足斷髮的普及，連帶引發追求西式服飾的風尚，西裝、皮鞋漸漸出現。

　　日本統治台灣之後，將日本內地實施的世界標準時間制度（英國格林威治時間制）引進台灣，公私機構、學校、鐵公路等交通運輸等，都以時間表來運作。同時政府透過各種管道宣傳時間的重要，民眾在潛移默化中漸漸形成守時的習慣；並且也推行西方的星期制度，社會生活作息的規律，以一星期七天為準則，週日為例假日，同時有其他的國定假日等。此一星期制的作息規範，透過總督府的強力執行，影響及於社會生活各層面。此外，守法與現代醫療、衛生觀念的建立，也使台灣在這方面的現代化相當成功。

2. 娛樂休閒

　　台灣實施星期制的影響，是讓民眾出現例假日的閒暇，加上政府引進西式的廣播、音樂、電影和美術等娛樂活動，廣闊公園、觀光名所等休閒場所，致力推動觀光旅遊等，人民出現新的休閒娛樂生活。

　　此外，總督府推行以小學初級教育為重心的新式西化教育，雖是採取差別待遇、強調日語課程以同化為目標等殖民做法，但是此一現代化取向的殖民教育，在台灣學童高就學率的情形下，所引入西方文化和技術，乃至新觀念和新思維，對於台民的現代思想啟蒙，台灣現代社會的建立，亦有促進之功。

三、殖民地化──日本治台的特點之二

（一）專制集權的殖民統治體制

日本領台設立總督府，建立專制集權的總督統治，50 年間歷經 19 任總督。台灣總督專制集權的建立，源自日本國會在 1896 年發布的「六三法」。所謂「六三法」，是指日本國會賦予台灣總督，在殖民地台灣得以頒布具有法律效力之命令。也就是說，日本國會將立法權授予台灣總督，總督在台灣發布的行政命令等同法律，因而台灣不受到日本憲法的保障，總督施政完全不受日本帝國議會的約束，只需向天皇、中央主管機關負責。

憑藉六三法，台灣總督制定了總攬行政、司法與軍事的法律，由是所有大權集於一身，形成總督的專制集權統治。在此背景下，台灣出現大量鎮壓反亂、經濟剝削、種族歧視，乃至政治壓迫的殖民地法律和制度。1906 年、1921 年，日本國會相繼通過新的「三一法」、「法三號」，取代了六三法。尤其是在同化主義影響下頒布的法三號，企圖將日本內地法律延伸到台灣，所以規定總督僅能針對台灣特殊狀況來立法，其餘以日本法行用台地，因而限制台灣總督的立法權。然而究其根本，總督在台灣擁有立法權的本質並沒有改變，故其專制權力依然存在。

總督府制定的殖民台灣法制中，警察與保甲二項制度，在鞏固和強化殖民統治上最是重要。日治初期，原先設置來輔助軍隊對付反日台民的警察，經過

圖 1-13　警察的形象與職責

總督府改革，加上運用清領台灣時期舊有的保甲組織，成功的鎮壓抗日活動，成為維護地方治安的主力。總督府大增警察員額、各地廣設警察駐任的派出所的警政改革，使得台灣警察密度高居日本帝國第 1 位。警察職務也不斷擴大，除即有的治安維護外，兼及戶政、衛生防疫、租稅催徵，乃至思想取締等，事事皆管。由於警察網絡遍布全台，警察職掌深入人民生活各層面，因此警察成為貫徹推行殖民政策的最有效工具。

保甲制度，原是清代台灣的地方自衛組織，日治以後，總督府加以改進，轉為警察的輔助機關，主要是協助維持治安、鎮壓台民反亂。保甲制是以 10 戶為 1 甲、設甲長，10 甲為 1 保、設保正，採取彼此連坐處罰，相互監視制度。在社會秩序安定之後，保甲變為基層行政的輔助機關，舉凡戶政、交通、建設、衛生等等事宜，皆由保甲輔助執行。總督府的殖民統治經由保甲制而深入地方基層社會。

（二）經濟的剝削

依據學者的研究，台灣資本主義的發展，由於是殖民地的緣故，於是形成官方的台灣總督府，經常是站在協助日本資本家的立場，國家的利益和資本家的利益合而為一，所以資方對於農夫、勞工等勞方的經濟剝削，往往形成是統治者（台灣總督府、日本資本家）對於被統治者（台民勞農階層）的經濟剝削[6]。這種情形在台灣最明顯即見於糖業，因而出現「第一憨，種甘蔗給會社磅」的台灣俗諺。

日治時期，總督府推行「農業台灣、工業日本」的經濟政策，因此發展糖業，引進大批日本資本家來台投資，設立新式製糖廠，以資本主義化的壟斷經營，形成糖業資本大多是日本資本。當時糖業利潤極高，壟斷糖業的日商，在總督府政策協助之下，控制廣大且固定區域的台灣蔗農和蔗園，又可單方面決定甘蔗的收購價格，價格與日漸攀升的糖價無關，遠低於勞動所得，所以對於台民的蔗農造成嚴重的經濟剝削。糖業如此，其他農林工礦的收奪亦如是。

---

[6] 參見周婉窈《台灣歷史圖說（史前至一九四五年）》（台北：聯經出版事業公司，1998）第九章〈殖民地化與近代化〉，頁 154。以下所舉糖業經濟剝削內容，及差別待遇和種族歧視等亦參引該文。

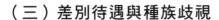
（三）差別待遇與種族歧視

　　差別待遇與種族歧視，是殖民地常見的現象，台民受到等差對待和歧視的情形，處處可見，教育方面即是明顯的例子。總督府極力推行的初等教育，實施的就是種族隔離的學制和機構，所以台灣的小學，有日人學童的「小學校」（同於日本內地），與台人學童的「公學校」、蕃童的「蕃人公學校」（二者總督府另設）。三者之間的修業年限、課程及教育資源分配等，也呈現不同的等差待遇。中學以上也同初等教育作法，台人因而備受排擠，中學入學名額幾乎由日人壟斷。雖然 1922 年改訂原有教育令，改行「內台共學」，取消形式上差別待遇和種族隔離，但是台人學童進入「小學校」限制重重，而中等以上學校，日台分學的情形依舊，差別待遇、種族歧視的本質並沒有改變。

　　再者，差別待遇也見於政府部門任職者，例如同樣教書，日人比台人多出 50~60%薪水，出現同工不同酬；同樣地醫療資源的分配也有等差，公共衛生和疾病防治工作，日人聚居的城市總是優於台人廣布的鄉間。此外，雖然在同化政策影響下，總督府取消日台不能通婚的限制，但是代表種族歧視的日台難以通婚狀況，一直持續到日本統治結束。

四、反抗、反抗、再反抗

　　日治時期台民的抗日活動，可略分為武裝與非武裝二類，前者自 1895 年至 1915 年止；後者起於 1910 年代中期，屬於具有現代化特色的政治、社會反抗運動，1937 年皇民化運動後消失。

（一）前期的武裝抗日

　　這時期的抗日活動，約可概分為二方面，一是 1895 年的反抗日軍接收台灣，即是所謂「乙未（1895 年）抗日」；一是 1895 年 12 月至 1915 年各地武裝抗日，1930 年的霧社原住民抗日事件亦屬之。

1. 乙未（1895 年）抗日

　　1895 年，台民為了阻止日軍接管台灣，先是留台官紳成立「台灣民主國」，招募大陸兵勇在北台灣抗日，結果台灣民主國迅速瓦解，僅餘劉

永福在台南抗日至 10 月止。台灣民主國瓦解，大陸兵勇轉而搶掠台北，造成台北紳商反向日軍求救，日軍輕易占領台北。接著日軍南下，開始遭遇台民壯烈的抵抗，保衛家園的台民，以游擊戰方式，襲擊日軍，日軍隨後也報以殘酷鎮壓。雙方對抗激烈，日軍南下推進緩慢，不得不數次增兵，直到 11 月終以優勢武裝，鎮壓台民的反抗。

2. 1895 年 12 月至 1915 年的各地武裝抗日

1895 年日軍入台接收時，大肆屠殺抗日台民，隨後總督府施政又侵犯台民既有的生存利益，諸如土地、林野調查與收奪等，引發各地台民激烈反抗，以陳秋菊、柯鐵、林少貓等人為首，採取游擊戰方式，此仆彼起地襲擊日本官廳，造成總督府統治的困難。1898 年起，總督府改採懷柔的誘降，與高壓虐殺並行的作法，配合警察與保甲制度的執行，7年間死亡台民超過萬人，有效地壓制抗日活動，到了 1902 年，抗日勢力瓦解。

1907 年起，新一波的武裝抗日再現，原因除了前述總督府的經濟迫害加劇外，還有以宗教迷信的改朝換代式傳統抗爭，及受到中國辛亥革命的鼓舞等。但是，不同於前一波的犧牲慘烈，這一波的抗日行動，在總督府統治局面已然穩定、嚴格控制地方社會的情勢下，大部分反抗在尚未發動階段就被破獲，規模並不大。其中較為例外的是「余清芳事件」。余清芳等人宣揚新「天命」，以宗教迷信號召群眾，欲建新王朝。此一事件歷時 10 個月，數千人被殺，千餘人被捕受審，震驚全台。

3. 原住民政策與霧社事件

1930 年，總督府引以為傲的原住民模範部落霧社，爆發震驚全台的抗日事件。事件是發生在 10 月霧社公學校運動大會上，當地泰雅族的馬赫坡社酋長莫那‧魯道，率領 300 多名泰雅族人突襲運動會場上的日人，之後轉往攻擊派出所、官衙和宿舍，搶奪大批武器彈藥，殺傷日人達 300 多人，最後退守深山之中。事發之後，總督府調派數千軍警，陸上、空中連合進擊，原住民在慘烈對抗 50 餘日後失敗，參與行動的泰雅族 6 社人口 1400 人，僅餘 500 人，隔年族人再遭日人報復虐殺 200 餘人。

追究事件的發生，源自於總督府的原住民政策。總督府追隨清代晚期「開山撫番」政策，開鑿道路、調查山林，以武力討伐原住民，造成高山沒有漢化的「生番」，漸漸受到國家力量的統治。

1915 年起，完全控制山地的總督府，廣設派出所、學校和衛生機構，由警察兼任教師，推行利於殖民的現代化措施。舉凡修橋舖路、興建校舍、日人宿舍等工程，都徵用原住民，過重勞役形成原住民的負擔。而收歸國有的山林，轉為日商劫奪樟腦和林木的場域，原住民生存空間大為縮小。加上強迫習於遷徙的原住民定居固定區域、經濟轉

圖 1-14　莫那·魯道（中）

成精耕農業等等，使原住民傳統經濟社會結構瀕臨瓦解。這些結構性的因素，又混雜著文化的衝突、日警常常始亂終棄原住民妻，終於導致霧社事件的出現。

（二）後期的非武裝抗日

1910 年代中期以後，台灣儼然已具現代社會的雛型，因此面對總督府的殖民統治，受到現代西化思潮影響下的台民有識之士，發起新一波的抗日行動。這波抗日行動結合傳統地主士紳（如林獻堂）、新生代知識份子（如蔣渭水）和工農大眾，形成波瀾壯闊，百花齊放的政治、社會抗爭運動。以下舉其重要者說明。

1. 政治運動：主要以「反殖民統治體制」為運動的重心

台民政治運動較具代表性者，開始於「六三法撤廢運動」。該法是總督府得以制定殖民台灣惡法的源頭，因此成為台民奮力廢除的目標。不過由於撤廢六三法是一種「同化」思想下的民主運動，否定了台灣獨特

的歷史、文化與民族性，形同是隨總督府的同化政策起舞，於是出現了強調台灣特殊性的民族運動。

台民追求的民族運動，強調「自治主義」為主流，計有「台灣議會設置請願運動」、「台灣民眾黨」、「台灣地方自治聯盟」等。另外，台灣共產黨追求的民族運動，主張以武力革命推翻日本殖民統治，屬於更激進的「台灣獨立」理想。台灣共產黨也因此遭到總督府的殘酷打壓。

由林獻堂所領導的「台灣議會設置請願運動」，以合法連署方式，向日本國會請願，要求設立擁有特別立法權和預算審議權的民選「台灣議會」，試圖以議會來制衡總督的專制權力。此種以現代化方式要求分享政治權力的作法，受到台灣民眾的熱烈支持，總共推行 14 年，提出 15 次請願活動。最後，這項運動雖在總督府壓制下失敗，不過在啟蒙台民民主政治意識上，有其首功。

1920 年代後期，台灣出現第一個合法政黨「台灣民眾黨」，綱領為民本政治、建設合理經濟組織及革除不合理的社會制度等。民眾黨對於敏感政治議題勇於發言，也付諸行動，成功阻撓總督府的惡政，甚至直接公開反對總督府的政策，終於在 1931 年遭總督府解散該黨。

另外，1930 年由民眾黨中脫離出來的溫和派地主士紳，成立「台灣地方自治聯盟」，以台灣自治為目標，採取體制內改革作法，搭著總督府推行同化主義的地方自治選舉順風車，促使總督府變更原先官派地方制度，讓基層街、庄民意代表半數民選。不過當時局勢漸趨嚴峻，該聯盟於 1937 年解散。

2. 社會運動：主要以文化啟蒙的「文化協會」和農工運動

1921 年，由蔣渭水等推動「台灣文化協會」成立於台北，組成份子包含地主士紳、中產階級的教師、醫生、律師和學生等。文協的宗旨是「謀台灣文化之向上」，他們認為喚醒台民的民族意識、提升台民的文化水準，才能充實政治與社會運動的力量，為台民謀福利。所以除了持續地支援台灣議會設置請願運動外，也在各地成立分會，積極推廣文化活動。

圖 1-15　台灣文化協會成員合影

　　文協發行《台灣民報》、在市鎮設置讀報社，成立文化書局等，引入各種新知識、新觀念，同時藉由舉辦演講、講習會、巡迴播映電影、話劇表演等方式，來介紹和傳播新知。透過文協的種種努力，民智受到啟蒙，對於日本帝國主義下，自身受到殖民的處境有深刻認識、也因而台民民族、政治意識逐漸提升，寫下一波波抗爭詩篇。

　　有關農民運動方面，始於彰化蔗農向製糖會社爭取權益，引發警民衝突。不久，農民組成團體向政府及資本家抗爭，漸成全島性的串連。往後二年內爆發 400 多件抗爭事件，但是隨著運動走向激進、台灣共產黨積極介入後，受到總督府打壓而消失。對於工人運動，由於 1920 年代，台灣工業化尚淺，所以是民族主義波瀾下形成。因而工人運動，先受到文協的指導，而後隨著以援助工人運動為社會政策的民眾黨成立，變成受到民眾黨的領導。民眾黨解散後，工人運動也因台灣共產黨勢力大量滲入，步上農運相同命運。

第五節　戰後台灣

　　1945 年第二次世界大戰結束，日本投降，台灣由中國的國民政府接收，開啟戰後國民政府的統治台灣。國府主政下的台灣，先是發生影響

戰後台灣歷史甚深的二二八事件，國府與台民之間產生深刻的裂痕。國府尚未療傷止饑，即從大陸敗退來台，在風雨飄搖中，蔣介石領導的國府，乘著當時冷戰下的國際局勢，建立政治獨裁的威權政治，穩固政權。往後數十年台灣的經濟、社會、文化各層面，籠罩在威權體制之下，經歷比日治時代更廣泛的現代化轉型與變化，其中經濟的發展，被譽為經濟奇蹟，而政治民主的現代化成就，更是華人世界中的創舉。

一、國府接收和二二八事件

（一）二二八事件的爆發與經過

1945 年 10 月到 1949 年 12 月期間，台灣成為中華民國的一省。國府初入台，讓脫離日本殖民統治的台民歡欣鼓舞，認為當家作主時代來臨了，但是在 1 年多以後的 1947 年 2 月底，原先對新政府滿懷期望的台民，以一件政府查緝私菸流血事件為導火線，引燃成全島暴動的「二二八事件」。

圖 1-16　二二八事件中軍隊的鎮壓

　　事件發生不數日，全島陷入無政府狀態，各地台民精英紛紛成立「處理委員會」，穩定社會秩序的同時，企圖與政府交涉，提出高度自治的台民要求，謀求和平解決此一官民衝突事件。然而南京的蔣中正總統，在國共內戰漸起的氣氛中，視此一事件為共黨教唆之叛亂，決定派軍平亂。3 月 8 日軍隊入台，宣布戒嚴，進行血腥屠殺，一週後平定各城市。隨後，肅清逃至鄉村的事件參與者之「清鄉」運動開始，透過獎勵告密、鄰里連坐的作法，造成許多人無辜被羅織入罪，或遭殺害、或被監禁，或被勒索，直到 5 月 16 日取消戒嚴，清鄉結束。不過，往後仍有人因二二八事件受到政府迫害。

（二）二二八事件的原因

探究事件發生的原因有遠因、也有近因。遠因源自國府治台政策二原則，對台灣非常隔閡的國府，提出台灣特殊化和台灣快速中國化的二原則。因於台灣的「特殊化」，銜命來台接收大員陳儀，出任「行政長官公署」長官。所謂「行政長官公署」，是有別於中國內地各省的軍政分離，使陳儀集軍政大權於一身的體制，結果台灣長官如同總督再現；復又推行大陸各省不實施的統制經濟，幾乎是日治時期統治模式的翻版，是以引發台民普遍的不滿。

加上國府基於民族主義理由，忽略台灣受日本統治 50 年的歷史變化，將多少染上東洋風的台民，視為「奴化」之民，必須迅速徹底除去「日本奴化遺毒」，所以推行剛性國語文政策，禁用日文、日語，甚至以國語流利與否，作為政府機關人事任用的標準，結果政治上台民普遍遭到歧視和排擠。

二二八事件的近因，則是陳儀政府在接收和施政方面弊端叢生。先是接收人員貪汙收賄，中飽私囊者多，使接收變成「劫收」。接著，施政上行政失當、經濟政策又錯誤。在行政失當上，政治上歧視台人，政府職位由大陸官員軍警壟斷，不諳「國語」台民被摒棄，然而官員行政無能、貪腐嚴重；軍警紀律不佳，擾民不斷。經濟政策的錯誤，直指統制經濟。為防中國惡化中的經濟影響台灣，陳儀維持日治時期的統制經濟，主要物資由官方管制和專賣，壟斷生產、市場和貿易。結果，反造成台灣物質大量運往大陸，台灣物質短缺，物價飛漲甚於戰時。同時，統制經濟也使台人私人企業發展受限，而公營企業又多經營不善倒閉，台民失業者增多，加上戰後海外返鄉的大量軍民，也是求職無門。因於統制經濟連帶導致的高失業率，形成嚴重的社會問題。

（三）二二八事件的影響

二二八事件以政府恐布鎮壓收場，對於往後台灣社會產生深刻影響，首先是由於事件中死亡的台人菁英甚多，除造成台人對於政治出現疏離、冷漠和恐懼感外，同時也因地方領袖的斷層，促使地方勢力漸為

中國國民黨（以下簡稱國民黨）所控制，有利於威權政治。其次，在事件中有幸逃往海外的台人菁英，痛定思痛，認為解救台民的主要途徑，即是推翻國民政府。所以有投靠中共以謀台灣的解放，有推行台灣由聯合國託管者，有在海外籌組台灣政府組織者。這些主張與作法中，主張台灣應自治獨立，成立新政府的「台獨運動」，成為日後台灣島內政治反對運動的主流。

「省籍情結」下的族群對立，是二二八事件的第三個影響，也是現今台灣社會的主要難題。二二八事件的性質，是屬於官民的衝突而非族群衝突，可是統治者是外來政權的「外省人」，而受統治者是「本省人」的台民，所以官民衝突中也透露出族群衝突的色彩。事件之後，播遷來台的國民政府，既沒有釐清事件真相，對台民的創傷也無動於衷，反而以外來統治者身分凌駕在「本省人」之上，實行白色恐布，壓縮本省人政治空間，打壓台灣本土文化等政策，使得族群鴻溝日益加深，「本省人」與「外省人」族群對立的矛盾持續存在。

二、國府遷台和威權政治

二二八事件之後，國府對於治台政策，略為調整，即是廢除行政長官公署，改設台灣省政府，台省部分人事晉用本省人等。同時，文人的魏道明取代陳儀，出任台灣省主席。

可是，隨著國共內戰的持續，國府軍隊的節節失利，總統蔣中正被迫引退。蔣中正在 1949 年 1 月下台之前，即有規劃台灣為反共基地的腹案，所以任命愛將陳誠取代魏道明成為台灣省主席，為國府可能來台做準備。

（一）陳誠的治台和國府來台

1949 年受命治台的陳誠，必須克服的難題有二，一是如何防止中共勢力滲透台灣；二是如何鞏固他在台灣的統治，讓對政府懷有敵意的台灣人民，能夠支持國府而非成為中共的同路人，使得中共在台無發展的

空間。如此一來，才能使國府順利遷台。幸運的是，他手握黨、政、軍大權，統治對象恰是二二八事件後噤若寒蟬的台灣人民，所以得以順利推行政策。

他施政的主要內容如下：

1. 阻隔中共勢力進入台灣

1949 年 5 月，陳誠發布「戒嚴令」，封鎖港口，出入境檢查變得十分嚴格，中台兩地人民的交通往來困難。即是透過限制大陸人民來台方式，阻止中共勢力大舉入台。至於已入台中共份子或是同路人，則是採取戶口總檢查的政策，短時間內就逮捕、處死、監禁 1 萬多名中共相關分子，諸如二二八事件關係者、主張台獨者、共產黨員、聯合國託管倡導者，皆以中共有關分子被逮捕。陳誠以此嚴酷手段，迅速有效地將中共勢力阻隔在台灣島外。自陳誠發布「戒嚴令」開始，直到 1987 年取消「戒嚴令」為止，台灣總共實施長達 38 年的戒嚴，世界上少見。

2. 鞏固國府在台統治基礎

中共在國共內戰中獲勝的主因之一，就是推行土地改革，獲得鄉村廣大農民支持。當時台灣如同中共土地改革前的大陸，是以農業為主的地區，佃農人數居多，而且佃租高漲，生活艱辛，所以為防止台灣成為中共勢力成長的溫床，陳誠實行「三七五減租」政策，強制將原先超過50%以上的佃租，減為不得超過 37.5%。此一土地政策，一石三鳥，不僅打擊中共的在台發展，也削弱台灣地主的勢力，更重要的是獲得廣大農民的支持，鞏固陳誠的統治。

此外，在城市都會區，中共常以動員學生為主要擴張手段。所以陳誠入台不久，即利用 4 月 3 日台灣大學、台灣師範學院學生，和警察發生衝突事件為籍口，4 月 6 日命令軍警襲擊兩校學生宿舍，逮捕學生，是為有名的「四六事件」。陳誠此舉有效瓦解中共尋求在都市中發展的可能。

在陳誠施政中，幣制改革也是他得穩定台灣的重要施政。二二八事件發生原因之一，就是物價的急速上升，而導致物價上升的主兇，除了物質短缺外，惡性通貨膨脹也難辭其咎。然而二二八事件之後，惡性通膨的惡夢並未結束。由於台省以發行台幣（當時台灣發行的貨幣）來墊付中央政府支出和公營事業資金，加上大陸嚴重通膨經由匯兌轉給台灣，造成台灣惡性通貨膨脹變本加厲，物價上升速度驚人，到了陳誠入台統治時，已達戰爭時的數千倍之遙。所以，陳誠推行以舊台幣 40,000 元兌換新台幣 1 元的幣制改革，並且停止與大陸貨幣匯兌，終使台幣漸趨穩定。

陳誠的施政，成功地解決上述二項統治難題，使得國府來台並未遭到阻力，更為國府遷台後的統治奠定重要根基。

1949 年 1 月，蔣中正總統下台後，李宗仁代總統領導的國民政府頹勢益顯，中共進攻勢如破竹。同年 10 月，控制中國大部分地區的中共成立中華人民共和國，正式統治大陸。同年 12 月，國府移治台灣，以台灣為「反共復國」復興基地。1950 年 3 月，下台的蔣中正復職總統視事。

（二）威權政治的建立和內涵

渡海來台的國民政府，立即面對的危機就是中共武力犯台的威脅。中共在 1950 年 5 月取得浙江沿岸的島嶼後，準備大舉渡海攻台，台海戰爭一觸即發，國府處境萬分危急。然而，6 月韓戰突然爆發，形勢為之一變。原先已採取「袖手政策」放棄國府的美國，眼見中、蘇結盟，共同協助北韓共黨入侵南韓，體悟到台灣地理位置，在防堵東亞共產勢力擴張上的重要性。於是在韓戰期間（1950-1953），實行「台灣海峽中立化」，派遣美國第七艦隊巡弋台灣海峽，軍援台灣，阻遏中共攻台，同時也阻擋國府反攻大陸。1954 年，中美進一步簽訂「共同防禦條約」，美國協防台灣，供給武器、軍事訓練等。同時在外交上，美國也支持國府在聯合國和其他國際組織中的席位。在美蘇冷戰的國際契機下，國府成為以美國為首的西方「民主陣營」一員。

　　國府在解除外部中共威脅之後，蔣中正總統開始致力於台灣內部整頓。他的做法主要有以下幾項：

1. 控制軍隊

　　整頓軍隊，使得軍隊成為效忠他個人的蔣軍，強力灌輸蔣中正即代表國家，為軍人效忠的首要對象。

2. 控制國民黨

　　以大陸淪陷是因於黨的失敗，推行黨組織的改造，改變原先派系運作方式，由黨的領袖蔣中正直接掌握黨機器。結果派系林立的國民黨至此成為蔣黨，並以「革命民主政黨」形式，貫徹「以黨領軍」、「以黨領政」的主張。

3. 控制思想

　　為了防止中共滲透，實行「白色恐怖」統治[7]，以挾制反政府思想。與此並行的是強化保密防諜、反共思想的教育，及蔣中正個（偉）人崇拜等。

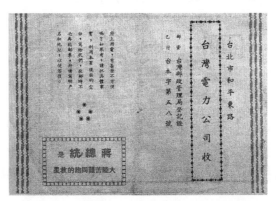

圖 1-17　蔣中正總統偉人崇拜的灌輸

---

[7]　「白色恐怖」，指的是在戰後國府基於恐共、反共的必要，而對於左傾思想者的政治迫害，主要由國家暴力的憲警和情治單位執行，以非法或嚴屬軍法來逮捕、訊問、刑求、監禁、處決被迫害者。在「白色恐怖」最熾行的 1950 年代，據統計有 2 千多人被殺害，8 千多人被判刑，而其中絕大部分與「共匪」無關，純屬冤案。國府的白色恐怖迫害，直到 1992 年刑法一百條的修正案通過才結束。

4. 控制政府與民意機構、控制特務等

　　經由蔣中正大刀闊斧的「整頓」，建構的政治體制被稱為「威權政治」，是在政治強人獨裁下，以一黨獨大的方式，維持以黨領政的黨國體制（Party-State）。之後他的兒子蔣經國總統，繼續這種統治體制，直到 1988 年 1 月李登輝總統上台，台灣才迅速走向民主政治。換言之，自 1949 年國府遷台開始，此後 40 年間，台灣社會籠罩在威權政治之下。

　　因此威權政治的內涵，大致有以下的特徵：

1. 一黨獨大的黨國體制

　　1987 年黨禁解除以前，台灣的政黨是黨外無黨（只有一黨獨大的國民黨）、黨內無派（國民黨內只有蔣派）。其餘政黨徒具裝飾性質，諸如中國青年黨、中國民主社會黨等被譏為廁所花瓶。政治運作實行以黨治國，以黨領政，因此獨大的國民黨主政期間，黨員人數大量增加，形成完整的組織系統，並且在政府部門、軍隊、機關學校、地方及各種社團，皆設置黨務機構，形成綿密的控制網，進行反共意識型態的灌輸和宣傳，及取締異議份子。

2. 動員戡亂體制

　　國府以國共內戰時公布的「動員戡亂時期臨時條款」、「戒嚴令」為法制上依據，藉此不受《憲法》約束，通過有利於威權體制運行的法制。諸如總統權力極度擴大，任期不受二任限制、有權設置形同太上行政院的國安會、有緊急處分權等；中央民意代表的立委、國大和監委不必改選，形成萬年國會；人民的言論、集會、結社、出版與新聞受到限制等。

3. 強人式政治

　　蔣氏父子掌握最高權力，集所有大權於一身，以個人意志決定施政方針和政策。蔣氏父子周遭的政治菁英，以外省人為主，本省人受到排擠。

4. 獨裁、開發型政治

國府兼顧國家安全、法統和發展,以「政經分離」方式,尊重專業,推展計劃經濟厚植台灣經貿實力,同時也使本省籍人士能夠專注在企業經營上。

5. 對美國高度依賴

台灣的政治、外交、軍事、經貿等,在 1954 年中美「共同防禦條約」簽訂後,極度依賴美國,因此美國政策一旦改變,都會造成台灣極大影響。

三、國民政府的經營台灣──經濟成就

蔣氏父子統治台灣期間,在經濟經營上的成功,人稱「經濟奇蹟」、「台灣經驗」,是國府引以為榮的成就。以下從台灣經濟發展過程中,說明形成「經濟奇蹟」的原因,以及「經濟奇蹟」的特點。

(一)戰後經濟的發展

1. 外力的幫助:美援的作用

1949 年隨著政府播遷來台,除了中央銀行的黃金準備和外匯外,超過百萬的大陸軍民也跟著登陸。然而戰後台灣經濟復甦緩慢,生產不足,如今在原有 6 百多萬生活困頓的台民之中,復又湧入超過百萬的人口,政府外匯旋即枯竭,造成物價飆揚、通貨膨脹再起,經濟情勢瀕臨崩潰,對於驚恐中共攻台,政權搖搖欲墜的國民政府,無異是致命一擊。然而歷史的發展常常是弔詭、出人意表,韓戰倏起,促使美國的經援台灣,有效地安定台灣的經濟,解救國民政府。

自 1951 年到 1965 年,美國經援台灣約 15 億美金。美國首先提供大量剩餘農產品,及民生相關的物資給台灣,以此作法有效地降低台灣因嚴重物資缺乏所導致物價上升、惡性通膨問題,台灣經濟漸趨穩定。接著,援助台灣購買進口設備和原料,及融通投資的資金;同時協助修建

戰時被破壞的基礎設施，如電力、交通運輸、通訊和水利灌溉等。此等
做法提供台灣輕工業所需的動力和原料，美援使台灣加入美國為中心的
全球資本主義經濟體系。

2. 土地改革的影響：土地資本轉成工商資本

　　前面提到陳誠推行土地改革，穩定國府的統治基礎，所以國民政府
隨即在 1950 年代初期，進行更徹底的「土地改革」。1951 年的「公地放
領」，公有地出售給現耕農民，現耕農民可以變為自耕農。1953 年的
「耕者有其田」，政府強制徵收地主超過 3 公頃的土地，再將這些土地放
領給佃農。政府補償地主損失，是給予 70%實物債券、30%官營公司股
票，於是部分地主轉型成工商業資本家。國府的「土地改革」，促使原有
投資土地的資本，轉為工商資本，為日後民營企業發展，創造良好的條
件。

3. 經濟發展政策（一）：進口替代走向出口導向

　　蔣中正主政的 1950、60 年代，政府的經濟政策基本出現二種變化，
由「進口替代」走向「出口導向」。

　　1950 年代的台灣，人口眾多而物質缺乏，民貧而政府窮，所以經濟
的目標主要解決國內民生所需和減少外匯支出。政府以開發國內市場，
發展食品加工、紡織、水泥等種種民生輕工業，同時採取提高關稅、進
口管制、設廠限制等施策，讓本國產品取代外國進口商品，達到工業的
「進口替代」，降低外匯流失。

　　1950 年代末期到 1960 年代初，由於進口替代的本國產業生產過剩
（例如紡織），所以政府經濟發展政策轉向獎勵出口。政策面的配合，有
三項政策至為關鍵，首先是外匯制度的變革，新台幣對美元大幅貶值，
出口產業的利基大增；其次是制訂「獎勵投資條例」，透過租稅減免等優
惠條件，吸引私人企業投資；最後是美援中止後設置的「加工出口區」，
以種種優降低投資成本、加上優秀低廉勞動力，因而吸引美、日等國跨
國公司及華僑來台設廠，外資取代美援，成為資金供給者的角色。

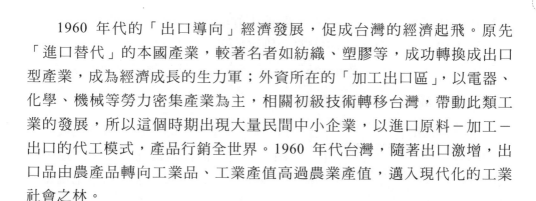

1960 年代的「出口導向」經濟發展，促成台灣的經濟起飛。原先「進口替代」的本國產業，較著名者如紡織、塑膠等，成功轉換成出口型產業，成為經濟成長的生力軍；外資所在的「加工出口區」，以電器、化學、機械等勞力密集產業為主，相關初級技術轉移台灣，帶動此類工業的發展，所以這個時期出現大量民間中小企業，以進口原料－加工－出口的代工模式，產品行銷全世界。1960 年代台灣，隨著出口激增，出口品由農產品轉向工業品、工業產值高過農業產值，邁入現代化的工業社會之林。

4. 經濟發展政策（二）：十項建設和新竹科學園區

1970、1980 年代，台灣主政者是蔣中正之子蔣經國。他主要政績就是推行「十項建設」和設置「新竹科學園區」，帶領台灣走向「經濟奇蹟」。

1970 年初，一方面為了強化基礎建設，一方面因應石油價格上升危機、國際經濟不景氣，導致台灣出口下降，失業上升等經濟困難，政府投資 10 項大型公共建設。「十項建設」中，有關基礎建設共 7 項，包含核能電廠、中山高速公路等交通 6 項交通建設；其餘為造船、石化及鋼鐵等 3 項重工業。

「十項建設」巨額投資所產生的龐大效果，刺激經濟景氣，創造就業機會，使台灣安然渡過石油危機，經濟持續向上成長。不過建設項目中以發展重工業，實行所謂「第二次進口替代」，透過以國內製造的資本與技術密集產品，取代相同進口產品，謀求改善台灣產業結構的目標，僅有石化工業成功，因而塑膠等工業迅速成長。所以 1970 年代台灣的產業，仍是勞力密集的產業為主。

1979 年石油危機再次發生，台灣出口大幅衰減，尤其石化業受創最深，然而工資、能源價格又不斷攀升，產業的升級與轉型刻不容緩。發展技術、資本密集又附加價值高的產業，成為政府經濟發展的重心，因此在 1980 年設置以電子工業為主的「新竹科學園區」。「科學園區」除採

取以往「加工出口區」作法外，更重要的突破是產學合作的新模式。園區鄰近大學、又設有工業研究所，研究成果迅速轉移給業界，因而帶動電子等資訊工業發展。時至今日，電子等工業已是台灣最重要的產業。

（二）經濟成就——台灣奇蹟

台灣奇蹟的經濟發展，使台灣成為新興工業體的一員，與新加坡、香港和南韓並列為「亞洲四小龍」。四小龍的經濟特徵是經濟成長快速，國民所得隨之大幅上升，經濟結構由農業走向工業與服務業，都市化現象顯著，及高度依賴國際貿易下的興盛外貿活動。可是台灣奇蹟，呈現出有別於其他新興國家的優點，一是物價相對維持平穩，免除因為經濟高成長所導致的通貨膨脹；二是持續貿易出超而累積巨額外匯，而且外債極少，沒有其他新興國家苦惱的貿易赤字和龐大負債問題；三是人民所得分配平均，貧富差距小。也因此台灣經濟的經驗，成為許多新興國家取經學習的典範。

探究「台灣經驗」成功的原因，有內外二方面因素。從外部的國際環境觀察，首功來自於 1950 年代的美援，及其後 1960 年代美、日的資本與技術的移入等。當然戰後國際經濟的蓬勃發展，也為台灣以外貿出口為導向的經濟，提供良好發展的土壤。

有關台灣內部的因素，除了前面提到的土地改革和政府經濟政策成功外，人力資源也是相當重要的一環。台灣有受到當局尊重的財經技術官僚，因勢利導，規劃藍圖，帶領台灣經濟走向高峰；台灣也有具備現代工業勞動者要素的優良勞工。他們刻苦耐勞，常在惡劣的工作環境中，超時工作而無怨言；勤奮節儉又勤於學習，許多人因此「黑手變頭家」，成為中小企業主，為台灣的經濟發展貢獻良多。

最後還需要特別提到的是歷史因素。因為以出口為導向的經濟活動，自 17 世紀以來就是台灣經濟的特點，特別是 19 世紀後半起，農產及農產加工品為主的對外貿易，一直是台灣重要的經濟活動，持續進行到戰後。

1990 年以後，國際經濟環境丕變，台灣受到中國、東南亞等新崛起的經濟體的競爭，高度經濟成長已趨於減緩。加上中國的吸磁效應，造成台灣的資本、產業，大量的轉進中國。其間政府雖實行「戒急用忍」（李登輝總統）、「積極開放、有效管理」（陳水扁總統）等政策，並無法阻遏這股趨勢。因此，產業外移所導致結構性失業問題（中高年失業）日趨嚴重，成為台灣經濟發展亟需解決的重要問題。

四、國民政府的經營台灣──民主成果

1950 年以後，受到美國支持的國民政府，形成以蔣氏父子為中心的強人威權政治。到了 1980 年代開始，威權政治漸漸轉型走向民主政治，於是 2000 年出現的第一次政黨輪替，落實民主。台灣的政治，能夠由威權過渡到民主，有諸多民主人士的犧牲奉獻，有內外局勢演變的推波助瀾，更有當權者的順應民主潮流。

（一）1950 年代

在一切為反共的時代裏，部分跟隨政府播遷來台的大陸自由主義知識份子，在台灣局勢穩定之後，面對蔣中正的擴權，本著建立自由、民主與法制的理念，提出了異議，較著者如雷震、胡適與殷海光等。他們透過《自由中國》雜誌發聲，主張落實憲法，實施真正的民主，批判國民黨勢力伸入軍隊、政府、學校的反民主做法，譴責政府忽視人權，打壓言論、出版與新聞自由的違憲作為。《自由中國》的批評愈見激進，終於在 1960 年，直指蔣中正總統出任第三任總統破壞憲法，及積極鼓吹成立反對黨，受到當政者無情壓制。《自由中國》被停刊，負責人雷震被誣陷入獄十年。

另一方面，在二二八事件之後，仍有少數的台籍菁英，本著傳承自日治時期的民主理念和社會運動的經驗，透過縣市以下的地方自治選舉，參選從政來批判國府的獨裁和專權，爭取民主自由的落實。部分人士因而與《自由中國》雷震等合作，嘗試籌組「中國民主黨」的反對黨，結果因雷震的被捕而沉寂。

　　《自由中國》停刊了，但是自由主義者的批判精神與內容留下，為往後民主運動提供思想啟蒙和沃土；「中國民主黨」組黨失敗了，然而組黨運動為日後民主政治播下種子，採取選舉而凝聚人士的組織方式及政治主張，多為 1970 年代的反對運動者所效法。

（二）1960 年代

　　1960 年代的台灣，追求民主運動的空間異常狹小，只剩極少數堅持民主的異議人士，身單勢薄的活動於地方選舉上。這個時期對於日後台灣民主化的進展有所助益，首推興起於美、日等國的海外台獨運動。1960 年代的海外台獨運動成員，有原先因二二八事件而流亡海外的台籍人士，也出現 1960 年代留學海外的台灣留學生。他們成立組織和發行刊物，推展各式各樣的活動，進行思想的啟蒙和宣傳，鼓迫台獨建國的理想，進而影響台灣島內反對運動者。1980 年代開始，這批海外台獨人士紛紛回台，壯大反對運動的聲勢，加速台灣民主化的進程。

　　與海外台獨運動相呼應，是台灣島內彭明敏發表〈台灣人民自救運動宣言〉，論述一個中國，一個台灣的「客觀台獨」事實，進而引伸台灣應以新國家加入聯合國的「法理台獨」主張[8]。這個主張也深刻的影響日後追求民主的反對運動者。

（三）1970 年代

　　在台灣民主化的過程，1970 年代內外局勢的變化，令人目眩神移。先是台灣國際地位迅速下滑。1971 年中華民國退出聯合國，遺缺由中華人民共和國繼任，接踵而至的是世界主要國家紛紛與中共建交，國府的外交部被譏為「斷交部」，甚至各種國際組織，國府也被迫退出。更深打擊是與台灣關係甚深的亞洲近鄰日本，也棄國府而去。最後，支持中華民國最力的友邦美國，也因國際戰略調整為聯共防蘇，1979 年與中共建交，而與國府斷交，並且終止中美〈共同防禦條約〉。中華民國成為國際

---

[8]　彭明敏《自由的滋味－彭明敏回憶錄》（台北：前衛出版社，1988），頁 137-139。

的孤鳥，失去美國第七艦隊的庇護，人民對台灣安全感到恐慌，也對國府的處境和未來，開始惶惑不安起來。

在迎接一連串外交挫敗的同時，國府內部也產生變化，1975 年蔣中正總統辭世，其子蔣經國接任，成為政治新強人。蔣經國在外交困頓之際接掌大位，國民政府在國際社會的合法正當性受到質疑，因此推行台灣化、本土化的「革新保台」政策，尋求從台灣內部獲得政權的合法性，也為外來政權的國府，尋求長治久安於台灣之道。此後十餘年間，他一方面持續起用台籍政治菁英進入政府和國民黨組織；一方面自 1972 年起，開始舉辦增額中央民意代表（立委、國代）的定期改選，以期補強國府在台統治的合法性。儘管蔣經國提攜部分本省籍菁英，對於反對運動也較為寬容，但是 1970 年代仍是威權政治的時代，所以會出現鎮壓「美麗島事件」，也就不足為奇。

1972 年舉辦增額立委改選，台籍政治菁英黃信介等人當選。1975 年他們號召同屬戰後新生代的本省籍菁英，合作創辦《台灣政論》雜誌，鼓吹政治改革，結集反對運動力量。在 2 年後的 1977 年地方自治選舉中，大獲全勝；同年選舉中，因政府作票疑案而爆發群眾攻擊警局的「中壢事件」，首次出現「街頭運動」的群眾抗爭。此後「政論雜誌」、「議會問政」和「街頭運動」三種路線，成為反對運動者追求民主的主要途徑。

1978 年，反對運動人士透過雜誌，宣傳理念，參加中央民意代表選舉，彼此合作，助選串連，來集結力量，漸漸出現政黨組織的政團。但是，1979 年中美斷交，政府乘勢暫停選舉，反對運動受到阻遏。於是部分反對運動人士，設立《美麗島》雜誌社，以此來建構政黨組織，同時以街頭運動的方式，衝撞威權體制。終於在 1979 年 12 月的高雄街頭運動中，爆發激烈警民衝突，釀成「美麗島事件」。政府以嚴厲手段鎮壓群眾，逮捕、起訴和監禁反對運動人士。

（四）1980 年代

1980 年代開始，台灣的威權政治出現鬆動的徵兆，主要的動力來自台灣內部。台灣戰後經濟快速成長，1970 年代中期以後，台灣出現新興中產階級，他們關心政治事務，具有較強的民主理念和批評精神。因此1979 年「美麗島事件」後，雖接二連三地出現政治整肅、林宅血案及陳文成命案等，但是並未能遏阻民主浪潮，反而是要求政治改革的呼聲日高。與此相呼應於是台灣周遭的韓國、菲律賓等國，也同樣出現民主革新訴求；美國也在與中共建交後，對於台灣威權政治支持不如以往。

面對這種新形勢，蔣經國總統體悟到「時代在變、環境在變、潮流也在變」，唯有順應民主朝流，才是國府的最好出路。因此，除加快國民黨內本土化、台灣化的腳步外，同時也容忍反對運動人士成立「民主進步黨」（1986 年），默認違反「戒嚴令」的反對黨存在。1987年，更不顧國府保守派的強烈反對，蔣經國總統毅然宣布解除「戒嚴令」，更是讓台灣民主大為躍

圖 1-18　民主舵手蔣經國和李登輝

進。緊接著開放大陸探親、解除報禁等政策陸續推動，然而 1988 年蔣經國突然辭世，民主化的重責大任落到台籍的李登輝身上。

（五）1990 年代

青年「台」俊的李登輝，在蔣經國總統台灣化政策下受到拔擢，他以蔣經國總統的傳人自居，在總統任內的 12 年間（1988-2000），以靈活的政治手腕、巧妙地結合民間民主的訴求、反對黨的力量，排除各種保守勢力的反撲，大刀闊斧地推行一連串民主革新，國會全面改選、終止「動員戡亂時期臨時條款」、修憲、廢除刑法一百條、總統直選、第一次政黨輪替等。台灣至此蛻變成一個民主國家，社會自由而多元。

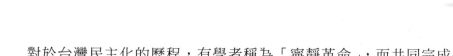
對於台灣民主化的歷程，有學者稱為「寧靜革命」，而共同完成這場革命的人物，除了領航的蔣經國與李登輝總統外，台灣島上 2300 萬的住民也是重要的幕後英雄。

（六）2000 年代以後

2000 年台灣總統大選，民進黨的陳水扁當選總統，台灣出現首次政黨輪替，民進黨取得政權。之後 2004 年的總統選舉，國民黨的連戰和「親民黨」的宋楚瑜合作參選，但陳水扁、呂秀蓮仍以些微票數差距險勝連任。不過，由於選前一天發生陳水扁、呂秀蓮遭槍擊事件（三一九槍擊案），引發其當選合法性的質疑。隨之而來的是朝野對決下政局紛擾不休，終於 2008 年總統大選，台灣再度出現政黨輪替，代表國民黨的馬英九大勝民進黨的謝長廷，國民黨再度執政。2016 年，代表民進黨的蔡英文打敗國民黨的朱立倫，台灣第三次政黨輪替。

自 2000 年起，台灣歷經二次政黨輪替，政黨政治儼然形成，然而民主之路走來並不順遂。雖然台灣政黨數量繁多，不過大致區分為親國民黨的「泛藍」與親民進黨的「泛綠」二個陣營。這二大陣營在 2004 年後，對立情勢升高，造成理性問政空間的缺乏；其次，對面日趨強大的中國，陳水扁主政下的民進黨政府，由「四不一沒有」的中間路線政策，轉向「獨台」路線。相反地，2008 年上台的國民黨馬英九政府，採行對中開放政策，先是開放兩岸直航、陸客來台、乃至與對岸簽署 ECFA（兩岸經濟合作架構協議）。「泛藍」與「泛綠」二個陣營對於影響台灣未來發展關鍵的中國問題，雙方不但沒有共識，反而南轅北轍，進一步激化政黨之間的對立與惡鬥。

政黨惡鬥下的「泛藍」與「泛綠」二個陣營，迎接的是由於全球經濟化所導致的階級貧富加深、財團勢力坐大、青年世代貧窮化、都會區房價高漲等問題，不過二個陣營卻是以立法院議事空轉、政府治理效能不彰，甚至官商勾結等來回應。面對這樣扭曲的民主現狀，台灣社會因應而生的公民力量崛起，這股由鄉民網路串聯發起的公民運動，主張公

民參與、民主與正義，形成新的改變力量。2013 年的陸軍下士洪仲丘受虐死亡案、2014 年反服貿黑箱作業的太陽花學運，都引起廣大民眾的迴響。及至 2014 年年底的地方九合一選舉，執政的國民黨慘敗（22 縣市只拿下 6 縣市），政治素人柯文哲當選台北市長，在在都顯示這股新力量的動能。這股新的公民力量崛起的，所謂「空戰」的網路競選模式發揮強大的作用，因而成為往後政治人物的選戰新模式[9]。

因此，藉由新的公民力量，期望能使台灣跳脫只問藍綠，不問是非的政黨惡鬥泥淖，朝向真正以民為本的民主政治大道前進。

問題與討論

1. 台灣史前遺址眾多，請以自己所在縣市為範圍，任舉二例史前遺址並說明其內容。

2. 從漢人的角度看來，大航海時期的鄭成功父子治理台灣，奠定日後台灣成為以漢人為主體的社會。請問鄭成功父子的經理台灣內容為何？

3. 滿清統治台灣時期，漢人取代原住民成為台灣的主要族群，建立漢人傳統農業社會。漢人農業拓墾的成功因素有哪些？再者，漢人農業社會的特色是什麼？

4. 請詳述台灣在日本統治時期，台灣總督府所推行的「皇民化運動」內容。

5. 脫口秀《博恩夜夜秀》節目中提及的「政治網紅化」(http://mjk.ac/eLQMer)，你有何看法？請你評析所謂「空戰」的網路競選模式，對於日後台灣民主政治發展的影響。

---

[9] 參見脫口秀《博恩夜夜秀》節目中所談的「政治網紅化」現象。參見網址：http://mjk.ac/eLQMer。

第二章

台灣的族群

　　本章分別就原住民、閩南人、客家人、外省人及新住民等五大族群加以說明，灣最先出現的是原住民，繼之為從荷西、明鄭到滿清時期陸續來台開墾的漢人移民，二次世界大戰後大批撤退來台的中國各省籍人民，1980 年代嫁入台灣家庭的新移民女性及其後裔。台灣族群的歷史變遷，可由族群人口的分布及遷徙，看出各族群勢力的消長，更可發現台灣各族群的發展過程，形成了台灣多元族群的面貌。

　　荷西、明鄭時期，漢人移民為謀生而來台移墾，隨著清朝時期漢人優勢人口的確立，逐步剝奪了台灣原住民的生存空間，致使平埔族發動「番變」，或被迫漢化，或進行民族大遷移。日本時期到戰後，高山族逐漸遷徙到低海拔地區，由於政治因素、山區與平地交通的發達及都市化的影響，讓其離鄉背井到平地謀生，留下老弱婦孺在原住民部落。

　　閩南人中的泉州移民來台較早，原鄉靠海、精於工商業，遂在台灣港埠組織「行郊」，帶動台海兩岸及島內港埠商業發展，並將台灣特產茶、糖、樟腦外銷到世界各地。漳州移民精於農業墾殖，運用耕作技術與租佃制度，在台興修水利、開闢荒畝，迅速開發了台灣西部平原及盆地。客家人受制於渡台禁令，來台較遲，多選擇未開發的邊際土地開墾，故多經營梯田、茶園及採集樟腦。他們由南向北陸續建立起客家聚落，甚至在政府招募下前往東部發展，因此在全台各地皆留下其文化遺跡。

　　戰後國民政府播遷台灣，大批外省人由於政治因素避難來台，國府為此特別劃區安置百萬移民於眷村。從克難簡陋的竹籬笆歲月，到眷村改建成公寓住宅及國宅大廈，眷村孕育出中國各省分交融的美食文化，也讓外省人在台得以落地生根。發源於台灣眷村的大江南北飲食，從眷村改建遷移到連鎖經營模式的變遷，豐富了台灣的現代飲食文化，也逐漸成為台灣民間常見的風味小吃。

　　從早期的外籍新娘、外籍配偶稱呼，轉變到新移民、新住民等新名詞，顯示台灣社會對於新移民女性的態度，從族群歧視轉變到包容、尊

重和認可的文化融合過程。而新移民家庭的觀念出現，促使一連串有關新移民家庭文化適應及子女教養的研究不斷出現；政府也針對新移民配偶歸劃一連串親職教育、生活適應班、外籍媽媽教室等政策，更提供新移民家庭各項社會救助方案，協助他們解決生活上的困難。

第一節　原住民

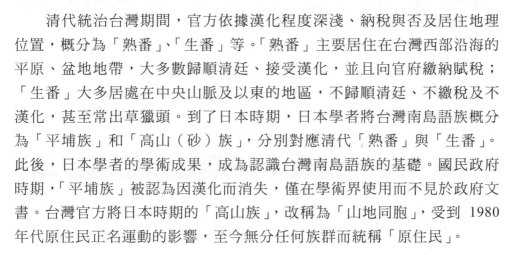

　　清代統治台灣期間，官方依據漢化程度深淺、納稅與否及居住地理位置，概分為「熟番」、「生番」等。「熟番」主要居住在台灣西部沿海的平原、盆地地帶，大多數歸順清廷、接受漢化，並且向官府繳納賦稅；「生番」大多居處在中央山脈及以東的地區，不歸順清廷、不繳稅及不漢化，甚至常出草獵頭。到了日本時期，日本學者將台灣南島語族概分為「平埔族」和「高山（砂）族」，分別對應清代「熟番」與「生番」。此後，日本學者的學術成果，成為認識台灣南島語族的基礎。國民政府時期，「平埔族」被認為因漢化而消失，僅在學術界使用而不見於政府文書。台灣官方將日本時期的「高山族」，改稱為「山地同胞」，受到 1980 年代原住民正名運動的影響，至今無分任何族群而統稱「原住民」。

　　平埔族曾廣布於台灣西部各地，17 世紀以後，隨著漢文化的侵入，平埔族漸漸消融於漢人社會之中。現今隨著原住民運動的勃興，平埔族人努力追尋先祖的足跡，雖然無法完整地呈現平埔族的歷史原貌，不過從地名、族譜、祭祀儀典，乃至漢人歌謠、習俗中，仍可窺探出平埔族過往痕跡。高山族主要分布於中央山脈及其以東地區，從荷蘭人據台至滿清統治後期為官府難以管理的化外之地，直到日本殖民到國民政府統治才漸漸受到外界文化的影響。他們適應台灣多變的氣候環境，歲時祭儀及社會組織跟宗教信仰、宗親氏族及農漁獵活動有關。各族的房舍樣式及手工藝、服飾則依照生活方式，展現其多采多姿的特色。

一、平埔族

（一）族群與分布

有關平埔族的族群名稱，依據學者研究有 7、8 族到 10 餘族的諸種主張，不過因為平埔族的詳細資料，最早始於荷蘭治台時期的戶口調查紀錄，所以此處平埔族的名稱和分布，主要以日本時期學者對於 17 世紀荷蘭統治台灣時期的平埔族調查資料為主，如下面表 2-1 所示。平埔族龐大人口曾分布在屏東到宜蘭的平原、台地，以原住民語言和地緣分類，包括南部地區的西拉雅族（西拉雅、馬卡道、四社平埔），中部地區的洪雅族、巴布薩族、巴則海族、拍瀑拉族、道卡斯族（昔日層建立大肚王國）[1]，台北盆地的凱達格蘭族，及蘭陽平原的噶瑪蘭族。

表 2-1　17 世紀台灣平埔族族群名稱和分布表

族群名稱	分布地區
噶瑪蘭族（Kavalan）	現在的蘭陽平原
凱達格蘭族（Ketagalan）	現在的桃園、台北及基隆一帶
道卡斯族（Taokas）	現在的大甲以北至新竹市一帶的海岸地區
邵族（Thao）	現在的日月潭地區
拍瀑拉族（Papora）	現在的大肚丘陵以西至海岸一帶
巴宰族（巴則海族 Pazeh）	現在的豐原至東勢一帶的平地及山麓地區
巴布薩族（Babuza）	現在台中市以南至西螺以北的近海平原地帶
洪雅族（Hoanya）	現在台中盆地霧峰以南至嘉南平原新營以北
西拉雅族（Siraya）	現在的嘉南、高屏地區

資料來源：高明士主編《台灣史》，頁 20。

---

[1] 台灣中部在荷蘭殖民、明鄭、滿清時期有文獻紀載的跨部落王國，鼎盛時期有 27 個村社，後有脫離 10 個村社，約在今大安溪南岸一帶；長期統轄 15、18 個村社，主要在大肚溪中下游流域，約在大甲溪北岸的台中市后里區南的大肚溪流域，即今台中市南、彰化縣北及南投縣部分。

（二）經濟生活與宗教文化

1. 經濟生活及食衣住行

　　平埔族為游耕、游獵民族，而時常遷村。平埔族獵鹿為生，荷蘭統治時期實行「贌社制度」[2]，大量收集鹿皮而濫獵，導致台灣鹿群減少，漢人移墾於原有鹿場。主要農作物為旱作根莖類作物，因漢化學習漢人農耕生活。平埔族人嗜酒，也嗜好檳榔、菸及糖，酒為日常生活重要飲料與宗教禮俗必備祭品。

　　平埔族衣著服飾具有濃厚的南島語族特色。男子夏季全裸，女子半裸，腰下以草裙或布遮體，冬季則以鹿皮或番毯為衣。通常赤足不穿鞋，或有鹿皮製鞋，使用多種裝飾物穿戴身上。就地取材建造住房，多以竹、木、茅草蓋屋，如主屋、公廨、未婚男女房舍、穀倉、隘寮及防衛高樓等。原無車輛，多仰賴步行，亦有交通輔助工具，如葫蘆、竹筒、藤籠，遠途交通搭乘牛車，橫渡山路和溪流的藤橋、竹筏及獨木舟。

2. 宗教與生命禮俗

　　平埔族人相信靈魂不滅，萬物皆有靈，靈分善、惡兩種，祖靈屬於善靈，是祭祀的主要對象，並且畏懼死於非命者成為惡靈。除了祖靈崇拜外，也崇拜一切自然界的精靈，如天空、日、月、星辰、河川、樹木、石頭等，近似漢人民間通俗信

圖 2-1　西拉雅平埔族拜壺信仰

仰。在南部西拉雅族的「祀壺之村」，會在各社「公廨」裡，用裝水壺體（壺、甕、瓶）及酒、檳榔等供品，供奉「阿立祖」或太祖。而在「太

---

[2]　「贌社制度」始於荷蘭經營台灣時期，漢人「社商」向荷蘭人競價承包原住民部落社的稅收，在規定期限與嚴密監督下，負責向原住民收稅，也取得與原住民的直接貿易特權。

祖夜祭」的祭儀過程中,最重要的三要素為開向、點豬及牽曲,如向祀壺祈求神明賜福的「開向」,獻豬酬謝神明的「點豬」,以及圍圈跳舞、吟唱以表達對神明的感恩的「牽曲」。隨著平埔族的現代化,現今祭祀禮儀有所變化。或以言詞說明原委替代唸咒語及祈禱詞,直接取壺體向水祈福以代施法弔祭、安撫亡魂;各族未婚少女的牽曲外,也有民俗戲曲、電子花車、卡拉 OK。在巫女、長老及頭家主持祭祀「作向」禮時,有的不殺豬隻,改以豐富的祭品如米糕、芋頭、油飯、粽子、圓仔花代替。

平埔族的社會大部分屬於母系社會,重女輕男,家系與財產由女子繼承。婚姻為男子入贅為主,女子嫁娶為輔,名為「牽手」;未婚男女交往自由,先同居再結婚,無媒人介紹與訂婚儀式,及買賣婚的陋習;男女婚姻自由,一夫一妻制,離婚方處以罰物,私通方加以懲罰。各族均有拔牙、染齒及拔鬚的習慣,男女喜折二上門齒,作為結婚時的定情禮品;每日取草擦齒「愈黑愈固」;成年男子有拔鬚習慣,故不見長鬍鬚。婦女生產後,有立即讓新生兒沐浴於溪水中的習俗,繫於樹上的「布床」為育兒必需品。墓葬方式南北各地因地而異,有室內土葬、屋外葬、火葬等,除了西拉雅族受漢人影響,使用棺木殮葬外,其餘用草席、鹿皮、木板殮葬死者。

二、高山族

(一)族群與分布

高山族的族群分類,一向以九族說最為流行,隨著 1980 年代原住民正名運動的爭取,到最近獲得正名的拉阿魯哇與卡那富兩族為止,經行政院原住民族委員會核定的原住民,一共有 16 族,最近 2017 年 12 月的人口統計有 55.9 萬多人。此處所指高山族包含原為平埔族的邵族、噶瑪蘭族。有關高山族的族群和分布,如下面表 2-2 與圖 2-2 所示。高山族主要分布在西部淺山丘陵區、中央山脈區、東海岸區及蘭嶼區。原住民族

多選擇適合農耕的山坡地，為了迴避瘧疾的侵害，而定居高海拔山區。此外，但是卑南族與阿美族大多居住在東海岸平地及東部縱谷，排灣族定居在中央山脈東南丘陵地區，達悟族居住在蘭嶼平地。日本時期，日本政府為方便對原住民的統治，曾強迫布農族和泰雅族從高山遷移到山麓地區。

表 2-2　高山族的族群名稱和分布表

族群名稱	分布地區
泰雅族（Atayal）	北起台北市烏來區，南止南投仁愛鄉，西從台中市和平區，東至花蓮秀林鄉
排灣族（Paiwan）	南部大武山附近，以屏東縣分布最多
魯凱族（Rukai）	高雄市境為主，廣及屏東縣、台東縣等地
卑南族（Puyuma）	台東縣境
布農族（Bunun）	南投縣境為主，擴及高雄市那瑪夏區、台東海端鄉
鄒族（Tsou）	嘉義縣境阿里山地區為主，旁及鄰近的南投縣、高雄市的山地區
阿美族（Ami）	花蓮、台東二縣
雅美（達悟）族（Yami）	蘭嶼
賽夏族（Saisiyat）	新竹、苗栗南庄一帶
邵族（Thao）	日月潭地區
噶瑪蘭族（Kavalan）	蘭陽平原及花蓮新社地區
太魯閣族（Truku）	花蓮縣
撒奇萊雅族（Sakizaya）	散居花蓮平原為主
賽德克族（Sediq）	南投仁愛鄉
拉阿魯哇族（Hla'alua）	高雄市桃源區高中里、桃源里以及那瑪夏區瑪雅里。
卡那卡那富族（Kanakanavu）	高雄市那瑪夏區楠梓仙溪流域兩側，現大部分居住於達卡努瓦里及瑪雅里。

資料來源：修訂自高明士主編《台灣史》，頁 35。

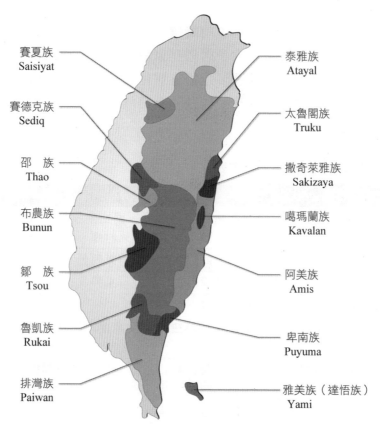

賽夏族
Saisiyat

賽德克族
Sediq

邵　族
Thao

布農族
Bunun

鄒　族
Tsou

魯凱族
Rukai

排灣族
Paiwan

泰雅族
Atayal

太魯閣族
Truku

撒奇萊雅族
Sakizaya

噶瑪蘭族
Kavalan

阿美族
Amis

卑南族
Puyuma

雅美族（達悟族）
Yami

圖 2-2　台灣原住民各族分布地區圖
（本圖引自原委會，新增兩族後尚未有新圖）

（二）經濟生活及社會文化

　　高山族生產型態為狩獵、採集與農耕並行，使用多種工具和技術謀生，以適應台灣從溫帶到熱帶的氣候環境。進入現代社會以前的高山族，農作方式包括在丘陵「山田燒墾」，或在東海岸平原從事水田稻作，及在蘭嶼島上建築梯田、生產水芋。他們採集動植物與種植作物很多，主要是根莖、雜穀類及綠葉蔬菜。高山族以「小米儀式」為中心的歲時祭儀最具特色，透過儀式尊重自然秩序，期望通過巫術解決生產過程中，無法控制的超自然因素（原住民祭典介紹請見第六章 台灣的節慶與祭典）。

　　原住民部落是以地域社會為基礎的最原始政治組織，有完整的自治組織與領袖制度，大致上有兩大類型部落，如聚居型部落的成員比鄰而居，以會所為中心，周圍分布著耕地、獵場、漁區，如阿美族、卑南族；散居型部落成員分散在附近山區，形成大分散小集中的部落社會，如泰雅族、賽夏族。在原住民社會中，許多部落有年齡階級與會所制度，形成依年齡階級的社會秩序，也和戰爭、獵首有關。男子達到一定年齡後，依據其社會責任，被編入不同的年齡階層中，並進入會所接受嚴格的訓練，如阿美族、卑南族、魯凱族大南社、排灣族、北鄒大社等。原住民的家族是最堅強的共有財產和共同生活基本單位，因此財產繼承權和家長權是並行的。親族組織可分為氏族社會與氏系群社會兩種。氏族社會以父系與母系雙方血緣繼嗣方式，父系氏族社會包括賽夏、布農、鄒族；母系氏族社會有南部阿美、卑南社卑南族。世系群社會也分成父系、母系及雙性繼嗣氏系社會，父系世系社會有泰雅、達悟族；母系世系社會包括北部阿美、知本群卑南族；雙性世系繼嗣社會則有魯凱、排灣族。

　　高山族手工藝多半跟經濟生產活動相關，如火耕農具（刀、鍬、掘棒、鐮）、收穫農具（刀、鐮），農產加工的打粟具、臼、杵；狩獵與戰鬥之用的刀、槍、弓、矛、盾牌及捕魚用具。例如，阿美族與達悟族的漁具、拼板雕舟及金屬製品；布農族的獸皮服飾、編籃、製陶。建築形式隨著各族居住範圍而不同，如鄒族和卑南族「干欄式建築」的男子會所與少年會所，或達悟族的半地下屋、排灣族的石板屋等「包牆式建築」。服飾方面，不同部族、村莊大為不同，卑南、排灣、魯凱及部分布農族，因與漢人接觸而甚受其影響，而出現剪裁式衣服。阿美族男女裙裝，均有刺繡精美的圖案；泰雅族傳統服飾綜合縫製和披掛式樣；排灣族服飾最為華麗典雅，近年以豐富的刺繡圖像如祖靈像、百步蛇紋著稱；鄒族、邵族常以獵捕獸皮縫製衣物，鞣皮是他們特殊且著名工藝；達悟族男子傳統服飾以短背心、丁字褲，女子則斜繫手織方巾、短裙為主；太魯閣族與泰雅族擁有紋面藝術，女子皆擅長織布，太魯閣以貝珠穿綴服飾「貝珠衣」而聞名。

第二節　閩南人

　　「閩南」泛指福建南部講「閩南方言」的諸縣，包括泉州府所屬的晉江、南安、惠安（合稱三邑）、同安及安溪等 8 縣與廈門市，及漳州府所屬的龍溪、南靖、詔安、海澄、漳浦、漳平等 13 縣。閩南人在明、清兩代大量外移台灣，主要是因為人口壓力導致經濟困難，本身擅長海外貿易與造船技術，出外謀生又有宗親網絡的提攜。荷人與鄭成功據台後的招募政策，及至滿清時期台灣逐步解除「渡台禁令」，閩南人以地利之便，選擇環境條件相似的台灣謀生發展。

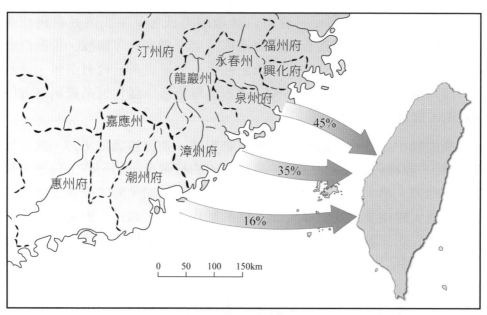

圖 2-3　台灣漢人移民的原鄉

一、泉州移民在台之發展

　　泉州移民的原鄉，位於中國東南丘陵，沿海港灣優良，多靠海謀生。明清之際，政府實施海禁，造成沿海走私貿易盛行；更由於原鄉「山多田少」，土地開發殆盡，民不聊生，導致閩南人大量外移南洋及台

灣。乾隆、嘉慶年間約有 2 百萬中國移民台灣，其中以泉州人來台最早，他們多分布在西南沿海的城市和農村，定居濱海及港口要地。

泉州移民長於工商業，三邑、同安人的貿易商組織，稱為「行郊」，帶動台海兩岸及全省港口商業發展，締造台灣西部地區的商業中心，如府城、笨港、鹿港、艋舺、大龍峒及大稻埕等市鎮的繁榮。安溪人稍晚來台墾殖，多選擇北部丘陵地開闢茶園及入山採集樟腦，促成台北山區市鎮如景美、木柵、深坑及三峽等地的茶業發展。

（一）三邑人的郊商貿易

在移民熱潮的清代，由三邑貿易商組成的「行郊」，在台海兩岸之間，以貨船互通物資，形成輝煌一時的郊商貿易活動，締造了「一府、二鹿、三艋舺」的繁榮景象。

1. 府城

府城（今台南市）曾是荷蘭人、鄭氏王國之開發重鎮。府城附近土地開發始於鄭氏時代，平埔族及漢人墾殖，而鄭成功治台後的屯田範圍，多位於彰化、嘉義以南與台南、鳳山一帶。鄭成功父子是泉州府南安縣人，陳永華是泉州府同安縣人，下屬大都是泉州人，因此早期府城以泉州三邑人占大多數，漳州人隨後移入。泉州三邑人掌控從乾隆到光緒年間的「五條港」[3]經濟脈動，聚集在「五條港」邊，經營貿易或做碼頭工，形成以姓氏為中心的集團，像是南勢港的許姓、南河港的盧姓和郭姓、安海港的施姓、佛頭港的蔡姓及新港墘港的黃姓碼頭苦力。台南府城最著名的「三郊」，以北郊蘇萬利、南郊金永順、糖郊李勝興的財力最為雄厚，影響力最大。今日神農街一號的「水仙宮」，曾是當年「三郊」的總部。

3　明代貨船進出台南原本經過台江內海，可是台江不斷積沙淤淺，船隻不能靠岸，甚至要用牛下港拖運船貨；到清代，台江幾乎已成沼地，貿易商利用台江淤積沼地中殘餘水道，開闢成可通行貨船的港道。其中最主要的五條港道，由南而北依序是─安海港、南河港、南勢港、佛頭港及新港墘港。五條港最後經歷道光年間一次大颱風後，部分港道勉強能使用，之後則遁入地下，讓路給新興市街。

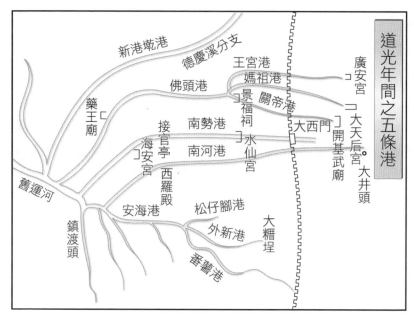

圖 2-4　位於台南西區的五條港昔日地圖

2. 鹿港

　　鹿港自從乾隆 49 年（1784）正式開港以來，三邑人對當地貿易的推動貢獻很大，建立起當時鹿港著名的貿易團體「八郊」[4]。隨著鹿港貿易走向繁榮之際，雄厚的經濟實力促使鹿港人更加注重文化和民俗生活，因此建造廟宇、設立私塾，提升了建築、雕刻、工藝、美術及飲食茶點等生活上的技藝。在鹿港的街頭巷尾可見到「三步一小廟、五步一大廟」的特色，隨著移民富裕的生活，吸引泉州優秀藝匠和人才來此地謀生，為鹿港文化打下堅實的基礎，也使鹿港贏得「繁榮猶似小泉州」的美譽。鹿港貿易繁盛至清咸豐元年（1851）為止，由於濁水溪氾濫，港灣淤沙殆半，商船無法直接入港；清代中葉開港通商與日人殖民台灣後，因國際貿易及鐵道不經該地，致使鹿港商業凋零而趨於沒落。

---

[4]　泉郊、廈郊、籤郊、油郊、糖郊、布郊、染郊、南郊。

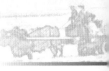

3. 艋舺

　　艋舺依靠淡水河航運，始於清嘉慶年間，上游新莊河岸淤淺，商船轉而停靠該地，使之成為淡水河最重要的港口。三邑人透過淡水河航運來進行兩岸貿易，當時的三邑郊商，分屬泉郊和北郊，合稱「頂郊」。艋舺三邑郊商聞名者，包括從事海外貿易的「張德寶」商號、「李勝發」船頭行、「王益興」船頭行等，帶動當地的繁榮。這些郊商及其後裔回饋鄉里，不斷修建廟宇，致力創辦地方公益事業，救濟助葬、辦義學、建義倉，而成為安定社會的力量。另方面也因保守排外，引發死傷慘重的「頂下郊拼」[5]和「漳泉拼」，排拒外商在當地設立洋行的機會，阻礙了聚落的發展；後來淡水河淤淺，艋舺在清同治年後商貿轉趨沒落。

（二）同安人與安溪人在北部的墾殖活動

1. 同安人

　　同安人原鄉背山面海，擁有優良港灣，很早便習於航海，向外移墾、貿易。來台的同時，帶來家鄉的神祇建廟供奉，其中以保生大帝和霞海城隍最富盛名。同安人從事行業很廣泛，有的和三邑人一樣長於經商，有的則從事農墾；在台灣分布範圍很廣，西部沿海或沿河平原地區，皆可見其開發經營，如北斗、新莊、淡水、民雄、二林、仁德和湖內等地，都是同安人聚居的城鎮，尤以台北市大龍峒和大稻埕兩個地區的開發最為著名。

　　大龍峒是同安人在台北盆地開發的第一個聚落，今日保安宮前的哈密街，便是該聚落的中心。嘉慶初年，同安人合資興建第一條商店街「四十四坎」，然後又募款興建「保安宮」，供奉由同安迎請的保生大

---

[5]　同安人到艋舺發展時較晚，三邑人早已占據淡水河岸的碼頭和商業地區，所以他們只好聚居在離河較遠的八甲庄（今日昆明街、貴陽街二段及老松國小附近）。同安人一直希望爭取沿河碼頭，以便做生意，但頂郊三邑人排外，常與下郊同安人發生衝突，終於釀成一場規模浩大的「頂下郊拼」。頂郊軍火充足、人力眾多，大舉攻入八甲庄，和下郊人展開激烈血戰；下郊人逐漸不敵，連信仰中心霞海城隍廟也著火，下郊領袖林右藻眼見聚落不保，只好率領下郊人搶救神像，突圍退到大稻埕，從此定居下來，開始發展商業。

帝，日後該廟即成為當地的信仰中心。到了咸豐、同治年間，舉人陳維英致力振興文教，使大龍峒文風大盛，科舉取士成果豐碩，可謂為全台北之冠，故有「五步一秀，十步一舉」的美譽。

　　清代咸豐 3 年（1853）因「頂下郊拼」事件，同安人遷移大龍峒南方另建霞海城隍廟，大稻埕成為台北最繁華、最富傳奇色彩的商業中心。咸豐元年（1851）台灣開港通商後，林藍田開設「林益順」商號，成為大稻埕的第一家商號，透過兩岸郊商貿易，逐漸成為大型商號，也帶動了當地店家的發展。台灣建省之後，大稻埕成為洋人居留地及規劃成商業區，吸引外商紛紛來此設立洋行。劉銘傳興築鐵路，火車站就設於大稻埕西側，使之成為台灣北部貨物的集散地及國際商貿中心。日本時代建設重心轉向城中區，加以淡水河淤積嚴重，大稻埕與艋舺同樣漸趨沒落。

2. 安溪人

　　清乾隆、嘉慶年間，安溪人移民至台灣北部開發，多數由淡水登岸就地發展。他們的聚落呈現點狀散村型態分布，多散布在台北盆地周邊河谷丘陵地帶，如北投、樹林、鶯歌、三峽、汐止、瑞芳、平溪、景美、木柵、深坑、石碇、新店、坪林及古亭、大安等地。其所選擇的定居地點，與原鄉多山景觀類似，當時台北盆地多沼澤地區，難以墾拓耕植，而可耕地又多為三邑、同安人所占據，因而轉往盆地邊緣山區發展。他們帶來原鄉的地方信仰，如清水祖師、保儀尊王、法祖公，及原鄉特產和生產技術，如安溪名茶「鐵觀音」與「紅露酒」。

　　台北地區安溪人開闢的老聚落有景美、木柵、深坑及三峽等地。乾隆 25 年（1760），郭錫瑠開鑿「瑠公圳」，灌溉台北地區從新店大坪林到景美的農地。乾隆年間，安溪高、張、林三姓移民，從北投開墾至大安、古亭、松山等地，逐路開墾到景美、木柵一帶。他們入墾景美後，因人口增加和墾地廣闊，決定各自分立，奉祀保儀尊王，分別以六張犁萬盛庄、三塊厝（萬隆）、及木柵為中心墾殖。

　　同治 4 年（1865），英商杜德(John Dodd)考察樟腦產地時，發現北部茶業的發展潛力，遂從福建安溪引進烏龍茶，勸導茶農種植，並舉辦「茶葉貸款」扶助增產，收成後大量採購，成功外銷到歐美地區。光緒 22 年（1896），經由木柵茶業公司提倡、當地鄉民湊錢購買且引進安溪「鐵觀音」茶苗在木柵種植，茶業大量出口，帶動當地的經濟發展。此外，最早在乾隆 20 年（1755），安溪人陸續前往深坑開發，種植水稻與促成茶業發展。同治、光緒年間，深坑茶葉都是由景美運輸至艋舺、大稻埕出口；安溪人由山區逐漸開墾至河谷兩岸，最後發展成熱鬧的商業市街。

　　同一時期，安溪人董日旭招佃開墾三峽北部的沖積平原「三角躅」：並在乾隆 32 年（1767），供奉家鄉清水祖師，在三峽溪畔建「長福巖」。乾隆時期，三角湧溪（三峽溪）可通航中型糧船，聯繫下游的新莊、淡水，故三峽市街成為附近貨物市集與集散地。到嘉慶初年，三峽人口增加，商業興盛，市街範圍擴張，地名改稱「三角湧」；三峽附近山區也開始種茶，受茶苗從安溪引入、普遍種植的影響，三峽茶業興盛。樟腦產業的開展，從移民私設的腦寮到官方加入樟腦生產，從清代開發一直到日本時代，三峽都是台灣重要的樟腦產地。

二、漳州人的土地開發

　　漳州人由於家鄉土地貧瘠、人口眾多及飢荒頻仍，遂由廈門出海，絡繹不絕地偷渡來台。漳州人在台灣開發史上，出現許多赫赫有名的人物和豪族，如明末開台的顏思齊，開拓蘭陽的吳沙，板橋林家和霧峰林家等。他們在台各地分布範圍之廣，卻是各籍移民所不及的，在土地開發和農業經營上，擁有不可磨滅的貢獻。務農為生的漳州人在台發展，與土地開發關係密切，不但帶來了原鄉的耕作技術，也充分利用經營土地的經驗，迅速拓墾台灣西部平原、中部盆地、北部平緩的丘陵平野，及東部的蘭陽平原。

（一）南部地區

明天啟 4 年（1624），漳州海澄人顏思齊，率領部眾在台灣笨港[6]登陸、定居及拓墾，其中顏氏部將漳州人陳衷紀，返鄉招募陳姓宗親渡海到笨港墾拓，建立了「埔仔」聚落；並在勢力穩固後，在台建廟供奉祖廟神明，後來因為漳泉械鬥移居新港。漳州人大量湧入新港地區，漸次開發了雲嘉平原，康熙年間多位大墾首當中有鄭萃徘、林克明、楊逞、翁應瑞和蔡麟五人，為開發雲嘉平原東部的主要勢力。他們選擇林內、斗六、嘉義及九芎林定居落戶，然後逐步向原住民取得土地，招佃開荒、興修水利，發跡致富，繁衍子孫，甚至成為地方領袖。

（二）中部地區

台中市是漳州人率先開發而成，從清康熙年間起，他們進入台中盆地，在水土豐饒的平原上，建立許多農耕據點。他們進入台中盆地後的開墾方式有兩種，一種是官方開墾，一種是民間開墾。

台中盆地曾有兩次大規模官方開墾，後續漳州人大量移入，並促成南屯、大墩兩聚落的興起。一是康熙年間，總兵張國率領軍隊，討伐大肚番後留墾南屯，使南屯一帶土地迅速開發，並因農事大興，南屯老街到處是打造犁頭和農具的打鐵店，故得名「犁頭店」。犁頭店為清代巡檢官署所在，受到林爽文事件的波及，早期繁榮因民變毀於一旦，重建後位於市中心南方，遂改稱南屯。另一總兵藍廷珍又率軍續墾土地，選擇在大墩安家落戶，並興建「萬春宮」，推動大墩成為農產交易的中心。不過，歷經林爽文和戴潮春事變，使大墩街受到戰火摧毀，但因位處交通輻輳要地，故能在戰亂後迅速復甦重興。

漳州人開發最普遍方式是民間開墾，又分成兩種主要型態：一是同族合力開發的「血緣聚落」，如漳州人的草屯四大姓洪、李、林、簡，雍正末年到道光年間，開墾平埔族北投社的鹿場，沿著河谷入墾，形成漳

[6]　笨港位於今日雲林縣北港鎮與嘉義縣新港鄉之間。

州人的血緣聚落。另為大地主招佃開墾，組成拓墾小王國，如霧峰林家的崛起。林家始祖林石，原先在大里創業奠基，後受林爽文事件的牽累，病死獄中，產業也被充公。林家後人，轉向霧峰定居，在頂竹圍重建田產基業。林文察以軍功升任福建水師提督，擁有權勢更有利於土地擴張，將林家勢力擴及霧峰全境。

（三）北部地區

康熙中葉以後，漳、泉及客家三籍移民大批移入台北盆地，使原為凱達格蘭族的台北盆地迅速開發，其中漳州人對土地開發，有著極大的貢獻。據說康熙 24 年（1685），漳州府林永躍等人開發干豆、唭哩岸和嘎嘮別等地（今關渡和北投一帶）。康熙 42 年（1703），漳州海澄人鄭維謙率眾人開墾芝蘭堡（今士林、石牌地區），他開鑿「雙溪圳」，灌溉士林附近的田園。乾隆初年，漳州漳浦人林成祖開墾板橋、中和及土城一帶的平原。漳州南靖的郭錫瑠也開鑿「瑠公圳」，灌溉台北盆地東南部 1 千多甲農田。到了乾隆晚期，台北盆地已經開發完成，漳州人遂沿著大漢溪溯源而上，開墾大溪一帶的河階平原。因此，清代以來，台北盆地的漳州人主要分布在新店溪以南的板橋平原，大漢溪上游的大溪地區，及基隆河以北的大屯山麓。至今板橋、大溪和士林，都還有許多漳州人的後裔。

（四）東部地區

宜蘭平原的開發，漳州人有其貢獻。乾隆 38 年（1773），中國福建漳浦人吳沙，攜妻兒定居在三貂社（今貢寮區），與番社做生意。不久經深澳到三貂嶺（均在今瑞芳區），進入澳底（今貢寮區真理村），向凱達格蘭族購得荒埔開墾。乾隆 51 年（1786）林爽文之亂，淡水同知徐夢麟曾命吳沙協助堵截林氏黨羽，增進其開墾蘭陽平原的號召力。吳沙為人任俠仗義，許多福建、廣東移民前來投靠他，開闢土地日益廣大，舊社（今貢寮區龍門村）、澳底諸庄次第拓墾完成。

　　嘉慶元年（1796），吳沙率領著漳、泉及客家三籍墾民，據地在烏石港之南，展開對蘭陽平原的拓墾事業。[7] 有鑑於林漢生等有心開蘭人士皆死於「番害」，於是和漢人社商許天送、朱和、洪掌等計畫開墾噶瑪蘭地區，並得到淡水富豪柯有成、何績、趙隆盛等人投資。他為守住新墾田地與人民的安危，堆土成堡（圍）、設置隘寮和鄉勇防守；翌年向淡水廳請給墾照，與租佃墾民訂立鄉約，徵收租穀以伐木築路及興修水利。由頭圍開始，接著二圍（今頭城鎮二城里）、三圍（今礁溪鄉三民村）等，建立點狀開發型態。直到嘉慶 3 年（1798），兒子吳光裔、侄子吳化繼承遺志，繼續拓墾到四圍（今礁溪鄉四結村）、五圍（今宜蘭市）等地。

　　漳州人來台開發之初，透過通事向原住民取得開墾權，然後擔任「墾首」，分配土地給其他佃戶開墾，而租戶也可將土地再轉租給其他人耕種。為了農業生產，漳州人興修許多水圳，如板橋「大安圳」。乾隆中葉以後，漳州人在開發台灣時，常因利益衝突與祖籍意識，與泉州人爆發大規模械鬥。而在開發土地時，為保障自身權益，漳州人集會結黨，遭到官府干涉，導致抗清民變，如乾隆 51 年（1786）的林爽文事件，及同治元年（1862）的戴潮春事件。漳州人在開發土地的同時，也把原鄉信仰引入台灣，不但撫慰了漳州人的心靈，也使台灣的民俗文化內涵更加豐富。

第三節　客家人

　　客家人的祖先雖然來自中原地區，但真正形成於五代十國及宋初的閩南、粵東、贛北南地區。中國客家人多分布在贛南、閩西、粵東北等地區，清代移民赴台、頓的客家人，絕大多數來自閩西的汀州府，及粵東的潮州、惠州、嘉應州等地。汀州府和嘉應州境內「山多田少」，可耕

---

[7] 吳沙所招募者多是漳州人，約千餘人，泉州人次之，客家人僅為鄉勇者數十人，雖三籍合作，但實際上漳州人十居其九，泉粵人僅十居其一而已。

地皆開闢成梯田，男子遊歷四方謀生，由婦女從事家事與農務。客家人在中國改朝換代之際不斷向南遷徙，至清朝康熙平定台灣初期，才冒險偷渡來台墾殖。

　　客家人抵達台灣後，從南部一路墾殖到北部，甚至輾轉往東部地區發展，有其階段性。首先，客家人康熙年間入墾南部地區，由於來台較遲便選擇今屏東地區墾荒，面對原住民、閩南人及清代民變的威脅，迫使他們組成「六堆」抵禦與拓墾。其次，客家人在雍正年間墾殖到中部地區，與閩南人或當地原住民合作開鑿水圳灌溉，但很多客家後裔現今聚居在近山地區，或者已被同化為「福佬客」。第三，乾隆年間，客家人向北遷移到北部地區，受閩南人勢力影響，退出台北盆地，轉往桃園、新竹及苗栗地區拓墾，桃、竹、苗變成最多客家聚落的地區。最後，客家人隨吳沙開墾蘭陽平原，及響應清代「官招民墾」政策，以北、中、南三路向花東地區開墾。客家文化史蹟與刻苦耐勞的精神，便隨著客家族群遷徙路線及聚居地，傳承至今成為台灣的代表文化之一。

（一）南部地區

　　客家人在康熙年間入墾於南部地區，以屏東下淡水溪（今高屏溪）東岸為中心，在今高雄、台南、嘉義等地區點狀拓殖。「渡台禁令」致使廣東客家人來台較遲，因府城早已開發，遂寓居於府城東門外。直到施琅死後，禁止客人來台政令鬆弛，他們才大批來台開墾。部分從嘉應州（包括鎮平、平遠、興寧、長樂、梅縣等縣）徵募來台的客家兵，在安平、台南、阿公店服役後解隊，被安置在濫濫庄（今屏東縣萬丹鄉附近），之後才向下淡水溪流域開墾。

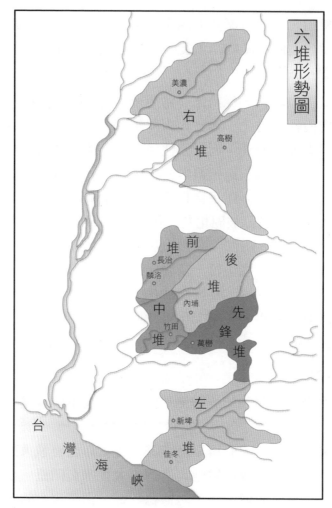

圖 2-5　南部客家六堆分布圖

　　客家人最初開墾東港溪或下淡水溪上游地區時，必須不斷面對高山族、平埔族及閩南人的脅迫。直到康熙 60 年（1721），鴨母王朱一貴起事，內埔檳榔林的杜君英也響應起事，結合朱一貴部眾，直接威脅到當地客家聚落的安全，當地客家人組成「六堆」（或稱六隊），別無選擇地和朱一貴部將決戰於下淡水溪。「六堆」客家聚居分布於屏東縣竹田鄉、內埔鄉、萬巒鄉、麟洛鄉、長治鄉、高樹鄉、新埤鄉、佳冬鄉及高雄市

美濃區、杉林區、六龜區等地。[8]「六堆」客家人從此保持小規模墾拓團體型態,「六堆」組織也成為常設的團練團體。日後歷經林爽文事件及其他民變,他們都能團結對抗,而贏得最後的勝利,因此「六堆」客家人對族群和鄉土保有高度的認同和向心力。

(二)中部地區

　　客家人在雍正年代入墾重心逐漸遷徙到彰化、台中地區,主要分布在台中盆地以東的丘陵地帶,彰化平原的永靖、埔心、北斗地區及八卦山西側,以及南投縣部分山間盆地。中部地區客家人移民最初分布地區,包括現今清水、神岡、豐原、潭子、台中南屯一帶;後來受閩南人不斷入墾的壓力,留在原地被同化為「福佬客」,多數則往內山遷徙,或落腳在石岡、新社及東勢地區,或翻山越嶺進入埔里盆地,及遷移到南投縣的國姓、水里、信義等地區。現今中部客家人的聚落主要分布在台中的新社、石岡、東勢及南投幾個偏遠地區。台中至豐原地帶最著名的開墾事例,與昔日巴則海平埔族「岸裡社」有關。理番通事張達京(廣東潮州府大埔人),娶「岸裡社」頭目女兒為妻,為了開墾台中平原,曾招募張、廖等姓居民,組成「六館業戶」,以「割地換水」的方式,修築「貓霧捒圳」,引大甲溪水灌溉田地,範圍在今日台中市神岡區、大雅區、潭子區、豐原區、南屯區、北屯區等。[9]

8　六堆共分為中堆、前堆、後堆、左堆、右堆及先鋒堆。中堆位於現今屏東縣竹田鄉,前堆包含長治及麟洛、九如圳寮、屏東市田寮、鹽埔七份仔;後堆則在現今內埔鄉境,左堆包含最南的新埤及佳冬兩地,右堆在征戰當時,只有里港鄉的武洛一地;高雄市的美濃區,是在朱一貴後的乾隆元年,由武洛林豐山、林桂山兄弟率眾開基,繼之武洛人又開墾屏東縣高樹鄉,與六龜、杉林、甲仙一部份、旗山手巾寮,皆歸屬於右堆;屏東縣萬巒鄉位處大後方,鄉勇留在當地無用,因而大都被徵調為先鋒部隊,故稱先鋒堆。

9　「貓霧捒圳」分為上埤與下埤兩段。上埤在雍正年間因水源不足、收成有限,採用漢人出資開圳,讓一部分土地歸開圳者開墾,「岸裡社」取得一部份水權。由於開圳費用龐大,張達京(張振萬墾號)、陳周文、秦登鑑、廖朝孔、江又金、姚德心等六人組成「六館業戶」,合股出資開圳,每館配水二分,留餘額二分歸「岸裡社」灌溉田地。下埤是業戶張承祖獨資,並與「岸裡社」採用「割地換水」方式開鑿,占八分水權,留二分歸「岸裡社」灌溉,及每年補貼社穀;「岸裡社」又將一部分土地讓張氏開墾,以抵充開圳資本。

彰化平原的客家人因人單勢薄，多被同化為「福佬客」，其中埔心、永靖地區（南彰化平原）最早開發。在康熙中葉，漳州府饒平縣大墾戶黃仕卿率族人入墾，並築「十五庄圳」（今稱八堡二圳），墾成大埔心庄；另在康熙末年之後，隨著「八堡圳」、「十五庄圳」的竣工，許多饒平、梅縣客家人前來陸續開墾永靖地區，興建各個客家村落、三合院聚落及三山國王廟。雲林縣的客家人分布在西螺、二崙、崙背、虎尾及北斗。清康熙 40 年（1701），福建詔安客家人廖為見率領族親渡海來台，在二崙和西螺開荒闢地，將家族中人分成七股（七崁）與創建祖廟輪流祭祀。[10] 西螺西境的二崙與崙背最多詔安客家人，最初以紀、李、鍾、廖等四姓漢人入墾居多，其中以鍾姓和廖姓家族人口最眾。和二崙相鄰的崙背，也是詔安客最早墾拓區域，崙前與港尾皆由廖姓人家開闢；但與崙背鄉西境的五魁厝、北斗市街北邊的海豐崙，及莿桐鄉的饒平厝客家人一樣，都完全被閩南人同化為「福佬客」，反而不會講客家話了。

（三）北部地區

到了乾隆年間，客家人北移至台北、桃園、新竹、苗栗一帶的丘陵地區。大台北地區是北部客家人最早入墾的地方，最先落腳在淡水河南岸，如淡水、新莊、五股，逐漸向東南方遷徙，一路拓墾到深坑、三峽、鶯歌、新店；也有往丹鳳、迴龍或林口、八里開墾者。後來因為閩南人的強大壓力，北部客家人紛紛退出台北盆地，轉往桃、竹、苗地區的丘陵地拓殖新家園。例如，道光時期之前，彭姓客家人墾殖新北市樹林區，但在道光 14 年（1834），與閩南人發生械鬥，失敗退走全部遷往桃園；土城區的大安寮，在乾隆年間便有客家人入墾，不久因閩南人遷移至該地，客家人只得往南遷到桃園地區。因此今日討論北部地區的客

---

[10] 位於濁水溪畔的西螺「七崁」，指今日雲林西螺、二崙、崙背三鄉鎮詔安客聚落聯合組織，之所以分成七大部分，是因為當地來自福建漳州詔安客最大家族「張廖」的祖訓，規定「生廖死張」，該家族的人活著姓廖，死後在墓碑和牌位上須改姓張。西螺張廖家族在康熙年間由官陂渡海來台開墾之堂兄弟五人，其中最著名的是廖朝孔，精通水利與風水術數，應「番仔駙馬」張達京之邀，帶著長子、幼子北上參與台中盆地的拓墾，成為「六館業戶」之一。

家人，眾人大都指向桃、竹、苗三縣市的客家人。桃園客家人大多分布在桃園南半部，範圍包括現今的龍潭、平鎮、楊梅、觀音、新屋、八德及半個中壢區等地區。他們在康熙、雍正年間大量入墾桃園北區，從大園鄉許厝港登岸，先後墾殖埔心、橫山、大邱園等庄，其中平鎮地區因位於交通要衝，讓許多客家移民先後入墾。

新竹市區的開發大致在雍正、康熙年間，主要開墾者為閩南人及少數客家人，新竹東南山區的北埔、竹東、關西、湖口及新埔，遲至道光年間才由客家人開闢。最有名的開墾事例為「金廣福墾號」的姜家。道光 14 年（1834），淡水同知李嗣業命客家人姜秀鑾與閩南人周邦正合組「金廣福墾號」，設立「金廣福墾隘」，抵禦泰雅族和賽夏族的侵擾，得以入墾北埔、峨眉到寶山一帶的土地。客家人大規模墾拓竹北，起源於六張犁。乾隆 17 年（1752），來自中國廣東饒平林家率領族人，從亳港登陸北上，尋得道卡斯族「霧崙毛毛」的荒埔，開闢了「六張犁圳」，灌溉萬頃荒埔，並在乾隆 31 年（1766）建立林氏家祠，奠定六張犁林家的家業。

苗栗地區的開發是在清初，諸羅縣轄有平埔舊社「貓裡」，閩南人與客家人相繼入墾苗栗濱海地區及山區；到了光緒中葉，連原屬原住民勢力範圍的南庄、獅潭、大湖及卓蘭以西地區均已拓墾。客家人主要的入墾事例在乾隆年間，謝昌仁等四兄弟率族人開墾苗栗的維祥、內麻、芒埔一帶；張盛仁、謝超南率客家籍農民數十人開墾崁頭屋；徐華鈞兄弟來到公館尖山地區開荒；藍之貴率領 30 多位族人開墾銅鑼附近的竹森村一帶。到了乾隆末年，苗栗客家人越來越多，逐漸聚居建立了客家庄。

（四）東部地區

現今蘭陽平原客家聚落，主要分布在羅東之南的員山鄉、東山鄉及三星鄉一帶。客家人早在吳沙入墾噶瑪蘭後，便被派來宜蘭蘇澳一帶守隘，由於客家人搶奪原屬於泉州人的頭城、二城里一帶土地。到了嘉慶 7 年（1802），客家墾首李先與人合作，進墾今日宜蘭市附近的土地，分得土地為今宜蘭市北津里、茭白里一帶。嘉慶 11 年（1806），宜蘭地區

爆發漳泉械鬥，客家人在蘭陽溪以北土地盡失；他們退居溪南，落腳在現今冬山一帶。同治初年，陳輝煌邀集平埔人和漢人 19 位墾首，共同開發十九結地（阿裡史）。同治中期之後，他們的勢力擴及到三星鄉銃櫃城、破布烏、紅柴村、月眉、番婆州等地，客家人也隨之遷移和擴張。

　　花東縱谷地帶的客家人，大多在清領時期隨著招墾局「官招民墾」政策前來，移民的分布與「開山撫番」時所開發的三條到東部路線有關。南路的客家人大多是由高雄、屏東一帶的南部客家聚落遷入，他們聚集在卑南（台東市）一帶；北路的客家人則大多由桃、竹、苗等地的客家聚落遷入，聚集在奇萊（花蓮市）一帶；中路的動工與開發最晚，在璞石閣（玉里）一帶的客家人則多由北路奇萊一帶客家人，及少數南路客家人再行遷徙而來。此外，亦有少數客家人是由清廷自中國內地招募而來，例如：光緒 3 年（1877），巡撫丁日昌派員從汕頭招募潮州客民 2 千餘人，由官輪輸送來台，其中 8 百名交付吳光亮安插在大港口與卑南等地開墾。

　　日本時期，台灣總督府對台灣東部進行大規模開發工作，安排部分客家人移居台灣東部到為日人工作。戰後初期，國民政府實施的土地改革政策，釋出大量原來在日本時期會社、糖廠的土地，使得東部移民人口大增。客家人在清領至日本時期多是單身前來東部種稻、種糖、採集樟腦，或者擔任土地承租與人力仲介，透過親屬網絡將西部親戚接引過來。許多客籍仲介者，便在當地承租土地，如在池上、關山、富里等地種植稻米或甘蔗，或經營經濟作物如咖啡、苧麻、煙草、香茅的農場及小雜貨店。1960 年代中期，東台灣的農業經濟活動轉型，在政府的農業政策輔導下，輔導茶、畜牧、園藝業及林業的發展。

　　台灣各地的客家人居住空間，都表達著客家族群在台墾拓的艱辛歷史，以及深厚的文化內涵，如崇敬祖先的阿公婆間和神祖牌位、追本溯源的堂號、期待開枝散葉的子孫燈和牌匾、抗敵禦侮的隘門。儘管隨著時代變遷日益受到閩南人的影響，但在南部的佳冬、美濃，中部的東勢，及北部的新埔、北埔等地，還保存著許多純粹客家風味的建築。台

灣的客家庄中，幾乎大多數的鄉鎮都有文昌廟、配祀文昌帝君，或設有專門燒字紙的「敬字亭」[11]，顯示客家人重視教育的傳統。另因山區生鮮食物匱乏的影響，著名的客家飲食大多跟醃、醬或動物內臟食品相關，如酸菜、醬瓜、豬肚、雞鴨內臟等料理，以及糯米製作的「粄」類點心。長期歷經顛沛流離生活的客家人，來台後面對荒野莽林，遂必須和生存環境相對抗，故養成至今仍特別敬畏和觀察自然的風俗。

圖 2-6　高雄美濃客家傳統民居

圖 2-7　南部客家村落常見的「敬字亭」

第四節　外省人

　　二次世界大戰之後，中國大陸各省人士大量湧進台灣地區，幾乎是離鄉背井逃難或遷徙來台，故與明清時期來台的漢人移民不同。來台定居的外省第一代與在台出生、成長的外省第二代，基於對中國各省的原鄉情結，長期擁護著中國民族主義的價值觀，堅定支持著「反共的中華民國認同」。直到 1980 年代台灣政治體制改革開放之後，受到台灣鄉土意識與台獨論述不斷湧現的刺激，外省第二代重新界定自身的身分認同，逐漸邁向「既是中國人也是台灣人」的雙重認同。

---

[11]　「敬字亭」又稱「惜字亭」、「聖蹟亭」、「字紙亭」，在各地區都有不同的稱呼。它的造型為六角柱體，「敬字亭」上方或下方，供奉文昌帝君、造字的倉頡及文魁星君的神位。

　　台灣眷村的出現，始於國府內戰敗退，撤退並安置追隨的大批軍民於台灣各地。由於台海進入冷戰局面，國府反攻大陸無望，外省人遂在台落地生根，眷村裡頭克難簡陋的「竹籬笆」歲月，讓他們移植與創造出台灣眷村特有的文化空間，並且帶來了中國南北各省的原鄉飲食，豐富了台灣的飲食文化。1960 年代，由中華婦女反共抗俄聯合會（婦聯會）倡議，國民黨、軍方及省政府執行眷村改建計畫，老舊眷村紛紛改建成公寓式住宅，開啟眷村住宅私有化的濫觴。1980~90 年代，眷村改建進入法制化階段，軍方配合政府的國宅政策，全面推動眷村改建為國宅社區。眷戶在法令保護下，擁有房屋所有權，國宅不拘泥原地興建，偏向移地興建起現代化高樓社區，也配售給非眷村居民，徹底改變了眷村特有的文化空間。全台各地的眷村美食，也隨著眷村改建遷移及連鎖經營商家的出現，逐漸變成台灣民間常見的風味小吃。

一、本省、外省人意識的形成與演變

　　1945 年台灣光復以後，國民政府給予台灣行省政治地位，台灣人逐漸習慣自稱「本省人」，而由中國大陸其他各省進入台灣的人士，自然而然被稱作「外省人」。戰後初期的本省人和外省人之間，受到「二二八事件」的影響，致使往後「本省人」對「外省人」產生不信任感，逐漸形成社會上的兩大族群。

　　國府在台建立起威權統治，灌輸「大中國意識」與台灣民眾，本省人和外省人在戰後台灣締造出「經濟奇蹟」和民主化發展，原本社會生活上的省籍隔閡，也隨著世代交替逐漸趨於瓦解。外省人經由政府安排這些軍、公、教人員的生活，最為明顯的是由軍人及其眷屬所組成的眷村，受到黨國一體的影響。由國家灌輸效忠領袖、以軍為家的概念，是透過「眷村自治會」和「婦女工作隊」維繫的大家庭，外省第一代源於中國各省的原鄉情結，形成了「反共的中華民國認同」。

外省第二代在「反共的中華民國認同」氛圍下出生、成長，但在 1980 年代台灣民主運動的興起，逐步落實國會全面改選、解除戒嚴法令等目標。在台灣黨外運動向國民黨政權爭取改革開放的過程裡，出現本省人與外省人之間的政治權力衝突，尤其在民進黨成立後，強調群眾運動與台獨論述，致使台灣社會出現了中國認同與台灣認同的對立情緒。外省人在兩岸統一和台灣獨立的議題上，面臨國家認同危機和在台生活的不自在、不安感，雖然基於中國原鄉的情感與捍衛中華民國的信仰，他們表達對於台獨論述的不滿與抗議；或者沈默忍受不同政治認同的爭論；但也讓他們重新思考身分認同問題。

在面對外界針對「外省人」的敵視與挑戰，外省第二代儘管採取迴避或防禦性的沈默反抗，最後則因個人在台灣生活和家園的歸屬感，而逐漸理解台獨政治社群的認同，以各自不同的中國與台灣經驗，重新建構對自身身分的理解與認同，逐步邁向「既是中國人也是台灣人」的雙重認同。對於顛沛流離撤退來台的外省人，其「反共的中華民國」政治主張或許無法獲得認同，但是他們過去的情感與記憶，卻早已成為台灣社會發展的一個縮影。

二、台灣眷村空間與文化的形成

（一）台灣眷村的發展

1. 台灣眷村的出現

台灣眷村的出現，始自國府軍隊來台接收日軍物資及要塞所駐紮的房舍，及國共內戰之後為安置隨國府撤退來台軍民，短期內大量興建房舍加以安置[12]。這些外省人隨著國府撤退來台，憑藉著軍事口號，伺機反

---

[12] 台灣眷村的設立地點多數與部隊駐防、戰略位置、土地取得容易等因素相關。台北市眷村數最多達 176 個，其次為新北市 91 個、桃園市 86 個，占全國眷村數 40%，可見台灣北部為重兵戍防地區；部分眷村明顯集中在市區，鄰近火車站方便隨時動員，如台北、高雄、台中、台南四個直轄市，再加上基隆、新竹、嘉義等三個省轄市，共有眷村 455 個，占全國總數的 52%左右。全台曾有 886 個眷村，如今已拆除八成，僅存的 1 百多個眷村，在未來幾年也將完全消失。

攻大陸，台灣成為復國基地的臨時住所。但自 1958 年金門「八二三砲戰」爆發，台海兩岸進入冷戰格局，他們因戰爭而在台灣聚居。

　　早期的老眷村的形貌，多是在竹籬笆內的連棟木造房舍，遂形成「竹椽上瓦蓋頂、竹筋糊泥為壁」的景觀，房舍內住家眾多、空間狹小、簡陋而不便，沒有衛浴、自來水、瓦斯及污水處理等公共設施，所有住戶仰賴眷村當中的水龍頭、煤炭場及公廁。有些是接收日軍遺留房舍所改建，因而保有日式建築風格，如新竹「東光新村」和高雄「誠正新村」。1949 年之後，因應大批遷移軍隊及眷屬，許多眷村設立於營區附近，或另覓空地臨時搭建簡陋房舍，如以舊工廠、倉庫修建而成的台北市「四四南村」，及尋覓空地搭建而成的台北市「建華新村」。

圖 2-8　台北市信義區「四四南村」

2. 台灣眷村改建時期

　　台灣眷村改建於 1960 年代，婦聯會主委蔣宋美齡提出「為軍眷籌建住宅」之構想，發起「民間捐建」、「軍眷住宅籌建運動」，由民間捐款興建軍眷住宅，捐贈給國防部分配安置軍眷居住；也邀集國防部組成籌建委員會，與審計部、國民黨中央及省政府共同組成督工小組，此即日後社會大眾所熟悉的眷村文化、生活之開端。

　　冷戰局勢下，台灣接受美援，放棄反攻大陸計畫，轉而在台經營和定居，外省軍民也被安排入住新建眷村。當時眷村房舍為木造與磚牆混合建築，仍無廚房、衛浴規劃及水電、排水設施，另附有水井、水塔等社區公用空間，還附帶福利設施，如福利社、托兒所、軍眷工廠，修築眷村聯外道路，眷區內設有國小分校或分班，讓眷村人們生活井然有序。

台灣經濟起飛後，人民日漸富裕，但從入台初期至 1960 年代興建的眷村，卻顯得破敗、簡陋及擁擠。面積狹小、空間有限的眷村，面臨家庭人口增加，自行增建，使得居住品質不佳。早期克難房舍破損危及公共安全，位居都會區的眷村更影響到都市發展，因此眷村再次進行改建計畫。1967 年，國防部向銀行辦理低利貸款，實施「華夏集建」專案興建新房舍。由軍方遷空老舊房舍或購地興建房舍，配售給所有眷戶；或與地方政府合建配售給眷戶及販售等，因此開啟眷舍私有化的濫觴。台灣政府隨後擬定了眷村興建國宅及重建方案，大舉更新老舊眷村房舍，讓眷村從此邁向私有化、多元社群化、市場化，眷村面貌與內涵也逐漸改變為公寓式住宅，例如，桃園市「八德金門新城」、大溪慈祥二村、忠勇新村、蘆竹慈恩一村、中壢慈光十村等。

3. 眷村改建法制化時期

眷村改建逐漸邁向法制化階段，1980~90 年代國軍老舊眷村重建與改建條例的頒布，讓眷村與國民住宅劃上等號。配合各縣市政府的國宅政策，推動了許多大型國宅社區建案，至 1996 年總計興建 15,577 戶。政府編列預算組成「眷改推行委員會」和「基金管理委員會」，全面推動眷村改建為國宅社區，透過國宅配售方式，讓原本僅有居住權的眷村人，得以擁有房屋所有權，眷村走向私有化。在眷村改建法令保護下的建築，不再拘泥在原地改建，反而偏向大型現代化高樓社區規模，例如桃園「僑愛新村」、「千禧新城」，新竹「公學新城」，台中清水「信義新村」，台南「大林新城」、「二空新城」。在新開發的大型社區內皆附設公用設備、社區公園及托兒所，住戶也由單純眷戶加入一般民眾，徹底改變了眷村特有的建築空間與族群關係。

4. 眷村文化保存時期

回顧台灣眷村文化工作歷程，在眷改條例文化保存修法通過之際，綜覽全台各地縣市政府文化局主辦的「眷村文化節」與「眷村藝術季」活動，新北市中和區安邦新村發起「大家來寫村史」計畫，及陸續創設的眷村文物館、博物館、文化館及故事館，可視為國家推動眷村改建政

圖 2-9　台南市大同路二段「大林新　　圖 2-10　台南市仁德區「二空新
　　　　城」國宅社區　　　　　　　　　　　　城」國宅社區

策下的民間文化抵抗行動。如台南市北垣社區舉辦全國第一次眷村文化
活動（1994），配合文建會推動的「社區總體營造」風潮，全台各地眷村
開始辦理不同眷村傳統的文化保存活動。新竹市文化中心最早舉辦「眷
村文化節」（1997），以全國藝文季舉行一系列活動，喚起大眾對眷村文
化改建變遷的重視及建立新竹眷村文化基礎資料，催生台灣首座縣市政
府設立的眷村博物館。台灣眷村實體空間保存的計畫與行動，始於台北
市四四南村保存爭論（1999），經台北市政府公告登錄為歷史建築及完成
部分保存，設置為信義區公民會館（2003）。

（二）台灣眷村的飲食文化

　　由外省人所建構的眷村文化，實際上就是整個中國文化的縮影，包
含不同省籍、語言、宗教、飲食風俗習慣等。雖然眷戶都是來自中國大
江南北不同的省分，卻因為戰爭遷徙而在台聚居，故形成多元文化匯集
及創新的傳統。眷村帶來中國各省的多元飲食文化，在眷村內揉合成各
種不同的眷村菜，眷村菜市場是與本省人接觸的窗口，也是眷村菜大熔
爐的起源。燒餅油條、山東饅頭、水餃、肉包、米干、酸菜白肉火鍋、
辣子雞丁、東坡肉、紅燒和清燉牛肉麵等美食，逐漸從台灣眷村菜市場
流傳到全台各地成為常見的口味。國共內戰後，避難的外省人陸續從中

國各省、滇緬邊境、大陳島等地，分批移入台灣。國府暫時安頓軍眷的全省眷村，因為大量的人口與迴異的飲食習慣，也就成為大江南北家鄉菜的交流集散中心。當初他們只是為了聊慰思鄉情緒，或為了養家餬口，沒料到引入原鄉菜式後，卻豐富了現代台灣的飲食。

如隸屬空軍的三重市三重一村、台中清水信義新村及銀聯二村，部隊遷移來台前曾長期駐紮在四川、貴州一帶，來台後引進了麻辣的四川菜色。來自滇緬邊境的雲南人所組成的桃園縣忠貞新村，米干、過橋米線、大薄片、豌豆粉、椒麻雞等主食，影響了附近平鎮、中壢地區，在龍岡圓環一帶形成雲南美食的市集。來自浙江外海大陳島的居民，來台後被安置在台北、宜蘭、花蓮等縣市，他們帶來了江浙的寧波年糕、魚麵及乾鰻魚。位於台南仁德的二空眷村居民，多來自四川與湖南省，在村內市集可買到道地的湖南臘肉與香腸、四川辣椒醬、辣豆腐醬，及外省涼麵、餡餅包菜、包子饅頭、燒餅油條。在高雄左營果貿市場裡與周邊，都能找到許多眷村風味的特殊料理與食材，如湖南臘肉、豆腐香腸、滷味，山東生水餃、大餅、桂花雞，四川風味的熟肉，及早點的包子饅頭。

在早年物資匱乏的年代，無分外省、本省人的吃食，都是利用米麵製成的簡單菜餚，如山東大餅、烤饅頭、槓子頭及麵粉茶都是台灣眷村常見飲食。台灣眷村媽媽們也因此練就了就地取材、隨機應變的做菜功夫，相互供給食材、利用剩菜剩飯及更換食材加工，或者在眷村空地種菜、養雞，自給自足發展出與鄰居分享的私房菜。政府為照顧薪資微薄的軍眷，發給軍人配偶及未成年子女補給證，裡頭有煤炭、米、麵粉、食用油及鹽等項目。每月補給推車載送主副食品到眷村，他們憑證換取上述民生飲食必需品，多少改善了軍人子弟的生活。後來政策改變，不再發放實物、改折抵現金，如今補給證變成前往國軍福利營站購買物品的通行證。

時至今日，隨著全台各地眷村陸續改建與市集遷移，在各縣市舉辦的眷村文化節及美食展，才能再見到陣容齊全的眷村飲食。原為山東老鄉專利的燒餅油條和豆漿，從台灣眷村小吃逐漸演變成台灣大眾化的燒

餅豆漿店，甚至遠赴海外華人社區開設分店，如「永和豆漿」。而現代受人歡迎的四川牛肉麵，則是來自四川牛肉湯烹煮添加麵條結合而成，跟燒餅豆漿店、點心店一樣，不限於眷村或外省人經營，發展出加盟連鎖經營型態。

圖 2-11　眷村家常菜－臘味炒餅、豬肉餡餅及早餐的蛋餅油條

第五節　跨界流離的新住民

一、台灣近代的新移民現象

　　台灣自 1980 年代末期開始，越來越多的「外籍勞工」投入台灣的各種產業，至今已達 67 萬人。台灣政府正式開放引進藍領「外籍勞工」後，許可聘用的外勞行業項目一再擴張，目前法令允許者包括家庭幫傭、監護工、重大公共工程、重要生產行業及外籍船員等，多為危險(Danger)、骯髒(Dirty)、辛苦(Difficult)的三 D 行業。

　　1990 年代以來，外勞主要集中在製造業、營建業、遠洋漁業及社會服務工作（如家庭監護工、家庭幫傭）。當這些外勞投入台灣國內生產線時，正好面臨台灣經濟轉型期，大量勞力密集產業外移，導致台灣本地勞工失業壓力陡增，令其被指責為搶走本勞的就業機會。2000 年前後，台灣政府逐漸緊縮部分外勞的配額，如停止公共工程引進外勞，衝擊了本土營建業者。

　　早期外勞來台從事產業工作者以菲律賓、泰國為大宗約 42 萬人，產業外勞多分布於桃園與台中的工業區，社福外勞則分布於新北市、台中市及桃園縣。隨著台灣高齡化問題，社福外勞逐年增至 24 萬人，印尼、越南外勞也紛紛來台工作。泰國則因近年經濟發展迅速，就業機會大增，基本工資提高，來台人數逐年銳減。

　　台灣的外勞被定位為暫時遞補勞動力的「客工」(Guest Workers)，他們的勞動條件處於台灣勞工市場的最低下線，權益和人身自由也遭到雇主限制與法令綑綁。例如，來台仲介費比較高，且逐年增加中；轉換雇主的條件比較嚴苛，不能選擇外宿，也無法自由休假，更面對無故遣返的威脅；而為還清債務超時工作，帶來嚴重的意外和工傷。上述處境都使得台灣的外勞人權深陷泥淖，也使其逃逸率節節升高。隨著愈來愈多的境外人口進入台灣，移民／工議題漸漸浮上檯面，引起台灣社會的關注。

　　1990 年代初期，台灣的「外籍新娘」現象開始引起媒體注意，來自東南亞和中國大陸的女性透過婚姻移民到台灣的人數逐年增加，到 2003 年最高峰時，行政院主計處的統計顯示，每 4 對新婚夫婦就有 1 對是台灣與外籍人士的組合；至 2003 年以降，該數據每年仍在 13% 和 20% 之間中浮動，而台灣外籍配偶仍主要來自東南亞和中國大陸的女性。

　　截止 2017 年 12 月，根據內政部統計資料，外籍、中國大陸（含港澳）配偶人數約有 52 萬新住民，接近 55.9 萬原住民人口，而女性占絕大多數，其中女性中國大陸配偶為 35 萬人，而女性外籍配偶約 17 萬人來自東南亞地區（分別是越南、印尼、泰國、菲律賓、柬埔寨）。又根據教育部的統計，106 學年度的國中小學人數當中，約有 18.1 萬名新住民子女，近 9 成新住民子女之父母來自越南、中國大陸及印尼；隨著中國大陸及東南亞經濟的崛起、外配來台適應問題及政府杜絕假結婚的作法，致使國人與外籍人士婚姻人數下降，因此 99 學年起國小新生新住民開始逐年減少。

1990 年代中期以來，由社會學者夏曉鵑與許多婚姻移民和台灣志工們，見證了曾經被高度汙名與歧視的「外籍新娘」們奮力突破困境，站出來為自己的權益發聲。從 2003 年創設第一個由婚姻移民女性自主成立的全國性組織——南洋台灣姊妹會，到 2017 年正式成立婚姻移民的國際性聯盟 AMMORE。這群新移民女性不僅翻轉了社會大眾對她們的刻板印象，更改善了許多攸關移民權益的法令政策，並從台灣到國際串連各地的婚姻移民和關注她們權益的倡議者，讓婚姻移民議題逐步受到國際移民／工運動的重視。

圖 2-12　外籍看護工與漁工

二、從外籍新娘到新移民女性

台灣男性為解決婚姻問題，透過跨國婚姻仲介尋找東南亞外籍配偶，而東南亞國家貧困地區的女性也為了家庭生計，願意跨海到台灣結婚，由於她們的台灣丈夫多是工農階級，因此經濟狀況不佳。而這群婚姻移民女性到了台灣之後，遭遇了各種困境，包括：語言文化的藩籬、難以突破的經濟困境、無所不在的汙名、受綑綁的家庭與社會生活，及法令政策的壓迫。

相對於媒體和官方強勢建構婚姻移民女性為「社會問題」，隻身來台而沒有支持網絡的婚姻移民女性只能被侷限在夫家，再加上不熟悉台灣的語言文化，在社會上鮮少聽到她們的聲音；而沒有聲音的婚姻移民女

性，更強化了她們無能的社會意象。因此，1995 年，夏曉鵑創辦的「外籍新娘識字班」，目標為培力和集結這群婚姻移民女性，進而開創她們主體發聲、爭取權益的空間。

2003 年，由新移民女性積極投入創立了「南洋台灣姊妹會」，旨在協助婚姻移民女性逐漸走出孤立，進而成為積極的社會參與者，工作內容分為三大類：組織與培力、社會教育、法令政策倡議。例如，藉由語文教學、親職教育等實用性課程，透過工作坊創造互動的對話空間，鼓勵新移民分享彼此經驗，積極投入公共事務。安排新住民參與座談、演講、接受媒體訪問及文創展演；進行社會教育，讓更多人認識她們的處境及多元文化的意涵；並培訓新移民成為東南亞語言及文化教育講師，在全台各地分享移民經驗及母國多元文化觀念，改變台灣社會對她們的刻板印象和歧視。

還有連結其他移民工權利組織形成「移民／住人權修法聯盟」（簡稱「移盟」），致力推動相關法令的修法，具體成果包括《入出國及移民法》、《台灣地區與大陸地區人民關係條例》和《國籍法》的修定，使婚姻移民的權益受到更多保障。諸如集會遊行的權利、家暴受害者的居留權、建立強制遣返的正當程序、縮短大陸配偶取得身份的時間（8 年改為 6 年）、取消申請公民身份的財力證明規定等。

2003 年底，「南洋台灣姊妹會」的新移民女性以簡單的行動劇表達其訴求，成為媒體焦點，此後她們多次站上抗議場合的前線。例如 2004 年 7 月 12 日抗議教育部次長呼籲「外籍和大陸新娘不要生那麼多」的行動；2005 年 7 月 6 日行政院前抗議《國籍法》入籍考試規定；及 2007 年 9 月 9 日的「反財力證明大遊行」。藉由每次參與集體行動，強化她們的主體性及自信心，逐步改變公眾意識對新移民的看法（如媒體的友善報導），改變了政府作為與法規修正，亦體認自己確實改變自身命運，也可以幫助他人，及挑戰社會結構和歷史進程。

　　隨著「外籍新娘」被官方改名為「外籍配偶」，而後成為「新住民」，台灣的整體社會氛圍似乎對婚姻移民女性日漸友善，尤其是在2005 年成立「外籍配偶照顧輔導基金」後，各地舉辦針對來自東南亞婚姻移民女性的課程和多元文化活動，例如節慶、美食和傳統文化展演，也許多以服務新住民為名成立的團體，不少東南亞的新移民女性成為電影電視藝人，甚至於 2016 年出現第一位新住民不分區立法委員林麗蟬。

圖 2-13　南洋台灣姐妹會

三、台灣新住民政策的影響

　　台灣政府原本對婚姻移民女性採取漠視態度，到 2002 年後才迅速轉變為積極介入。而這個轉變最大的關鍵是所謂「新台灣之子」的論述，始於 2003 年 3 月 1 日《天下雜誌》的專題報導，探討大量的「外籍新娘」及其子女將對台灣各方面造成的衝擊。此專題獲得極大的關注，並於隔年出版《新台灣之子》的專書，「新台灣之子」因此成為媒體、大眾及政府單位指稱「外籍新娘」子女的代名詞。

　　當時媒體充斥著「外籍新娘子女發展遲緩」的報導，而這些缺乏紮實科學研究依據的報導，僅依靠教育與醫療機構對其片面個案式報告，顯露出台灣社會對「外籍新娘」子女的「人口素質」問題之集體焦慮感。教育單位也十分擔憂這群孩子將造成台灣未來「人口素質」降低，

紛紛提出提高其素質的方案，如台北縣（新北市）是全台灣「外籍配偶子女」人數最多的地區，縣教育局獲教育部補助，於 2003 年度委請縣內小學設計「外籍配偶子女」的課後輔導教材，假設這些孩子在學習上落後，需課後加強學習。

2012 年底，移民署開啟「全國新住民火炬計畫」後，「外配基金」的資源大多投注於此，舉辦各種以新住民子女學習東南亞語言文化為主軸的活動，取代了對外籍配偶的照顧與輔導工作，而「新二代」（新住民二代）一詞也取代了「新台灣之子」。媒體報導和官方宣傳開始大談「新二代」具備東南亞語文優勢，過去不斷被建構為「人口素質低」、「不會教小孩」的東南亞女性配偶，突然間被鼓勵即要求教子女東南亞語言文化，讓他們成為台商或跨國公司在東南亞的最佳助手，成為台灣「布局東南亞的尖兵」。

2016 年民進黨執政後，蔡英文總統宣布「新南向政策」，行政院同年 9 月 5 日正式提出「新南向政策推動計畫」，「人才交流」為四大工作主軸之一，其中 「新住民力量發揮」又為三大項目之一，即協助第一代新住民利用其語言與文化優勢，取得母語教學、觀光等證照與就業；鼓勵大專院校開設南向專業科系或學程，給予具南向語言優勢的學生加分錄取機會，培育第二代新住民為南向的種籽。

這群東南亞的婚姻移民及其子女從台灣的「社會問題」轉變為「社會資產」，及「外籍新娘」和「新台灣之子」轉變為「新住民」和「新二代」的正面論述，跟當代地緣政治（geopolitics）變化及台灣政府所推動「新南向」政策有關。值得注意者是，台灣政府新增訂的《國籍法》條文，忽略跨國婚姻的實際狀況：來台前所申請的證件有瑕疵，與親友有糾紛而被舉報「假結婚」被撤銷國籍，在申請成為台灣公民前依規定先放棄原國籍而成為「無國籍人」。

圖 2-14　新台灣之子及東南亞語言學習活動

問題與討論

1. 試論台灣原住民的族群有哪些？分布概況？其經濟生活及食衣住行有何特色？如平埔族的宗教與生命禮俗及高山族的社會文化。並探討近代台灣原住民的社經地位是否有所改善？原住民委員會是否充分發揮其行政職能？

2. 漳泉移民明清之際為何來台發展？如三邑、同安人的郊商貿易，安溪人及漳州人在台墾殖情形，試舉例說明。

3. 客家移民為何較遲來台？其在台各地發展情形？其生活與文化特色為何？請舉例說明客家委員會如何推廣客家文化？

4. 戰後遷徙來台的外省人意識有何變化？台灣眷村的發展四階段，從形成、改建、法制化及文化保存，其空間與文化的變遷情形？還有眷村飲食文化對台影響為何？

5. 試論近代台灣新移民勞工與婚姻移民來台原因、分布區域及對台影響？新移民女性在台權益的爭取概況，及台灣新住民政策對其及後裔的影響？

第三章

台灣的地名

地名是在長久歲月裡，「人」與「地」之結合透過「語言」創造而成的產物，是人類對其生活世界中各種自然景觀及人文景觀，經由長期互動所產生之文化情感的結晶。這種人類情感結晶，其功用之一是為因應社會相互聯繫所需而成，因此只要在地圖上所註記的文字名稱，如自然景觀的山岳、海洋、河川，人文景觀的城鎮、聚落乃至道路，均可視之為地名。

台灣因地處歐亞大陸與菲律賓板塊的碰撞地帶，又為東亞海陸交通的十字路口，不僅自然景觀豐富多變，透過便利的海洋交通，住民來源非常紛雜，歷史上甚至曾有遠從歐洲而來的人口，如此多元的人與地之特質，使得台灣的地名呈現出多樣化的色彩。

本章擬從台灣的舊稱、地名的分類及其發展與演變，說明台灣地名多元化的特質，並一窺在我們現居腳下的這塊土地上，曾經發生過的人與事。

第一節　「台灣」的舊稱

台灣因受海洋阻隔，長期停留在以南島語系民族為主的史前時代，15、16 世紀以前因鮮少與東亞大陸各國有所往來，外界對於台灣的認識可以說相當模糊不清，直到 17 世紀大航海時代來臨後，才有非原住民的族群移入，開始活躍於台灣歷史舞台上，台灣因此與東亞各國乃至歐洲互動頻繁。此一歷史發展的特色，可透過各國對台灣的文字記載，在 17 世紀前後由含糊籠統到明確精細，清楚了知。

下列有關台灣舊稱資料多數來自中國的文獻記載，究其因有二。其一，台灣在地理上因與中國接近，中國人民往台灣海域發展的時間較亞洲各國早；其二，中國歷史文獻的建立與保存相當有系統且完整，相關的文獻記載較為豐富。然而 17 世紀前的中國文獻中，有關東南海域的記載頗為含糊籠統，有些學者對這些文獻的解讀，常有穿鑿附會充滿諸多

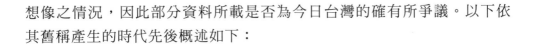

想像之情況，因此部分資料所載是否為今日台灣的確有所爭議。以下依其舊稱產生的時代先後概述如下：

一、島夷

「島夷」一詞，最早見於《尚書》卷6〈禹貢〉中的記載：

> 淮海惟揚州⋯ 島夷卉服，厥篚織貝，厥包橘柚錫貢。

乾隆 29 年（1764）余文儀續修之《台灣府志》卷 1〈封域〉提及：「台灣，禹貢揚州之域。」至 1920 年，連橫在所著《台灣通史》中，提到澎湖在秦漢以前就有人類居住，因此推論《尚書》中所謂「島夷」，就是指今日的「台灣」。

連橫將台灣與澎湖視為一體，其實澎湖與台灣自古以來，即個別存在不相統屬，此從南宋趙汝适《諸番志》有關毗舍耶記載中可知（詳見後述毗舍耶）。鄭氏時期，澎湖始納入東都（台灣）統轄範圍，清朝將台灣納入版圖後，才將澎湖置於台灣縣的管轄之下，連氏以澎湖推論台灣，實有時序顛倒、穿鑿附會之嫌。

二、東鯷

有關東南海域的情況，到了東漢有比較具體的記載。《漢書》卷 28〈地理志下〉：

> 會稽（指浙江）海外有東鯷人，分為二十餘國，以歲時來
> 獻見云。

這段文字敘述與日本並列，同為東方海上島國，有學者據此推論，此所謂「東鯷」若非沖繩，便應指台灣。

有關「東鯷」的記載除漢書外，並無其他文獻提及，可供考證的資料甚少。同時上述所言，東漢時代台灣住民即與中國有歲貢的關係，證

諸今日台灣史的諸多研究中，未有學者能予明確證實，以此推斷為今之台灣實失之草率。

三、夷洲

三國時代孫權曾派遣將領征伐海外的夷洲及亶州，事見《三國志》卷47〈吳書‧吳主傳〉：

> 夷洲及亶洲在海中，長老傳言，秦始皇帝遣方士徐福將童男童女數千人入海，求蓬萊神山及仙藥，止此洲不還。

又宋朝李昉等人合撰之《太平廣記》中引沈瑩所著之《臨海水土志》〈夷洲記事〉云：

> 夷洲在臨海東南，去郡二十里，土地無霜，草木不死，四面是山，眾山夷所居。…此夷各號為王，分割土地人民，各自別異。…土地饒沃，既生五穀，又多魚肉。…得人頭，斫去腦，駁其面肉…見一大材高十餘丈，已所得頭差次掛之，歷年不下彰示其功。

從上述資料中，有關方向、距離、氣候、地形物產及風俗的敘述，均與台灣有相似之處，因此有學者據以推論「夷洲」即為台灣。然而亦有學者認為，古來中國人慣稱異族為「夷」，「夷洲」所指應為泛稱異族所居的島嶼，並非特指某一個地方，因此「夷洲」是否就是今日的台灣仍有爭議。

四、流求、琉球

「流求」一詞，自隋到宋元時期，書寫方式各朝代略有差異。《隋書》卷81〈東夷列傳〉有關「流求國」記載：

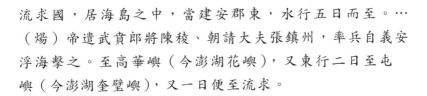

流求國，居海島之中，當建安郡東，水行五日而至。…
（煬）帝遣武賁郎將陳稜、朝請大夫張鎮州，率兵自義安
浮海擊之。至高華嶼（今澎湖花嶼），又東行二日至屯
嶼（今澎湖奎壁嶼），又一日便至流求。

對其習俗有如下描述：

男女皆以白紵繩纏髮，從項後盤繞至額。其男子用鳥羽為
冠，裝以珠貝，飾以赤毛，形製不同。…俗無文字，望月
虧盈以紀時節，候草藥枯以為年歲。…俗事山海之神，祭
以酒肴，鬥戰殺人，便將所殺人祭其神。或依茂樹起小
屋，或懸髑髏於樹上，以箭射之，或累石繫幡，以為神
主。王之所居，壁下多聚髑髏以為佳，人間門戶上必安獸
頭骨角。

由《隋書》記載中，「流求」與澎湖相對的航海路程，較之上述「夷
洲」更為明確，再由多處近似台灣原住民之習俗看來，推論當時的所謂
「流求」，有可能與今日的台灣有關。但若從明代琉球曾多次入貢，以及
明史將琉球與雞籠並列外國列傳來看，「流求」（「琉球」）這個名稱，在
明代以前應是泛指今日沖繩、台灣兩地的總稱，而非專指台灣一地。

五、毗舍耶

自《隋書》以後，有關台澎地區的文獻記載，要到宋代晚期才出現
「毗舍耶」一詞，或許顯示一直要到南宋時代，台澎地區才明確為漢人
所知，甚至有漢人到這個地區來。在宋末樓鑰的《攻媿集》卷 88〈行狀
一首〉記載：

還鄉四月，起知泉州，…郡實瀕海，中有沙州數萬畝，號
平湖，忽為島夷號毗舍耶奄至，盡刈所種。他日又登海岸
殺略。

南宋趙汝适《諸番志》也有如下的記錄：

> 毗舍耶，語言不通，南販不及，袒裸盱睢，殆畜類也。泉
> 有海島曰澎湖，隸晉江縣，與其國密邇，煙火相望。時至
> 寇掠，其來不測，多罹生噉之害，居民苦之⋯。

平湖與澎湖，閩南語的發音相同，可確定是指今日的澎湖。從文中所述，能與澎湖「與其國邇，煙火相望」，大概只有台灣最有可能，不過後來的歷史文獻中，有關「毗舍耶」的記載並不多見。

六、東蕃、東番

明萬曆十四年（1586）進士何喬遠《閩書》卷 146〈島夷志・東番夷人〉中有云：

> 東蕃夷人，不知所自始。居澎湖外洋海島中，起魍港、加考
> 灣，歷大員、堯港、打狗嶼、小淡水、雙溪口、加哩林、沙
> 巴里、大幫坑，皆其居也。斷續凡千餘里，種類甚蕃。

「東蕃」一詞原意本是中國人用以稱呼東方海上之夷人，深具漢人沙文主義之歧視色彩，文中所載的這些名稱，都是台灣西部的地名或平埔族部落，可見至明朝晚年時，中國社會對台灣內部已有相當的認知。

七、雞籠山

《明史》卷 323〈外國列傳〉：

> 雞籠山在彭湖嶼東北，故名北港，又名東番，去泉州甚邇。
> 地多深山大澤，聚落星散，無君長。有十五社，社多者千
> 人，少或五六百人。無徭賦，以子女多者為雄，聽其號令。
> 雖居海中，酷畏海，不善操舟，老死不與鄰國往來。

范咸重修《台灣府志》卷 1〈封域・山川・淡水廳〉云：

> 大雞籠山：…大海中一望巍然，日本洋船以為指南。

「雞籠山」原來只是台灣北部的地名，並非指台灣全島。當時由中國海航行來台之日本船隻，皆以此山為指南標誌，故漸有以此山之名「雞籠山」稱呼台灣島。

八、北港

《明史》卷 323〈外國列傳〉：「雞籠山在澎湖嶼東北，故名北港。」有學者認為「北港」之名，應是源自於凱達格蘭族語 Paken（北方之意）的閩南語音譯；此名最初只被用來指稱台灣島北部，但後來逐漸變為台灣島的總名稱。

然依清顧祖瑀《讀史方輿紀要》中記載：

> 澎湖為漳泉門戶，而北港即澎湖之唇齒，失北港則唇亡齒寒，不特澎湖可慮，即漳泉亦可憂也。北港在澎湖東南，亦謂之台灣。

若依此說，則此之「北港」便明顯非指台灣北部之雞籠山，而應是指今日的安平一帶。究竟此二說何者為是並無定論，可以肯定的是北港確曾用以指稱今日的台灣。

九、大員、台員、台灣、大灣、埋完（寃）…

「大員」一詞首見於 1603 年陳第所著《東番記》[1]：

---

[1] 1602 年，沈有容為了平定日本海盜，特別邀陳第前往閩南。陳第於搭船期間，遇到颱風，飄到了台灣，後來經由輾轉才回到福建。事後，他根據居住台灣將近一年的經驗作成《東番記》。全文一千四百餘字，記述台灣西部沿岸的原住民生活習俗與地理風光，為最早描繪台灣平埔族生活的著作。

野史氏曰：異哉東番！從烈嶼諸澳，乘北風航海，一晝夜
至彭湖，又一晝夜至加老灣，近矣。…萬曆壬寅冬，倭復
據其島，夷及商、漁交病。浯嶼沈將軍往勦，余適有觀海
之興，與俱。倭破，收泊大員，夷目大彌勒輩率數十人叩
謁，獻鹿餽酒，喜為除害也。

清康熙 34 年徐懷祖《台灣隨筆》云：

台灣，於古無考，惟明季莆田周嬰著遠遊篇，載東番記一
篇，稱台灣為台員，蓋閩音也。

近代學者研究，認為「大員」一詞，是源自今台南安平平埔族的部
落名稱，係經音譯而成閩南語的漢字地名，其他如台員、台灣、大灣乃
至埋完（宛）等均為同音異字的寫法，常見於明朝末期各類文獻中。

十、東都、東寧

「東都」、「東寧」的出現，係因鄭氏政權占領台灣後，賦予台灣的
新稱呼，蔣毓英纂修《台灣府志》卷 1〈沿革〉：

成功就城居之，改台灣為安平鎮，赤嵌為承天府，總名東
都；…經嗣立，改東都為東寧，…。

此次的改名，一說是因「台灣」之閩南讀音近似於「埋完（宛）」之
故，共維持約 22 年，鄭氏政權滅亡之後，「東都」、「東寧」之名即遭廢
止，再次恢復為「台灣」。

十一、高山國、高砂國

1593 年豐臣秀吉為了遠征明帝國，想要借道台灣，於是派遣原田嘉
右衛門遞送國書給台灣，其國書上稱呼台灣為「高山國」。另外在幕府准
許渡洋外國的許可書中，則有「高砂國」的記載。依據日本考古學家伊

能嘉矩的考證，由於當時日本的船隻多數是在今日高雄（昔打狗社）平埔族的地域活動，其平埔族語音似「takasago」，加上風景秀麗，令人聯想日本兵庫縣高砂埔美景，故以「高砂」稱之，後遂以「高砂」稱呼台灣全島。

十二、Formosa 福爾摩莎

此一稱呼係源自於葡萄牙人，在 16 世紀中葉，葡萄牙人開始在世界各地海域航行時，於一片汪洋大海中，看到綠意盎然的小島，就會不禁發出高喊「Ilha Formosa」（意即美麗之島）的讚嘆。在南行航經台灣海岸的葡萄牙船上，有船員自船上遠遠眺望台灣島影，發覺此島森林鬱蓊秀麗的罕見景致，對此美景讚嘆「Ilha Formosa」。荷蘭人占據台灣南部時，亦承襲了「Formosa」此一名稱以稱呼台灣島；同一時代，占據台灣北部的西班牙人，則將「Formosa」加以西班牙語化而稱作「Hermosa」。時至今日，雖有許多地方都曾被稱為「Formosa」，最後「Formosa」卻成為許多歐美人士對台灣專有的稱呼。

吾人可以從上面諸多的文字記載中，清楚了解台灣逐步為外界發現的歷程。1684 年大清帝國將台灣收歸版圖後，才確立以「台灣」一詞作為今日台灣島的名稱。

第二節　台灣的地名－自然環境類

台灣位於歐亞大陸與菲律賓板塊的碰撞地帶，因板塊擠壓而形成島嶼，島上 3,000 公尺以上的高山高達 200 座以上，由於短距離內，地表高度驟降，造成山勢陡峭，河流短而湍急，侵蝕與堆積作用非常劇烈，導致地形多采多姿，在僅有三萬六千平方公里的台灣島上，除了山地之外，平原、盆地、丘陵、台地等各類地形樣樣不缺。

　　台灣本島位於東經 120~122 度，北緯 22~25 度間。跨越的緯度雖然不大，但因位處於北回歸線上，南北分屬於不同的氣候區，以北為副熱帶季風氣候區，以南為熱帶型季風氣候區，各地又因受山脈走向和盛行風向的交互影響，降雨型態與季節差異頗大。另外，高山地區因垂直高度差異大，由平地到山頂，又出現熱帶、溫帶、寒帶三種特徵的氣候。

　　由於台灣各地差異不一的氣候，加上諸多外來的物種以及複雜的地形，使得台灣的自然生態呈現物種多樣化的特性。台灣的自然環境是先民生活每天必須面對的環境，自然會引發住民敏銳的反應與觀察，將其身邊的自然景觀引用為地名命名的素材，此一類型的地名，又可分為地形、物產與氣候三大類概述如下：

一、依地形及其相關位置而成之地名

（一）源自其所在的山丘、山谷、丘陵、平原等地理形狀或位置

【山】

　　山上、山頂、虎山。西部平原地帶與山有關的地名，所指的多是平原地表稍微隆起的地形，與一般認知的高山有所不同。

【崙】、【墩】：

　　崙背、沙崙、葫蘆墩、草鞋墩。《諸羅縣志》卷 12〈雜記志外記〉：「地高而寬坦，台人謂之崙」。崙、墩是平原上較高之小山、小丘、高台之意，前者多用於稱呼河、海岸所成之沙丘；後者為客家人常用地名。

【崎】：

　　竹崎。由低處向上的斜面，也就是山坡之意。

【崁】：

　　南崁、崁頂。乃崖之意，指於河岸、溪谷中突起之山崖或階台。

【坑】【壢】：

　　深坑、中壢。客家語所說的壢與閩南語的坑相同，指的是山間匯水而下流的小溝，也就是一般俗稱的「坑溝」。

【窟】：

山豬窟。意指低窪之地

【埔】：

大埔、內埔、埔心。指平坦未開墾的原野，或沿溪、海新長之地。

【洋】：

田寮洋、北頭洋。意同平原，指與海洋一樣平坦。

【湖】：

竹子湖。除指湖泊外，盆地地形也有稱之為湖，此處係指後者。

【灣】：

內灣。除指海灣外，開闊的山麓口聚落也常用之，此處係指後者。

表 3-1　與地形相關地名於今所在地區一覽表

相關地形名稱	例舉地名於今所在地區
山	山上（台南市）、山頂（高雄市、台中市）、虎山（台南市）
崙、墩	崙背（雲林縣）、沙崙（桃園市）、葫蘆墩（台中市）、草鞋墩（南投縣）
崎	竹崎（嘉義縣）
崁	南崁（桃園市）、崁頂（高雄市、新竹市）
坑、壢	深坑（新北市、南投縣、嘉義縣、台南市）、中壢（桃園市）
窟	山豬窟（台北市）
埔	大埔（屏東縣、台南市、嘉義縣、彰化縣、台東縣、宜蘭縣）、內埔（屏東縣）、埔心（桃園市、雲林縣、彰化縣）
洋	田寮洋（宜蘭縣）、北頭洋（台南市）
湖	竹子湖（台北市）
灣	內灣（彰化縣、苗栗縣、新竹縣）

（二）源自其所在的溪、河等地形及位置

【港】：

西港（台南市）、南港（台北市）、車橋港。台灣西南沿海有許多港灣，多數的港都是潟湖，水深較淺常易淤塞，文獻中西南沿海以港為名的地名，今多已成為陸地。

【澳】：

南方澳、蘇澳。意指三面繞山海岸小灣。

【鼻】、【角】：

鵝鑾鼻、鼻頭角。意指山脈突出至海面處

【汕】、【鯤鯓】：

北汕、南鯤鯓。意指濱海的沙洲。

【洲】：

大洲、中洲。溪、河中的浮出地，意同溪埔。

【墘】：

港子墘、車路墘。意指岸、畔、邊緣的意思。常見於溪邊、潭邊、港邊、海邊等地。

【潭】：

日月潭、鯉魚潭。是指平地天然或人工挖掘的深蓄水池。

【埤】：

埤子、埤內。乃「浸水的窪地」之意，或者也可以說是一般人所說的沼地，多用來養殖魚蝦。

【溪】：

溪頭。台灣本島因東西距離短，發源於中央山脈的河川，多屬短促河流，除淡水河、基隆河等少數河川以河命名外，其餘均被稱為溪。

【溝】：

溝仔口。指比溪小的圳溝水流。

【礁】：

　　礁溪。意指乾涸的河道。

【瀨】：

　　石皮瀨、走馬瀨。意為多石之淺灘。

【湳】、【濫】、【垒】：

　　湳雅、八里垒、濫背。意指不堅實的土地、濕沼地。

表 3-2　與溪河地形相關地名於今所在地區一覽表

相關地形名稱	例舉地名於今所在地區
港	東港（屏東縣）、西港（台南市）、南港（台北市）、北港（雲林縣）
澳	南方澳（宜蘭縣）、蘇澳（宜蘭縣）
鼻、角	鵝鑾鼻（屏東縣）、鼻頭角（台東縣）
汕、鯤鯓	北汕尾（台南市）、南鯤鯓（台南市）
洲	大洲（台南市、宜蘭縣）、中洲（高雄市、台南市）
墩	港子墩（苗栗縣、宜蘭縣）、車路墩（台南市）
潭	日月潭（南投縣）、鯉魚潭（苗栗縣）
塭	塭子（嘉義縣）、塭內（台南市、苗栗縣）
溪	溪頭（南投縣）、溪口（台東縣、雲林縣）
溝	溝仔口（台北市）
礁	礁溪（宜蘭縣、新北市）
瀨	石皮瀨（基隆市）、走馬瀨（台南市）
湳、濫、垒	湳底（彰化縣）、濫背（桃園市）、八里垒（新北市）

二、依大自然物產而成的地名

此類地名又可分為動物、植物及礦物三類，敘述如下：

（一）源自於動物者

台灣早期地廣人稀，山林河潭之處仍保持自然界動物相當的生存空間，因此與動物有關的地名在早期台灣各地頗為常見，例如：

【水族類】：

鯉魚潭、草魚潭、紅蝦港、水蛙潭、蚵寮、龜山等。

【飛禽類】：

鳥嶼、鷺鷥岫（岫指鳥巢）、粉鳥林、白鶴坑、雞母嶺、鴨母寮等。

【走獸類】：

牛埔（牛是農業時代重要的家畜，加上其體型頗大，在視覺上容易成為地名。台灣地區以牛為名的地名甚為普遍，足以反應以農為主的農村景觀）、羊稠（稠係指家畜圈舍）、狗憩憩（狗趴著睡覺。因地形似臥犬而得名）、馬稠、羌寮、鹿寮（梅花鹿是早年台灣常見的動物，為出口的大宗，故以鹿為名的地名普遍見於全台各地）、猴洞（早年台灣彌猴常出沒丘陵山區，彌猴出沒之處命名為「猴洞」）、豬哥寮（豬為台灣最重要的家畜，故有不少的地方以之為名。豬哥為種豬之意）等。

【昆蟲類】：

呼神坑（呼神意即蒼蠅）、白蟻厝、蚊港等。

表 3-3　與動物相關地名於今所在地區一覽表

類別	相關動物名稱	例舉地名於今所在地區
水族類	魚、蝦、青蛙、蚵、烏龜	鯉魚潭（苗栗縣、南投縣、台東縣）、草魚潭（南投縣）、紅蝦港（台南市）、水蛙潭（高雄市）、蚵寮（雲林縣）、龜山（桃園市、宜蘭縣）
飛禽類	鷺鷥、粉鳥、白鶴、雞、鴨	鳥嶼（澎湖縣）、鷺鷥岫（新北市）、粉鳥林（宜蘭縣）、白鶴坑（南投縣）、雞母嶺（新北市）、鴨母寮（台中市、高雄市、嘉義縣）
走獸類	牛、羊、狗、馬、羌、鹿、猴	牛埔（台中市、嘉義縣、彰化縣、新竹縣、新北市）、羊稠（台北市）、狗慇懃（台北市）、馬稠（台南市）、羌寮（新竹市）、鹿寮（屏東縣、南投縣）、猴洞（台北市）
昆蟲類	蒼蠅、白蟻、蚊子	呼神坑（台南市）、白蟻厝（雲林縣）、蚊港（嘉義縣）

（二）源自於植物者

　　台灣在不同地形與氣候條件配合下，咫尺之間就並存著自熱帶至寒帶的植物，多種在地表分布極為分散、展現生機季節各不相同的植物，同時聚集在台灣。此類地名為自然環境類地名數量最多的，較常見者，例如：

【林】：

　　林口、員林等。意指樹林。台灣西南部平原地區天然植被為草地，此類地名多出現在當時移民拓墾區的邊緣。

【竹子】：

　　竹山、竹林等。竹子為台灣常見之植物，用途甚多，與竹子有關的地名，數量占台灣之首位，分布亦最為平均。

【拔仔】：

　　拔仔林、机仔園。拔（机）仔即番石榴，為台灣低海拔常之果樹，故以拔仔為名的地名甚為普遍。

【芎蕉】：

芎蕉坑、芎蕉宅等。指屬於香蕉一類之果樹，果實較香蕉略小，甜度也較高。

【檳榔】：

菁仔宅、檳榔腳等。檳榔（青仔或菁仔）為熱帶經濟作物，此類地名以中南部為多。

【茶葉】：

茶園坪、茶寮等。茶樹的栽植以中、北部丘陵地區為多，此類地名以中、北部為多。

【番薯】：

番薯市、番薯園等。番薯為台灣農田常見的旱作。

【仙草】：

仙草埔、田草寮等。仙草又名田草，為一、二年生草本植物，產於全省中、低海拔之地，其味甘、有膠性，經由採收、曬乾、洗淨、熬煮、萃取等加工程序可製成仙草凍、仙草汁等夏季清涼消暑涼品。

【土芒果】：

樣仔坑、樣仔林等。樣仔即土芒果。因其為熱帶果樹，故地名以南部為多。

【樟樹】：

樟樹林、樟樹園等。樟樹為過去台灣平原至丘陵地常見的喬木。

【林投】：

林投、林投內等。林投為台灣濱海及平原地區常見的植物。

【茄苳】：

佳冬（茄苳）、茄苳腳等。茄苳樹為台灣中低海拔常見之喬木，此類地名在台灣丘陵地區與平地都甚為普遍。

【榕樹】：

蔦松、松仔腳等。蔦松即雀榕，為榕樹的一種。

【蘆竹】：

　　蘆竹、蘆洲等。蘆竹多生於低濕地，故此類地名多在河邊低地。

【其他】：

　　其他因植物而得名的地名，還有柯仔林、藤坪、楓林、九芎林、苦苓、莿桐、竿蓁林、龍眼林、柚子宅、雞油林等等。

表 3-4　與植物相關地名於今所在地區一覽表

相關植物名稱	例舉地名於今所在地區
（樹）林	林口（新北市）、員林（彰化縣）
竹子	竹山（南投縣）、竹林（台南市、屏東縣、苗栗縣、宜蘭縣）
拔仔（番石榴）	拔仔林（新竹市、台南市）、枞仔園（基隆市、苗栗縣）
芎蕉	芎蕉坑（苗栗縣）、芎蕉宅（台南市）
檳榔	菁仔宅（南投縣）、檳榔腳（屏東縣）
茶葉	茶園坪（苗栗縣）、茶寮（基隆市、新竹市）
番薯	番薯市（嘉義市）、番薯園（嘉義縣）
仙草	仙草埔（台南市）、田草寮（高雄市）
（土）芒果	樣仔坑（雲林縣、台南市）、樣仔林（台南市）
樟樹	樟樹林（新竹縣、苗栗縣）、樟樹灣（新北市）
林投	林投（澎湖縣）、林投內（台南市）
茄苳樹	佳冬（屏東縣）、茄苳腳（新北市）
榕樹	蔦松（高雄市）、松仔腳（宜蘭縣）
蘆竹	蘆竹（桃園市）、蘆洲（新北市）
其他	柑子園（基隆市）、竿蓁林（基隆市、新北市、台中市）、柯仔林（新北市）、苦苓腳（新竹市）、九芎林、雞油林、相思林（新竹縣）、藤坪（苗栗縣）、柿子林（南投縣）、龍眼林（南投縣、嘉義縣）、莿桐、芋子寮（雲林縣）、楓仔坑（彰化縣）、柚子宅、樸子（嘉義縣）、埔薑頭（台南市）

（三）源自於礦物者

台灣島內礦產種類不多，與之相關的地名，例如：

【鹽】：

鹽埕、鹽田、頂鹽田、下鹽田。台灣四面環海，製鹽為西部濱海地區住民常見之產業行為，以上地名都是因為當地製鹽或盛產鹽而得名。

【硫磺】：

磺溪、出磺坑。以上地名均係因當地有硫磺礦而得名。

表 3-5　與礦物相關地名於今所在地區一覽表

相關礦物名稱	例舉地名於今所在地區
鹽	鹽埕（高雄市）
硫磺	磺溪（台北市、新北市）、出磺坑（苗栗縣）

三、依氣候特質而成的地名

台灣位處亞熱帶，各地氣候因地理位置而有不同。氣候變化，在地人感受最深，因此「風、雲、霧」等標示氣候的字眼，亦成為移民命名聚落的依據之一。

【風】：

風櫃、飛沙。前者係因風帶動浪潮如鯨噴沫而得名；後者係因秋、冬兩季，北風狂吹，加上海面無阻，北風襲捲台西之細沙，漫天飛舞，塵沙遮日，雙眼難睜，因而得名。

【雲霧】：

雲林、霧峰、霧社。此類地名均與當地經常雲霧繚繞有關。

【其他】：

恆春。因當地氣候恆時如春而得名。

表 3-6　與氣候相關地名於今所在地區一覽表

相關氣候現象	例舉地名於今所在地區
風	風櫃（澎湖縣）、飛沙（雲林縣）
雲霧	雲林（雲林縣）、霧峰（台中市）、霧社（南投縣）
其他	恆春（屏東縣）

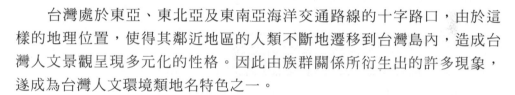

第三節　台灣的地名－人文環境類

　　台灣處於東亞、東北亞及東南亞海洋交通路線的十字路口，由於這樣的地理位置，使得其鄰近地區的人類不斷地遷移到台灣島內，造成台灣人文景觀呈現多元化的性格。因此由族群關係所衍生出的許多現象，遂成為台灣人文環境類地名特色之一。

　　1895 年以前台灣大部分地區，多數成為漢人的農業開墾區，因此拓殖開發遂成為台灣人文環境類地名另一個特色。以下有關人文環境類地名，擬分族群及拓墾兩類敘述如下：

一、依族群相關而成的地名

　　在距今 5 萬年至 1 萬 5 千年前，台灣已有人類的活動，這些原住民除目前行政院原住民族委員會所承認的 17 個族群外，尚有已幾近消失的平埔族。17 世紀以來更有來自中國東南沿海地區的泉州人、漳州人及客家人移入。1895 年以後，又新增日本人以及 1945 年以後中國各地區的移民，在族群來源紛雜的台灣移民社會中，此類地名充分反映族群的來源、以及族群關係的緊張。

（一）源自族群原鄉地名

　　移墾入台的族群，其原鄉的地名常伴隨著移民一起被帶到台灣，由這些地名除可清楚了解住民的來源外，更可看出台灣社會的多元面貌。例如：

1. 與泉州相關地名

【泉州】、【泉州厝】、【同安】、【安溪】等：

　　台灣福建泉州府籍移民人口又分為安溪、同安、三邑等三系，以上地名均與泉州府縣名稱有關。

【安平】：

　　鄭成功故鄉在福建泉州府安平鎮，在其攻下台灣後，就將鯤鯓改名為安平，此舉或有紀念與激勵士氣的作用。

【東石】：

　　東石原為福建泉州府晉江縣的一個村名，因當地居民多來自於東石而名之。

2. 與漳州相關地名

【詔安】、【東山】、【平和】、【長泰】、【興化】、【永春】等：

　　台灣漳州府籍的移民人口多來自詔安、東山、平和、長泰、龍溪等縣，雖然僅有少數來自汀州府、興化府、龍岩州、永春州，也可看到原鄉地名移植台灣的現象。

【芝山岩】：

　　芝山為福建漳州府名勝，今台北市士林、北投一帶移民多來自漳州地區，因見當地與原鄉相似的小丘，便以芝山岩為名。

3. 與廣東相關地名

【陸豐】、【海豐】：

　　這是因為當地居民多來自廣東惠州府的陸豐、海豐兩縣所致。

【潮州】、【大埔】、【饒平】、【南澳】、【惠來】：

　　廣東潮州府的移民多來自大埔、饒平、南澳及惠來四縣，以上地名均與潮州府縣名有關。

表 3-7　源自原鄉的地名於今所在地區一覽表

移民的原鄉	例舉地名於今所在地區
福建泉州府	泉州（雲林縣、彰化縣）、泉州厝（台中市、桃園市）、同安村（彰化縣、屏東縣）、安溪厝（嘉義縣）、安平（台南市）、東石（嘉義縣）
福建漳州府	詔安厝（彰化縣）、東山（台南市）、平和厝（雲林縣）、長泰（新北市）、興化坑（基隆市）、永春寮（新北市）、芝山岩（台北市）
廣東惠州府	陸豐（新竹縣、彰化縣）、海豐（屏東縣）
廣東潮州府	潮州（屏東縣）、大埔（苗栗縣、彰化縣）、饒平（雲林縣）、惠來（台中市、雲林縣）

（二）源自與特定族群相關之地名

　　在台灣的地名中有些是族群特有的用詞，藉此可以了解該地名與某些特定族群的關係。

【番】、【社】：

　　番子寮、番社、番婆、大社等。17 世紀以前台灣幾為原住民的天下，後雖因漢民族急速增加，原住民或受漢化或退居山區，但在西部地區仍留下他們的痕跡，此類地名為數甚多，依據學者研究，此類以番字為首的地名就高達 105 個之多。

【厝】、【屋】：

　　劉厝、許厝、新屋、宋屋等。在台灣移民社會的發展過程中，因治安不佳，移民群為共同防禦外敵，協力拓墾，具有相同血緣或地緣關係者，常結合成一個聚落，其中「厝」為常用閩南移民聚落；「屋」則為客籍移民的聚落用詞。

【福興】、【福隆】、【廣興】：

　　閩粵移民來到台灣後，常因爭奪生存空間發生分類械鬥，為求自身安全，每有依原鄉的地緣關係分類群居的現象，他們自然希望自己族群

的人能夠興盛，福興、福隆係與閩南人有關，廣興則與來自廣東的客籍
人士有關。

表 3-8　源自族群特有的地名於今所在地區一覽表

族　群	例舉地名於今所在地區
原住民	番子寮（桃園市、苗栗縣、南投縣、彰化縣、嘉義縣、台南市、屏東縣）、番社（台北市、宜蘭縣、彰化縣、台南市、屏東縣）、番婆（台中市、彰化縣）、大社（台南市、屏東縣）
閩南人	劉厝（彰化縣、台南市、屏東縣）、陳厝（桃園縣、台中市）、福興（彰化縣）、福隆（新北市）
客家人	新屋（桃園市）、宋屋（桃園市）、廣興（桃園市、屏東縣）

（三）源自防「番」設施之地名

　　台灣各族群間的關係，常因語言的差異、生活方式的不同及生存空
間的爭奪，在歷史上時有衝突的情事發生。尤其台灣本島山地地形占三
分之二以上面積，生存空間有限，以農業為主的漢民族，為拓展其生存
領域，經常與原住民發生衝突，當時漢人為確保拓墾耕地的成果，採取
諸多的防禦措施，由下列地名可以看出，漢人在台拓墾開發過程中族群
間緊張的關係。

【土牛】：

　　土牛口、土牛溝。清代為平息漢「番」糾紛，由人工挖出的鴻溝作
為漢「番」分界線，溝旁堆有土堆外型如臥牛，稱之土牛，其溝稱之為
土牛溝。土牛及土牛溝兼具分界線及防禦功能，並藉以禁止雙方出入以
減少糾紛。但是後來因漢人移民大量增加，土牛既不足以禁止漢人侵墾
「番」界，也無法防禦原住民報復性的出擾，其原有的功能遂不復存。

【石牌】：

　　石牌、石牌嶺。為杜絕漢「番」糾紛的界石，常立於漢「番」交界
處，用以諭禁漢人入侵原住民土地。

【堵】、【圍】、【城】等：

此類地名係為防範原住民的防禦設施，有依時間次序命名者如七堵、八堵；有依建築者命名者如張公圍；有依建築材料命名者如土城、柴城、木柵。此類地名常見於今台北、基隆、宜蘭一帶。

【隘】：

隘寮。隘是漢人用以防範原住民出擾，在出入要衝設置隘丁駐守，以保護開墾成果的設施。隘丁屯駐的寮舍稱之隘寮。

表 3-9　源自防「番」設施的地名於今所在地區一覽表

防「番」設施	例舉地名於今所在地區
土牛	土牛（台中市）、土牛溝（苗栗縣）
石牌	石牌（台北市）
堵、圍、城等	七堵（基隆市）、八堵（基隆市）、張公圍（宜蘭縣）、土城（新北市）、柴城（屏東縣）、木柵（台北市）
隘	隘寮（南投縣、屏東縣）

二、依拓墾相關而成的地名

17 世紀的中國福建、廣東地區的人口多耕地少，生活不易，相對的台灣在當時卻是一個地廣人稀的地方，多數均為未開墾的地區。東南沿海的居民在惡劣的航海條件以及清代的諸多禁令下，仍排除萬難湧入台灣，主要目的就是希望能在台灣取得土地，得以安居樂業，因此與拓墾有關的地名在台灣地名中處處可見。

（一）源自於拓墾制度的地名

明清時期閩粵地區的人民大量移居台灣，主要是因為原鄉地少人多，生活困難，來台後多以從事農業開墾為最主要的經濟活動，台灣各時期的政權均有不同的拓墾制度，於是遂成為台灣地名常見的題材。

【田】：

　　王田、官田。荷蘭時代台灣西南部平原多為荒蕪未闢的草地，原住民又不諳耕種，為謀求台灣土地的開拓，荷蘭人大量招募對岸漢人來台，並發給移民耕牛、農具、種籽以及相關農墾資金，土地所有權歸荷蘭國王所有，稱之王田。鄭氏時期接收荷蘭人的王田，改稱為官田。

【營】、【鎮】等：

　　新營、林鳳營、左鎮、左營等。鄭氏時期為安頓大批軍隊，在台實行屯田謂之營盤田，除屯墾外尚有防範原住民的功用，今台灣地名中帶有「營」、「鎮」、「協」、「鋒」、「勁」等字者，均為當時鄭氏屯田之所在地。依據學者研究，此類地名多分布在今嘉南平原及高雄沿海一帶，數量頗多約有 40 多個。

表 3-10　拓墾制度相關地名於今所在地區一覽表

拓墾制度	例舉地名於今所在地區
王田、官田	王田（台中市）、官田（台南市）
營盤田	新營、林鳳營、左鎮（以上均在台南市）、前鋒、後協、援剿、前鎮、後勁、左營、右昌（右衝）（以上均在高雄市）

（二）源自開墾土地面積的地名

　　此類地名係與當初先民拓墾的土地面積有關。例如：

【甲】：

　　一甲、六甲等。台灣自荷蘭時代即以甲作為土地丈量的單位，鄭氏時期和清代初年均沿用未改，雍正年間雖曾明令改甲為畝，但民間仍按甲計田並沿用到今天。

【張犁】：

　　三張犁、五張犁等。台灣開拓之初，一張犁大概可以開墾五甲地，故以五甲為一張犁來估量土地，因此幾張犁不僅是土地面積，也常見於台灣地名中。

表 3-11　開墾土地面積相關地名於今所在地區一覽表

土地面積單位	例舉地名於今所在地區
甲	一甲（高雄市）、六甲（台南市）
張	三張（台北市）、五張（台中市）

（三）源自拓墾組織與分割方式的地名

　　台灣開墾之初因移民資金有限，每由數位資金較雄厚的人合資組成農業開墾集團，以從事面積廣闊的土地開墾事業，墾成後再依其持股分配土地，此類地名反映出合資拓墾的現象。例如：

【結】：

　　在宜蘭地區，墾首採結首制度向政府具結申領墾照後，合資合力從事墾荒，將各結首編號後為頭、一、二、三⋯，也劃分地段，其某結首獲得分配之地，加以其編號稱呼，而後取為地名。

【股】、【份】：

　　五股、七股、頭份、九份。合資開墾者於地墾成後，按其所持股份所分得的土地，後來在該地形成聚落時，常以持股人分得的份數為地名。

【鬮】：

　　三鬮、五鬮等。所謂「抓鬮」或「拈鬮」，是一種以紙片書寫上文字，摺揉成暗籤式的的紙捲，由當事人任取，以斷可否或順序的方法。在台灣土地墾成後，亦多用此法決定土地歸屬，以避免爭議。

表 3-12　拓墾組織與分割方式相關地名於今所在地區一覽表

拓墾組織與分割方式	例舉地名於今所在地區
結首制	一結、二結、三結等（宜蘭縣）
股、份	五股（新北市、南投縣）、七股（台南市）、頭份（苗栗縣）、九份（新北市）
抓鬮、拈鬮	三鬮（宜蘭縣）、五鬮（新北市）

（四）源自水利設施的地名

台灣的農業係以水稻為主要作物，其栽種需要大量引水灌溉，因夏季雨水豐富冬季乾旱，所以築埤儲水、蓄洪開圳，成為台灣常見的農田水利設施。例如：

【埤】

紅毛埤、三老爺陂。埤亦作陂或坡，築堤儲水於池沼之中謂之埤。

【圳】

圳頭、三條圳。圳為引水灌溉農田的人工溝渠。

【汴】

頭汴。汴是圳道分水的水門，在圳頭上游者稱頭汴，由上游到下游，設有水門的地方住民常會依次加數字於汴頭前，如四汴頭。

表 3-13　水利設施相關地名於今所在地區一覽表

水利設施	例舉地名於今所在地區
埤	紅毛埤（嘉義市）、三老爺陂（高雄市）
圳	圳頭（台南市、嘉義縣、桃園市）、三條圳（彰化縣）
汴	頭汴（台中市）、四汴頭（新北市）

（五）源自於地方產業的地名

產業為人民生計之所依，先民常將經營與生產的處所加諸於產業名稱之後，成為此類地名的特色，從這些地名中可以了解當地曾經有過的經濟活動。例如：

【寮】：

枋寮、樟腦寮、田寮、番薯寮、罟寮等。寮係指某種物產加工、休息或守望之人所住簡陋的小屋。枋就是木板，枋寮也就是木材寮，係與從事伐木產業有關的地名；樟腦寮係與製作樟腦有關的地名；田寮、番薯寮係與農業有關的地名；罟為拖曳網，罟寮係與漁業有關的地名。

【窰】：

　　瓦窰、磁窰、磚（子）窰。窰係指燒製陶瓷器磚瓦之處所。

【廍】：

　　蔗廍、寮仔廍。廍為製糖的處所。.

【店】：

　　犁頭店。店為販賣物品之所在處。

【埕】：

　　大稻埕、鹽埕。埕係指曝曬物品的場所。

圖 3-1　　為先民製糖的場所

表 3-14　產業相關地名於今所在地區一覽表

地方產業	例舉地名於今所在地區
伐木	枋寮（屏東縣、新竹縣）
樟腦製造	樟腦寮（嘉義縣）
農業	田寮（高雄市、屏東縣、台南市、嘉義縣、苗栗縣、雲林縣、彰化縣）、番薯寮（宜蘭縣、新北市）、大稻埕（台北市）
漁業	罟寮（新竹市）
燒製陶瓷器、磚瓦	瓦窰（台南市、雲林縣、苗栗縣）、磁窰（台中市）、磚（子）窰（高雄市）
製糖	蔗廍（新竹縣、台中市）、寮仔廍（台南市）
打鐵	犁頭店（台中市）
榨油	油車（彰化縣、雲林縣、桃園市）
製鹽	鹽埕（台南市、高雄市）

（六）源自於宗教信仰的地名

在台灣的移墾過程中，宗教信仰是先民心靈依靠之所在，各地廟宇不僅具有宗教功能，更具凝聚居民意識的社會意義，由以當地的神明為地名，即可窺知廟宇所在之處，實為先民生活之中心。例如：

【宮】、【廟】：

媽宮、太子宮、關廟、仙公廟等。

圖 3-2　馬公（媽宮）地名源自於澎湖天后宮

表 3-15　宗教信仰相關地名於今所在地區一覽表

相關神祇	例舉地名於今所在地區
媽祖	媽宮（澎湖縣）
關聖帝君	關廟（台南市）
呂洞賓	仙公廟（屏東縣）
王爺	王爺宮（台南市）
三太子	太子宮（台南市）
鄭成功	大人廟（台南市）
鄭經	二王（台南市）
土地公	土地公（高雄市）、伯公坑（苗栗縣）

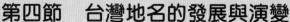

第四節 台灣地名的發展與演變

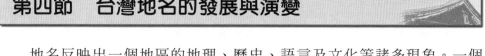

　　地名反映出一個地區的地理、歷史、語言及文化等諸多現象。一個地方或地域的地名，不僅是歷史的代言者，更可以從地名所描述的諸多景觀，包括地面起伏、河流、氣候、位置、方位、自然植物景觀及聚落發生時之機能等等，藉以探討出歷史時間裡的空間格局變化，亦即獲得還原曩昔的歷史地理原始景觀。當然隨著人類活動的持續與發展，台灣地名也會隨之改變，因此地名絕非某一時期歷史的死物，實可視之為承載著過去、現在乃至未來當地人類情感的活體，故今學者每有以「活化石」稱之。此中影響地名的發展與演變的因素甚多，諸如語言、政治、經濟、交通等，然對台灣地名影響最鉅者，莫如語言的轉換及政治力的介入。

　　歷來統治台灣的統治者來源不一，其中有來自遙遠歐洲者如荷蘭（1624-1662）及西班牙政權（1626-1642），來自東亞中國者如鄭氏政權（1663-1683）、滿清政權（1684-1895）及國民政府（1945-迄今），來自東北亞者如日本政權（1895-1945），不同的政權不僅為台灣地名帶來不一樣的語言文化，諸如：荷蘭語、西班牙語、漢語、日語等，同時不同政權的政治文化，也賦予台灣多樣化地名新的意涵。

　　台灣現今地名雖然皆以漢字的形式書寫，然因其多元政治與語言的特質，其讀音與內涵，卻未必全然可由今日國語（北京話）音義可以窺知其原意與來源，如未能清楚了知其地名發展演變的歷程，每有失之毫釐差之千里之情事，本節擬依歷史分期，由語言與政治兩個面向，來說明台灣地名發展與演變的諸多現象。

一、史前時代

17 世紀以前，台灣主要是平埔族和高山族的世界，沒有文字、也沒有歷史記載，許多的地名因無文字記載，僅以口語（南島語）傳續，至今所存之地名是自漢人來台以後，以音近的漢字，音譯原住民地名或其社名而成，音譯的地名是將原名用近音的漢字譯出或是省略原名一部分，故許多地名一見頗似漢人地名，其實是由原住民語轉化為漢語而成的。另外在台灣地名中，有部分附有口字邊者，多數為以漢語音譯原住民語之地名。相關漢語音譯原住民漢字地名如下：

表 3-16　漢語音譯原住民漢字地名於今所在地區一覽表

相關族群	例舉地名於今所在地區
泰雅族	烏來（新北市）
巴則海族	葫蘆墩（台中市）
西拉雅族	麻豆（台南市）
西拉雅族	噍吧哖（台南市）
馬卡道族	打狗（高雄市）
馬卡道族	阿猴（屏東市）
噶瑪蘭族	羅東（宜蘭縣）
泰雅族	哆囉滿（花蓮縣）
泰雅族	吧哩沙喃（宜蘭縣）

二、荷蘭、西班牙時期

在荷蘭、西班牙時期，荷蘭人與西班牙人採取尊重台灣原有地名的方式，因此重新命名的地名並不多，且至明鄭時期亦多半不使用，因此未留下太多地名。與荷蘭語及西班牙語相關地名如下表：

表 3-17　相關歐洲語地名於今所在地區一覽表

歐洲語地名	例舉地名於今所在地區
Hoek（荷蘭語）	富貴角（新北市）
Santiago（西班牙語）	三貂角（新北市）
Casidor（西班牙語）	淡水（新北市）
San Salvodor（西班牙語）	社寮島（基隆市）

三、鄭氏時期

　　鄭氏政權統治的地區，大多侷限於現今台南和安平為中心的西南沿海一帶，此時期地名的特色，除延續以漢語音譯原住民的漢字地名外，主要是引進中國的地方行政系統坊里制以及兼具開墾防「番」的軍屯，在地名上呈現出濃厚中國道德教化與軍事的色彩。

（一）道德教化的地名

　　鄭氏政權在承天府下設 4 坊 24 里，在坊里的名稱中，可以看出以中國文化改造蠻夷之地的企圖心。相關以之為名的坊里名稱如：東安坊、西定坊、寧南坊、鎮北坊、永康里、歸仁里、仁德里、仁和里、文賢里、崇德里等。部份名稱成為現今台南市行政區域名稱如：永康區、歸仁區、仁德區；亦有部份名稱成為現今台南市街道名稱如：東安路、仁和路、文賢路、崇德路。

（二）軍事色彩的地名

　　鄭氏政權為滿足來台軍民穩定的糧食來源以及戰爭軍糧的需求，在台實施屯田制度，因此在今日台南高雄一帶，出現軍事單位的地名，如「鎮」、「營」、「勁」、「協」、「剿」等，均是鄭氏時期軍隊屯墾的地區。相關以之為名的地名如：左鎮、柳營、後勁、中協、援剿等。

四、滿清時期

1684 年台灣被大清帝國收歸版圖，在長達 212 年的統治下，清代時期台灣地名的變化，主要有四個特色：

（一）將原來不好聽的地名改為雅字

「塗褲庄」，原是鹿港至笨港必經的「黃吉崙庄」，因兩旁地勢較高中間低漥，遇雨泥濘不堪，路經的人馬常陷入爛泥中，褲管沾染污泥，故名之，後遂雅化稱之「土庫」。此類型其他地名例舉如下：

表 3-18　相關雅化地名於今所在地區一覽表

原地名	例舉地名於今所在地區
雞籠	基隆（基隆市）
梘尾	景美（台北市）
暗坑仔	安坑（新北市）
牛屎坑	御史坑（新北市）
湳仔	湳雅（彰化縣）
水牛厝	水虞厝（嘉義縣）
玲路	麟洛（屏東縣）

（二）將地名的發音（諧音）找其他的字來代替

「吞消」，原是苗栗縣濱海繁榮的小商城，因溪水深廣，成為鄰近貨運吞吐銷貨的中心，後以諧音「吞霄」取代之。此類型其他地名例舉如下：

表 3-19　諧音字相關地名於今所在地區一覽表

原地名	例舉地名於今所在地區
靈潭陂	龍潭陂（桃園市）
鹹菜甕	咸菜硼（新竹縣）
九層頭	九讚頭（新竹縣）

（三）將四個字以上的地名刪減成兩個字或三個字

此類地名主要是以原住民舊社的名稱為主。例如：宜蘭縣冬山鄉「武淵」就是昔日「馬荖武煙社」的簡稱。此類型其他地名例舉如下：

表 3-20　相關刪減字數地名於今所在地區一覽表

原地名	例舉地名於今所在地區
奇蘭武蘭社	淇武蘭（宜蘭縣）
抵美福社	美福（宜蘭縣）
塔塔悠	塔悠（台北市）
母罕母罕	武罕（宜蘭縣）
諸羅山	諸羅（嘉義市）
卑南覓	卑南（台東縣）

（四）因政治因素的需要而改名

嘉義舊稱諸羅，清康熙 23 年（1684）設諸羅縣，乾隆 51 年（1786）林爽文之亂時，諸羅縣民協助清軍平定亂事，事後乾隆皇帝為嘉獎當地居民的義行，下詔改諸羅為嘉義。

圖 3-3　「嘉義」源自林爽文事件諸羅的圍城之役

五、日治時期

　　1920 年日本在台實施地方行政區域改革，大規模對台灣地名進行修訂的工作，影響為數不少的地名。此時期的地名演變有五個特色：一、將原地名的字數簡化為二個字。二、將原地名的用字簡化。三、原漢語地名由日人拼讀改寫為日文的漢字地名。四、另取一不相關的地名取代原地名。五、都會區中出現許多日式的町名。茲概述如下：

（一）地名字數的簡化

　　地名字數的簡化可分為二類，一是將以往三個字的地名刪減為兩個字；二是刪減時調整部分用字。

1. 將原三個字的地名刪減為兩個字。相關地名例舉如下：

表 3-21　日治時期相關刪減字數（三字減為兩字）地名於今所在地區一覽表

原三個字地名	例舉地名於今所在地區
冬瓜山	冬山（宜蘭縣）
坪林尾	坪林（新北市）
鶯歌石	鶯歌（桃園市）
三叉河	三叉（苗栗縣）
田中央	田中（彰化縣）
庵古坑	古坑（雲林縣）
番仔路	番路（嘉義縣）
關帝廟	關廟（台南市）
阿里港	里港（屏東縣）
林仔邊	林邊（屏東縣）

2. 刪減原三個字的地名並調整部分用字。相關地名例舉如下：

表 3-22　日治時期相關調整用字地名於今所在地區一覽表

原三個字地名	例舉地名於今所在地區
阿罩霧	霧峰（台中市）
草鞋墩	草屯（南投縣）
大埔心	坡心（彰化縣）
樸子腳	朴子（嘉義縣）
茄苳腳	佳冬（屏東縣）

（二）將原有地名的用字由繁化簡

相關地名例舉如下：

表 3-23　日治時期相關由繁化簡地名於今所在地區一覽表

原繁字體	簡化字體	例舉地名及其今所在地區
「仔」	「子」	橋仔頭改為橋子頭（高雄市）
「藔」	「寮」	田藔改為田寮（高雄市）
「蔴」	「麻」	蔴豆改為麻豆（台南市）
「佃」	「田」	官佃改為官田（台南市）
「墩」	「屯」	西大墩改為西屯（台中市）

（三）原漢語漢字地名由日人再拼讀，改寫為日文的漢字地名。

相關地名例舉如下：

表 3-24　日治時期相關改寫為日文漢字地名於今所在地區一覽表

原漢語漢字地名	例舉地名於今所在地區
艋舺	Banka 萬華（台北市）
三角湧	Sankyo 三峽（新北市）
咸菜硼	Kansai 關西（新竹縣）
茄苳腳	Kadan 花壇（彰化縣）
湳仔	Nama 名間（南投縣）
打貓	Tamio 民雄（嘉義縣）
打狗	Takao 高雄（高雄市）
蚊蟀	manshyu 滿州（屏東縣）
荳蘭	Taura 田浦（花蓮縣）
猴子蘭	Koran 香蘭（台東縣）

（四）另取一與原地名不相關的地名取代

此類地名字數均為兩個字，部分地名具有日本風格。相關地名例舉如下：

表 3-25　日治時期相關另取（與原地名不相關）地名於今所在地區一覽表

原漢字地名	例舉地名於今所在地區
錫口	松山（台北市）
葫蘆墩	豐原（台中市）
牛罵頭	清水（台中市）
林杞埔	竹山（南投縣）
羌仔寮	鹿谷（南投縣）
五間厝	虎尾（雲林縣）

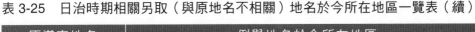

表 3-25　日治時期相關另取（與原地名不相關）地名於今所在地區一覽表（續）

原漢字地名	例舉地名於今所在地區
直加弄	安定（台南市）
阿公店	岡山（高雄市）
瀰濃	美濃（高雄市）
叭哩沙	三星（宜蘭縣）
加走灣	長濱（台東縣）

（五）都會區中出現大量日式風格的町名

此類日式町名又可分為三類：紀念日人者，如紀念日本天皇的「大正町」、紀念台灣總督的「樺山町」等、宣揚日本精神者，如「大和町」等及其他明顯為日本名稱者，如「旭町」等。相關日式町名例舉如下：

表 3-26　日治時期取相關日式町名地名於今所在地區一覽表

類　　型	例舉日式町名於今所在地區
紀念日人者	明治町（台中市、台南市）、大正町（台北市、台中市、台南市）、昭和町（台北市）以上為日本天皇名號；樺山町、乃木町、兒玉町、明石町、佐久間町，以上均設置於今台北市，為紀念台灣總督。
宣揚日本精神者	大和町（台北市、彰化市）、朝日町（嘉義市）
其他明顯為日本名稱者	榮町（台北市、新竹市、高雄市）、宮前町（台北市、新竹市、彰化市、嘉義市）末廣町（台北市、台中市、彰化市、嘉義市、台南市）

六、國民政府時期

國民政府遷台後，為便於迅速接收，大多數日治時期的地名用字均予以沿用，但改以北京話唸讀日文漢字地名，例如高雄由日文發音的「Takao」唸成國語發音的「ㄍㄠ ㄒㄩㄥˊ」。

在這一時期出現的新地名，充滿濃厚的政治意味，大多以行政區域的鄉、村、區、里、道路為主，尤以都會地區以及原住民居住的鄉、村為最，名稱多以儒家道德思想、黨國政治理念、人心思治的願望、大陸城市名或已故總統名諱為素材。茲概述如下：

（一）儒家道德思想

為建立以四維八德的儒家思想使之成為社會安定力量，此類地名成為國民政府教化人民的工具。相關以之為名的鄉、村、區、里、街道名如：智勇、忠勇、忠孝、仁愛、信義、和平等。

（二）黨國政治理念

藉以深化人民對三民主義的認同，惕勵毋忘復國大業。相關以之為名的鄉、村、區、里、街道名如：三民、民權、民族、民生、五權、中興、復興、建國、光復、平等、博愛等。

（三）人心思治的願望

從清末至國共內戰，中國社會歷經長期戰亂，此類地名充分反應人民對富庶安定生活的期盼。相關以之為名的鄉、村、區、里、街道名如：永和、永樂、永安、萬安、瑞豐、新豐、泰安等。

（四）大陸城市名

此類地名提供新移民思鄉情懷的慰藉，以台北市為例，在萬華區、大同區、中正區三區，區內的路名多以大陸城市命名。舉例說明如下：

萬華區：洛陽街、開封街、武昌街、漢口街、峨嵋街、成都路、長沙街、貴陽街、桂林路、廣州路、昆明街、西寧路、康定路、梧州街。

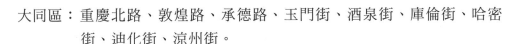

大同區：重慶北路、敦煌路、承德路、玉門街、酒泉街、庫倫街、哈密街、迪化街、涼州街。

中正區：北平東路、北平西路、青島東路、青島西路、杭州南路、杭州北路、濟南路、襄陽路、徐州路、晉江街。

（五）已故總統名諱

此類地名除表達紀念外，更有藉此推行個人崇拜，達到鞏固黨國體制的用意。相關以之為名的區、里、街道名如：中山、逸仙、中正、經國。

綜觀上述各時期影響台灣地名演變的因素，概可歸結為二：一是強勢族群的語言；二是統治台灣的政治力。前者主要是出現在原住民語的地名轉化成漢語的漢字地名，例如打狗、嚦吧哖等；漢語的漢字地名改寫成日語拼音的日文漢字地名，例如高雄、玉井等；原閩南語、客語、日語的地名，依其地名之字形轉讀為北京話；以及地名的雅化與轉訛，例如雞籠雅化為基隆、柴城轉訛成車城。後者主要是出現在地名書寫的規格化，例如縮減字數，「冬瓜山」減寫為「冬山」；或統一用字，「蔴豆」改為「麻豆」；以及具異文化或政治性地名的植入，例如豐原、大正町、中正路等。

地名是生活在該地的人們共同的記憶與情感的表徵，然而四百年來，台灣地名在諸多外來族群及政權的影響下，已無法透由今日地名的形音義，清楚了解過去的人們與其所居地區的互動關係，因此產生了人民與土地情感的斷裂與歷史記憶的隔閡，形成現今社會人與人關係的冷漠疏離、人對土地情感的淡薄以及集體認同意識的缺乏等諸多現象。當人們很難從地名知悉當地曾發生的人與事時，所失去的不僅是舊地名而已，恐怕歷史的記憶、祖先的奮鬥、美麗而感人的事蹟均將隨之流失。因此了解台灣地名的起源及其演變，乃至推動地名的正名運動，讓土地回到原來的名字，正是尋回自我認同，並重新認識台灣歷史多元特質的開端。

問題與討論

1. 地名是「人」與「地」的結合，台灣的地名呈現多樣化的面貌，請說明其原因。

2. 台灣長期受海洋影響被阻隔於亞洲主要文明地區之外，至近代海權時代來臨才浮現歷史舞台，請從文獻記載中說明台灣過去是如何被周邊區域所認知的。

3. 台灣地名的形成概可分為自然與人文兩大類，請說明各有哪些影響台灣地名的因素。

4. 從地名的發展與演變，請說明台灣各時期給予台灣地名帶來哪些的變化。

5. 地名代表人類群體共同的記憶與情感，請找出你居住地的地名由來，以及對這地名背後的人類情感與記憶的感受。

第四章

台灣的教育

綜觀近四百年的台灣歷史，主權更動頻繁，統治國族也紛雜多元。在各自追求不同的教育目標下，鋪陳了相互迥異的教育制度與內涵，引進了諸多教育媒介的語言及文字，從而也培植了各個統治政權所勾勒描繪、意圖塑造的台灣島民形象。在劇幕不斷升起又降下的教育舞台上，台灣人民宛如身處多音交織的重奏樂曲中，時而扮演上帝的子民、漢儒的官僚，有時飾演太陽帝國的皇民或忠黨愛國的國民。

人才的培育是最富潛力的投資，也是最具永續性的事業。然而，主權的經常替換，致使台灣的教育始終重複進行著基礎的工作，阻礙了文化的累積和延續發展；但相對而言，也正因為如此複雜多變，台灣的教育吸納各種截然不同之元素，呈現多樣且豐富的文化面貌。以下，本章擬依台灣歷史的脈絡，追尋先人之足跡，敘述說明各時期的「讀書人」是如何在這塊島嶼上刻畫他們時代的教育鑿痕。

第一節　荷西時期的西方宗教教化

一、西歐殖民政策下的宗教教化

早期人類有所謂「教育」的活動，主要是直接在生產勞動或禮俗祭典中施行。換言之，日常生活必備的知識與技能是透過平時的漁獵、農耕或傳統祭典等過程中取得，不像現今大家所熟知的教育體制：有特定的教育機關場所，在專業教師的帶領下，針對各年齡層或社會階層之學生，以語言文字及教材教科書為媒介，依照規劃的課程課表，於固定時間，集團性地施予必要的知識與技能。台灣島上早期的原住民自不例外，在荷蘭、西班牙殖民政權進占台灣之前，最初也是過著此種生產或祭儀即教育的原始活動。

16 世紀興起的大航海時代，歐洲各國競相東來亞洲追求商業利益，並尋覓貿易據點和殖民地。荷蘭、西班牙兩國也在此國際局勢之下，分別於 1624 年、1626 年占領台灣南北兩端，展開殖民統治。

　　荷西兩國為便於統治管理，對台灣原住民採取文武相輔而行的政策，先以武力征服，繼之以行政控制和宗教教化。隨著軍事勢力的擴張，傳教區域範圍亦隨之擴大，傳教士在各地原住民部落興建教堂、設立學校，進行宗教傳播的教化事業，因此荷西兩國之傳教活動，可謂開創了台灣教育的啟蒙。但是，當時的教育性質與原始社會的教育行為不同，乃是伴隨傳教而來的事業，教育和宗教結合在一起，教育之目的是為了傳教。亦即，教育附屬在宗教活動範疇之內，以教育作為傳教的基礎，進而以宗教教化輔助行政管理順利推展，達到殖民統治遂行之效果。

二、荷蘭的宗教教化

（一）傳教活動

　　荷蘭領有南台灣之後，位在印尼的巴達維亞政府當局即先後派遣甘地第伍斯（Georgius Candidius）及尤紐斯（Robertus Junius）兩位牧師，分別於 1627 年、1629 年來台宣揚基督教。他們首先進駐平埔族西拉雅族人居住的新港社（台南新市），開始傳道布教，進而擴及目加溜灣（台南安定）、蕭壠（台南佳里）、麻豆（台南麻豆）、大目降（台南新化）等各社，成效頗佳。

圖 4-1　1629 年來台傳教的荷蘭人尤紐斯牧師

　　荷蘭據台的 38 年間，總計派出約 30 名牧師來台傳教。其教化範圍以現今台南市為中心，向南延伸至下淡水溪下游和屏東、恆春一帶；向北拓展到嘉義、彰化附近，甚至於 1642 年驅逐北台灣的西班牙勢力後也觸及淡北地區，唯成果不如上述台南鄰近的 5 社。根據調查顯示，教化成果較佳之地區，80％的原住民均受過基督教育，其中 40％諳悉教理，對教義能應答如流。

派駐來台的荷蘭牧師，初期傳教活動並不順利，其主因為語言溝通上的障礙。首任宣教師甘地第伍斯定居新港社之際，即開始學習當地語言「新港語」，並以羅馬拼音將該語言文字化，此種文字即所謂的「新港文」，為當時只有語言卻沒有文字的西拉雅族人，創造了第一套文字書寫系統，而日後流傳下來的此類文書則被稱為「新港文書」，成為台灣原住民最早的文字紀錄。甘地第伍斯除

圖 4-2　新港文

編寫文字外，也致力於用新港文翻譯基督教要義及聖經等宗教相關書籍文章。

（二）宗教下的教育事業

荷蘭教化事業的重點是建教堂、設學校。教堂是牧師講道之場所，規定每逢週日原住民均不得外出勞動，須至教堂聽教，以逐漸理解教義並學習各種禮儀，信教虔誠者則給予洗禮；而學校則是施行基督教文化的地方。1636 年，第二任宣教師尤紐斯於新港社創辦第一所教會學校，此後於目加溜灣、大目降、蕭壟、麻豆等各社亦相繼設立學校。

當時各校招募的學生約在 10 歲至13、14 歲之間；授課內容先教導羅馬字母的發音與書寫以奠定基礎，然後再傳授

圖 4-3　荷據時期荷蘭人建立的教堂

基督教要理；書寫工具使用斜削成尖端的鵝毛管作為筆，管內注入墨水；而上課用語則採用較普遍通行的新港語。至於教材方面，使用牧師們以新港文翻譯編纂的教理問答、祈禱集、詩歌等課本。

　　荷蘭牧師對於入學生採取半強迫半獎勵的措施，無故不到校上課者處以罰款，勤勉就學而沒有去田園勞動者則發給稻穀、棉布、衣服等禮物或金錢津貼。荷蘭人會支出高額經費來資助學生和推廣教育，其目的是讓原住民兒童從小接受基督教義，成為忠實的信徒，服從荷人統治；同時，也藉此培養有用的助教人才，令其至各部落協助傳教，不僅彌補荷蘭人本身傳教人員的不足，且可克服語言心理障礙，從而便於深入各地進行傳教。當時使用於這些教化活動的費用財源，大致來自荷人徵收的狩獵稅。

　　基本上，荷蘭在台長官是最高行政首長，也是最高的教育主管，然而實際掌握教育實權乃是教會，因此當時的教育設施均屬教會的部分事業，學校教師皆由牧師來擔任。隨著教區範圍不斷擴大，教務日益繁重，開始出現教員不敷派用的嚴重現象，在台長官雖曾迭向巴達維亞總督府要求增援，均因經費關係而未能獲准。在台行政當局於是變通辦法，徵用駐軍中適宜者來充任教員，並且選拔學有所成的原住民從事教師的工作。然而，士兵中能勝任教師者為數不多，且往往行為不檢，人品低劣；而原住民教員方面，1643 年雖曾精選 50 名青年派任至各部落協助教學，但待遇太低，僅憑薪資無以維生，以致成效不彰。

　　荷蘭在台當局鑑於師荒問題，乃訂定培育本土原住民教員的計畫，於 1648 年選定新港社和麻豆社，興辦類似師範學校或神學院性質的原住民教師學校。至此，荷蘭在台的教育體制始具粗備，行政系統不需再完全仰賴教會系統，教育逐漸脫離教會的隸屬而較有獨立完整之設施。

　　當時的原住民教師學校招收 30 名 10 至 14 歲的少年，採取集中住宿，統一供給膳食、被服的辦法，進行強化訓練。學校設置校長、副校長各 1 人，負責管理學生並擔任授課。除每週四規定為休假日外，學生每天日出前起身即開始按表操課，上午學習基督教要理及習字，下午學習荷蘭語（這點與一般學校有很大不同）。校規管理相當嚴格，平時不得隨意外出，未經請准或逾時不歸要接受處分，在校內作壞事也要受到鞭笞，沒有講荷蘭語的學生則罰以值班等等。

圖 4-4　新港文（右）與古荷蘭文（左）對照的《馬太福音傳全書》，1650 年左右

　　1650 年代末期，荷蘭在台的宗教教化事業逐漸式微，一方面因為以追求經濟利潤為本質的殖民當局不願意投資更多的經費；另一方面派往台灣的荷蘭牧師任期不長，且有些人品行欠佳，缺乏像甘地第伍斯和尤紐斯這樣有影響力的駐台人物。諸如對無故不到教堂禮拜或學校上課之原住民，處以罰款，甚至採取鞭笞或流放的強制政策及宗教迫害行為，引起原住民的敵視與反抗。隨著 1662 年結束荷蘭在台統治，西方宗教及教育活動也消失在歷史洪流中，取而代之的是鄭氏政權引進的中原儒家教育和科舉制度，而西方傳教士再次重登台灣教育舞台，則要到滿清時期台灣開港以後（詳見本章第三節）。

三、西班牙的宗教教化

　　有別於荷蘭信奉基督教，西班牙信仰的是天主教。1580 年代以降，西班牙開始理解到台灣在東亞貿易和傳教之地理重要性，位於菲律賓馬尼拉政府當局曾多次有占領台灣的計畫，然未遂行。迨至 1624 年荷蘭進占南台灣之後，嚴重威脅到西班牙在亞洲的地位與利益，乃於 1626 年揮兵占領北台灣，而當時隨船同行就有馬地涅（Bartolome Martinez）等 5

名神父和 1 位輔助修士。他們首先在雞籠（基隆）一帶建立天主教堂，開始對當地的平埔族凱達格蘭族人和漢人、日本人展開傳教活動。

　　1627 年馬尼拉的西班牙當局即通過在台灣設置教區案，積極推廣傳道布教事業。總計短短的 16 年殖民期間，先後來台的傳教士約有 30 人，其中也包括日籍神父西六左衛門（西班牙名 Tomas de San Jacinto）和園永（Santiago de Santa Maria）。而傳教路線依循軍事勢力的擴張而延伸，以現今基隆為中心，逐步拓展至滬尾（台北淡水）、台北盆地，後來更推廣到三貂角（西班牙原名 Santiago）及蛤仔難（噶瑪蘭，今宜蘭）、蘇澳等地，沿路征服原住民並進行綏撫，神父則派駐傳教且興建多座教堂。

　　最初來台的馬地涅神父，和荷蘭傳教士一樣，首先學習當地原住民的語言，並以贈送禮物方式取得信賴。緊接著 1632 年來台的愛斯基委（Jacinto Esquivel）神父，於台灣北部成立馬尼拉支會，冒險進入原住民部落創建教堂，且興辦初級神學院性質的「學林」學校，授以聖書教理、拉丁語、文藝、科學等課程，欲藉此培養本土及派往中國與日本傳教的神職人員。另外，愛斯基委神父亦利用羅馬字音為凱達格蘭族人創造書寫的文字，編譯了《淡水語辭彙》、《淡水語教理書》等教材。

圖 4-5　西班牙神父向台灣原住民傳教的圖畫

　　大體而言，西班牙在北台灣的傳教視為向西中國大陸、向北日本拓展布教的跳板，重視宗教甚於商業之上。尤其 1630 年代以降，日本採取鎖國與禁教政策，西班牙在北台灣的對日通商及傳教遭致挫折，因此傳教便成為西班牙在台灣最重要的工作，亦是最大的活動空間。

這些前來台灣的天主教神父，滿懷著宗教熱誠，針對無論原住民或定居北台灣的漢人、日本人全面施予宗教教化，並曾以西洋醫學治療當時流行於北台灣的瘧疾和天花，且透過將當地語言編寫成羅馬文字來傳播知識，致力於布教福音與推廣教育。

16 年來西班牙在台的傳教成果頗為可觀，根據學者調查研究，1630年馬尼拉總督曾向西班牙國王的報告書中提到 3 年傳教，僅在雞籠一處，受洗禮者 300 人；北台灣傳染病盛行之際，有數千人領受洗，其中三貂角一帶傳教活動僅 5 日，就有 141 人受洗成為信徒；1633 年來台的基洛斯（Teodoro Quiros）神父至宜蘭宣教，相傳受洗者達 600 餘人，總計西班牙據台期間，改信天主教人數可能不下 4000 人。但相反地，拉丁民族系的西班牙人普遍充滿宗教熱情，神父甚至洋溢著殉教的狂熱精神，或許對傳教操之過急，難免抵觸了原住民傳統的習性和禁忌，以致引起極大的反感與抵抗。

四、宗教教化的影響

16 世紀崛起的歐洲海權國家東來亞洲，不僅在政治、軍事和經濟上相對抗，在宗教上也相互競爭。尤其宗教改革後，天主教在歐洲大陸慘遭打擊，不少國家歸附新教，信奉天主教國家如葡萄牙、西班牙，乃紛紛往海外擴展傳教活動與事業，因此西班牙在台傳教遠比荷蘭更為積極。

整體而論，荷蘭為維持在台勢力及遂行殖民統治而實施教化事業，教化主要是提高行政效果，傳教隸屬行政組織中的一環，故行政為主，教化只是附帶作用。而西班牙則把傳教當作一種「事業」來經營，相對獨立於行政之外，且關心傳教更甚行政，占據北台灣的理由，傳教本來就是目的之一，一方面向台灣傳播福音；另一方面以台灣作為向中國大陸及日本拓展傳教事業版圖的跳板。

換言之，荷蘭把傳教作為手段，以輔佐殖民地的征服與統治，誠如連雅堂在《台灣通史》所言：「教以為隸而已」；相對地，西班牙視傳教

為目的，以尋覓新天地來擴張其海外的宗教勢力。此種情形，由 1626 年西班牙進占北台灣時即有多位傳教士隨行來台，而荷蘭於 1624 年占領南台灣 3 年後之 1627 年始有第一位傳教士赴台就任的事實來看，荷西兩國對台灣殖民地最初的宣教態度是否積極，立可判若分明。

荷西兩國在台的宗教教化，對當時以及日後的島上人民帶來何種影響？首先，就殖民者角度而言，教化事業活動在維持統治支配及擴張勢力上發揮了一定的作用。如荷據末期原住民甚少叛亂，顯見其教育已收到相當大的效力，甚至原住民變成荷蘭忠實馴服的工具，轉為壓制漢人的最大力量，從郭懷一抗荷事件即可充分得到證明。

其次，以被殖民者立場觀之，透過傳教及教育活動，促進了台灣原住民與歐洲民族之間的互動，也因信仰西方宗教而獲致知識的啟蒙，使原住民文化向前推進。如西班牙據台期間，凱達格蘭族人也學習外來語，略懂西語或能閱讀西文書籍者亦不少。諸如此類的影響固然有其正面的意義，但相對地也失去了原住民本身原有的宗教信仰和文化。

另外，荷蘭人創造的新港文，使西拉雅族人擁有自己的文字，有助於原住民生活文化記錄與傳承。甚至荷蘭人離台 150 年後之 19 世紀，西拉雅族人還依然繼續使用，從滿清時期流傳下來的新港文書或俗稱的「番仔契」（不懂漢文的原住民為保障自身權益，在與漢人訂立土地契約時，於漢字地契文書旁邊另以新港文註記並列對照），不難理解荷蘭人的教化事業對台灣原住民有相當程度的影響。

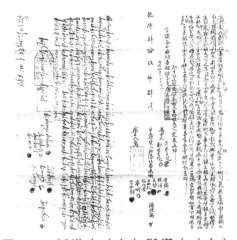

圖 4-6　新港文（左）與漢文（右）並列的「番仔契」

依據清領時期的余文儀續修《台灣府志》卷 14〈番社風俗・台灣縣條〉記載：「習紅毛字者曰教冊，用鵝毛管削尖，注墨汁於筒，蘸而橫書，自左而右，登記符檄錢穀數目。暇則將鵝管插於頭上，或貯腰間。」；又《諸羅縣志》卷 8〈風俗志・番俗考・雜俗條〉敘述：「習紅毛字，橫書為行，自左而右，字與古蝌篆相彷彿。能書者，令掌官習符檄，課役數目，謂之教冊仔。」所謂「教冊仔」是閩南語「教師」的譯寫，清代對於會寫「紅毛字」（新港文）的人仍稱為教冊仔，這是從荷據時期原住民充當學校教員演變而來，因為他們文化水準較高，在清代被充作書役任用。可惜的是，清領時期在強勢漢文化影響之下，台灣原住民逐步被漢化、儒化，寶貴的文化資產新港文也終致滅絕而消失。

第二節　明鄭與滿清時期的儒化教育

一、中原儒家教育的移植

1662 年鄭成功驅逐荷蘭人並在台灣建立統治政權起，至 1895 年因馬關條約滿清割讓台灣予日本，前後凡 230 餘年間，歷經鄭、清兩代政權的轉換與更迭，台灣的教育面臨另一種新的衝擊和挑戰。

鄭氏集團原係漢民族，在台灣的統治沿用明朝體制；而滿清雖屬中國東北女真族（滿族）所建立的政權，但其典章制度基本上仍因襲前朝明制。因此，鄭、清兩者政權在台治理措施的最大共同特色，即是引進中國傳統的中原文化思想與制度。在教育方面，移植以儒家思想、價值觀為中心的教育體系及科舉制度，其教育本質就是儒化教育，對台灣原住民而言可謂是漢化教育。

此套儒化教育模式的建立與施行，完全顛覆了以往荷西據台時期宗教教化之性質，教育不再是宗教信仰的附屬品，而是獨立的系統，且和晉身社會上流階級的科舉制度緊密結合。這對島上的人民，尤其是原住民而言，無疑地又必須去接納和適應另一套不同的教育文化。

儒家教育在台根植始於鄭經
時代推行的文教政策，眾所周知
的「全台首學」，台灣最早的學府
台南市孔廟於焉誕生。可是，所
謂「首學」係純粹站在儒家本位
的思維立場而論，在此之前台灣
並非沒有學校，前節已述，荷西
時期已經設有具備學校性質的教
育機構。

圖 4-7　「全台首學」台南市孔廟

中國儒家教育施行下的學校機關，除人格道德的養成和知識學術的
傳播外，主要目的是培養統治階層的官僚。政府藉由科舉考試拔擢人
才，而人民欲進入宦途則必需透過學校系統和科舉制度，入學及科考是
出仕的基本必經途徑。因此儒家教育與科舉制度密不可分，常言道「金
榜題名」、「學而優則仕」就是明例。

二、鄭氏政權的儒化教育

明鄭的教育規制是從鄭經時代，在諮議參軍陳永華擘畫下展開。
1665 年陳永華建請鄭經「建聖廟、立學校」以教化育民，薦舉英才。鄭
經採納其建議，乃擇定承天府的寧南坊興建先師聖廟（即今日的台南市
孔廟），旁置明倫堂，隔年正月竣工落成。台灣歷史上首座孔廟就此成
立，象徵儒家思想文化開始在台生根，也開啟了儒化教育在台灣島上的
先驅。

鄭氏政權組織大致仿照明朝體制，中央設置吏、戶、禮、兵、刑、
工六官，其中禮官職司最高教育行政。在學校系統方面，禮官下設置中
央最高學府的高等教育機構「學院」（如同明代之國子監，相當於太
學），由陳永華主持。學院下設立地區性的中等教育機構「府學」、「州
學」，以及初等教育機構的「社學」（亦稱小學）。

在實際運作上，陳永華規劃學校教育、科舉考試、選才用人三者合而為一的一貫制度。當時規定凡年滿 8 歲入社學，聘請中土的通儒碩學來台教授。天興、萬年兩州每 3 年舉辦 1 次州試，州試合格者送府，府試有名者送學院，院試成績優異者准入學院就讀。在學院修讀中，按月考課，並依成績優劣給予廩膳津貼。修業 3 年後參加每 3 年舉行 1 次的政府用人大試，成績優秀者補六官內都事，擢用遷陞。由此可知，當時設學校主要目的在於培育國家公務員及官僚，學校可說是準備科舉考試的場所，透過學校教育來訓練與考核選拔政府可用人才。

除上述官方推行之教育事業外，尚有一些博學鴻儒未在朝為官，隱居鄉里，設塾教導維生，從事民間文教活動，致力於識字讀書之基礎漢學教育。例如：極富盛名而素有「開台文化祖師」之稱的沈光文（1612-1688年，字文開，別號斯菴），1652 年流寓來台，輾轉居於台南，鄭成功曾以賓禮相待並授與田宅，但鄭經時代因得罪當道，為保命乃遁入民間，於現今之台南市善化區、高雄市內門區等地開館授徒，教導漢人和原住民孩童。沈光文歷經荷據、鄭氏三代及清

圖 4-8　「台灣孔子」沈光文圖像

領初期，在台教化 30 餘年，將儒家教育帶入平民基層，贏得「台灣孔子」之美譽。清代諸羅縣知縣季麒光即曾讚曰：「台灣無文也，斯菴來而始有文也」。

三、滿清帝國的儒化教育──學校機構

清領時期台灣的學校教育機構，其種類概可分為下列 5 種。

（一）儒學

政府興辦的公立官學教育機關，屬正規的官方學校系統。入儒學者需具有生員（秀才）資格，因此儒學是標準的科舉訓練場所，也是日後出仕當官的墊腳石。基本上，儒學設在孔廟所在地，所謂「左學右廟」的廟學制度是為定例。孔廟主體為大成殿，而學校主體則為明倫堂，號

圖 4-9　台南市孔廟的大成殿

稱「全台首學」暨清代台灣地區最高學府「台灣府儒學」的台南市孔廟，即依此傳統禮制的建築規矩而建。

滿清對台灣儒學的設置並不積極，除初期的一府三縣（台灣府、台灣縣、諸羅縣、鳳山縣）在行政劃分時即設立之外，其後隨行政區劃調整或新設，各地儒學均在數年或數十年才設置。例如：雍正元年（1723）新設的淡水廳，其儒學延宕 94 年後始建，而澎湖廳儒學則始終未設。

圖 4-10　台南市孔廟內的明倫堂，為清代台灣地區最高學府「台灣府儒學」

（二）社學

以公費設立、屬於特殊簡易的官學設施，一般分為漢人社學與原住民社學兩種。前者設於鄉鎮，其用意在於照顧居住偏遠地區之學童方便就學，施予啟蒙的識字教育。領台初期的 17 世紀末葉（康熙年間），台灣知府蔣毓英於府城及鳳山縣設置 3 所社學，為台灣社學創立之始。18 世紀以後遍及中南部各地，至朱一貴事件後此類社學漸告廢弛，其功能多由義學取而代之。

後者的原住民社學，主要是針對平埔族地區之原住民施行漢（儒）化教育，課程為讀漢書、習漢字的基礎啟蒙教育。康熙 25 年（1686）諸羅縣知縣樊維屏在西拉雅族 4 大社：新港社、目加溜灣社、蕭壠社、麻豆社設立社學，是為清代台灣官設原住民社學之濫觴。雍正 12 年（1734）分巡台灣道張嗣昌建議普設社學，並規定各所置社師 1 人。及至乾隆年間，此類社學全台已達約 50 所之多。

諸羅縣儒學教諭的盧觀源於其著作

圖 4-11　原住民社學社師教導孩童的情形

《台灣風物吟》中記載：「番社設社師，教番童衣冠讀書，與漢人無異。」隨著平埔族急速漢化或遷徙，多人紛紛改入義學或私塾就讀，18 世紀末至 19 世紀中之嘉慶、道光年間以後，原住民社學制度已無存在必要，遂逐漸式微而殆告中絕。原住民社學的設置重點在於推行漢化教育而非為科舉考試，意圖從文化根基上徹底改變原住民傳統，同時也改易昔日荷西時期宗教教化為本質的教育內涵，在清代治台之漢化政策上著實發揮極大的作用。

（三）義學

亦稱義塾，原本導源於社學，社學逐漸沒落後改以義學替代。義學早期由官府興辦，後期則由官民捐資合建或民間文人縉紳義捐創設為多，係專為孤苦貧寒子弟實施啟蒙教育之場所。入學資格或招收名額無特別限制，師資大抵延聘生員擔任，且不收束脩（學費），在歲考月課時亦發給成績優異者膏火（獎學金）。教學內容方面，初以讀書寫字之基礎啟蒙教育為主，其後進一步發展為準備參加科舉為目的之課程。規模較大且經費充足的義學，甚至已具有書院的性質與功能，不再是提供貧困學子就學而是準備科舉應考的學校。

（四）書院

性質介於官學與私學之間，有別於官方儒學的另一種民間教育系統。因官府設立儒學並不積極，而社學、義學和民學講授內容多屬基礎啟蒙教育，往往無法滿足學子需求，在此情況下書院乃應運而生，成為清代台灣教育的重要主流。

清領初期，為防範反清思想運動復燃，嚴禁人民集會結社，也包括文人知識份子的結合，因此對於書院的設立採取壓抑政策。直至康熙 43 年（1704），台灣知府衛台揆將原來台南的東安坊舊義學改建為崇文書院，台灣首座典型書院才正式成立。雍正 11 年（1733）起，滿清對於書院的態度由最早的壓迫、消極轉趨積極鼓勵，雍正皇帝正式明令各省會建立書院。乾隆元年（1736），乾隆皇帝登基即上諭曉示「書院之制所以導進人才，廣學校所不及」，鼓勵倡建書院，以補儒學之不足。在此獎勵興學措施之下，台灣的書院如雨後春筍般興起，而且隨著漢人拓墾開發的腳步逐漸遍及各地。

台灣的書院大都由義學改建而成。書院的主講名為山長（後改稱院長），由進士或舉人出任。學生來源、入學資格，乃至於名額規定等非常多樣化，有書院自行甄選才俊之士，也有招收儒學或義學推薦來的生員、童生等。書院設有齋舍提供學生住宿，學生除聽講與考課之外，平時自行在齋舍排定讀書日程（功課表），按表自習。院長亦

圖 4-12　台南市蓬壺書院，建於光緒 12 年（1886）

居於書院內，與學生共起居，遇有疑難則隨時予以解答。每月定期舉辦月課考試，並依成績給付膏火以資勉勵。由於書院無修業年限規定，且不需繳交束脩學費，優等生更可領取膏火獎金，以致於有「貪微末之膏火，甚至有頭垂垂白，不肯去者」而賴在書院的奇特現象。

　　書院成立的宗旨在於興賢育才，本具有私人講學和研習學問之精神，並重視品德學識兼顧的人格教育。但是台灣的書院較偏重應付科舉考試，入院就學的目的大都為求取功名，書院講授的內容也多與科舉有關，已漸失書院原有的功能而類似科舉考試的先修班，有如今日的補習班。另外，書院結業並不能取得任何學位或資格，也非應考科舉之必要條件。

（五）民學

　　即民間的私學，又稱私塾、書房、學堂等。其成立型態約有三種：讀書人自行開設以謀生；鄰保鄉里聚資合設，延師以教導家鄉子弟；豪門富戶聘請教師至家中教讀，兼收附讀學生。民學之教育目的，一方面培植學童讀書識字的基礎能力，以應付生活需要；另一方面獲取科舉考試所需知識，為日後參加科考預作準備。

　　民學教育頗具彈性，有些甚至配合農業社會生產活動而採季節性開館。教職大都是儒學的生員，施予個別教學。民學除殷商富紳自家開設者之外，教室多以教師自宅或寺廟充用，設備簡陋，學生皆須自備桌椅。而學生繳交之束脩（學費）、贄儀（入學金）或節儀（過節時之教師金）等，視家境貧富酌量繳納，並無一定標準，有時不足維持教師生計，家長另送米、菜、炭、油等實物以資補貼。

　　此外，學童入學的「開蒙」儀式甚為隆重，雙親與塾師擇定良辰吉日後，學童攜帶象徵聰明的蔥、會珠算的蒜，以及長久讀書的韭菜，至私塾先敬拜孔子神位，再拜師學藝，最後拜見同學相互認識。因此，蔥、蒜、韭菜在台灣民俗觀念上別具意義，是有其源由典故。

四、滿清帝國的儒化教育——科舉制度

　　清代學子入學肄業的動機，除部分為學習基礎之書算，以為日後謀生立業之應用工具外，大多為將來應付國家科舉考試預作準備。因此，除早期的原住民社學外，其餘學校或多或少皆與科舉考試有密切關聯，

儼然成為配合科考而設的預備先修班，接受教育、寒窗苦讀的最高目標就是參加科舉，進而榮登仕途以光耀門楣。故要理解滿清時期的台灣教育，勢必亦需瞭解當時的科舉制度，茲概述梗要如下。

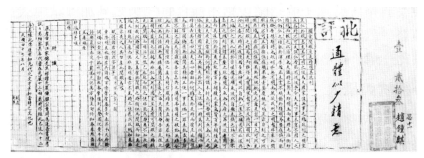

圖 4-13　前清秀才趙鍾麒於蓬壺書院之月課試卷

康熙 25 年（1686）分巡台廈兵備道周昌奏請台灣開科取士獲准，翌年台灣正式舉行科舉考試。大體而言，科舉制度由低而高，按次分為童試、鄉試和會試三級，錄取者依序稱為生員、舉人和進士，考試內容則以八股文為主。

（一）童試與生員

童試是科舉制度最初級的考試，每 3 年舉行 2 次，應考者無論年紀大小，統稱為童生。童生需經過知縣主持的縣試、知府主持的府試，以及提督學政主持的院試三道關卡始得成為生員（秀才），方能進入儒學就讀。各儒學招考有一定的名額，清領初期由於台灣人口不多，文風尚未鼎盛，而清廷給予台灣儒學的名額不少，以致吸引許多中國內地失意的考生渡海來台赴試，因而產生了冒籍應考、兩地重考或頂名混冒等諸多不公平的現象。

生員可免除徭役、丁稅，且不得施以笞刑，身份已與一般庶民不同，社會地位開始爬升，唯尚未具有任官資格。原則上，生員平日在家開館授徒，只在按規定之月課季考或歲考、科考，或者都撫到任、學政按臨時，才去儒學應試及聽講。

生員肄業期滿有三種升遷途徑，一是到書院繼續進修；二是被優選為貢生，進入國家最高學府的國子監就讀；三是應試歲考科考之資格考試，通過者即可參加下一階段的鄉試。其中，第二所指的貢生僅具形式上的空銜資格，於國子監結業後猶不能任官，仍須參加鄉試中式後始有當官資格。若是生員無法更上層樓，通過鄉試窄門，因不得中輟轉業，可能就此一輩子設塾維生，當個「窮秀才」終老其生。

（二）鄉試與舉人

鄉試錄取者為舉人，具有任官資格。鄉試每 3 年 1 次於各省會的貢院考場舉行，因此台灣的生員必須冒險橫越台灣海峽到福州應試，以致早期赴閩應考者寥寥無幾。清廷為此特於康熙 26 年（1687）開科取士時，詔准另編台字號於額外，提供台籍考生有 1 名舉人的保障名額，當年鳳山縣人蘇峩即援引此例而中式，成為台灣第一位文舉人。其後數度增

圖 4-14　過去科舉考生也會作弊，本張原尺寸約 6 公分見方的小抄，可藏於掌心

額，至道光 8 年（1828）定額為閩籍至字號（「台」字略寫）3 名和粵籍田字號（「廣」字略寫）1 名，共計 4 名，台灣建省後則以 7 名為定例。因有保障名額制度，冒籍應試等情形也層出不窮。

（三）會試、殿試與進士

鄉試後的隔年，全國舉人匯集京師的貢院考場，參加也是每 3 年舉行 1 次的會試。考取會試者稱為貢士，貢士再參加朝廷主辦的殿試（亦稱廷試），分三甲正式錄取進士。一甲 3 名賜進士及第，即眾人熟知的狀元、榜眼、探花；4 至 10 名列入二甲賜進士出身；三甲若干名賜同進士出身。

對於進京趕考的台籍舉人而言，水陸長途跋涉更屬不易，清廷乃於乾隆 4 年（1739）仿效鄉試前例，決議倘若台籍舉人達到 10 人，則准設進士保障名額 1 名。但此項優惠直到道光 3 年（1823）台灣考生達 11 人才真正援照適用，該年運用此例而中進士者，就是被稱為「開台進士」的鄭用錫。事實上，在此之前已有王克捷於乾隆 22 年（1757），以及莊文進於乾隆 31 年（1766）不依保障名額而考中進士。

五、儒化教育的影響

鄭氏政權奠定儒家教育在台發展的基礎，並配合科舉選才，培植民力對抗滿清。而滿清帝國亦引進以科舉為中心的中原文教制度與儒家教化體系，延續並深耕儒家教育文化思想。鄭、清兩者政權推行中國傳統式儒化教育，均給台灣帶來廣泛而深遠之影響。

首先，面臨最大衝擊的，毋庸置疑就是原住民。無論官方或民間文人所推動的漢（儒）化教育事業，都成為原住民文化發展上新的重大障礙與阻力，尤其清代實施的原住民社學制度，加速了新港文的沒落以及平埔族自我語言的流失。清領時期推行設社學、改風俗、賜漢姓等三項漢化政策措施，促使過去「鵝筒慣寫紅夷字」的原住民孩童，在上過社學後開始「琅琅音韻頌關雎」，不僅能讀四書背毛詩，而且服飾風俗上「薙髮冠履，衣布帛如漢人」（以上引自《番社采風圖考》）。易言之，原住民漢化政策下的教育，即是伴隨統治政權而來之優勢中原儒家教育的移植，亦為擺脫昔日異國宗教教化色彩之去荷西化的過程，同時也是原住民傳統社會與文化解體以及固有語言淪喪的歷史。

其次，此時期設置之社學、義學和民學等初級教育機構深入鄉里，實施基礎啟蒙教育，將識字、讀書、習字與算學等知識技能帶入基層平民，滿足大眾子弟學習需求，這對於庶民的啟迪教化以及文化傳承，確實有重大貢獻。而且在官方推廣下，學風漸臻，民間也開始認知到教育的重要性與價值，移民來台甚至已落地生根的漢民族，在現實生活和經濟上無虞之際，得以接受與本身極為貼近且熟稔之漢文教育，便捷地汲

取知識與謀生技能。同時，無論清寒子弟或何者族群，均有同等機會憑藉科舉晉身，求取功名而獲致顯身耀祖之階。

再則，功利取向的科舉制度，不僅成為推行地方教育之原動力，也造就了台灣社會領導階層的流動與文人仕紳集團的形成。台灣海洋文化性格強烈，商業活動素來極為暢旺，而明清時期漢人移民不斷湧入台灣開拓，移墾社會逐漸成形，於是經商致富的豪商和坐擁田宅租佃的地主，乃成為早期台灣社會代表權貴之資產階級。入清初期，因台灣地處邊陲，吏治敗壞，加上島內械鬥民變或漢「番」衝突頻仍，以致尚武精神濃厚，人民藉捐餉募勇或協助官府平亂以獲取軍功頭銜，遂成為竄升進入社會上層的另一管道。直至清朝中葉的嘉慶、道光年間，由於文教興起，各種學校普設林立，加諸科舉功名之誘因，學風從此大開，透過教育和科舉而躍登龍門的文人縉紳階級成為社會的菁英，在地方上也構成一股頗具影響的新興勢力，縱使在當今的台灣社會，我們也不難發現此種文化特質的遺風留存。

第三節　清領末期的新式教育

一、再度迎向海洋文化的新式教育

19 世紀以降，中國滿清面臨驚天動地的大變局。歐美列強挾持船堅砲利侵犯中國，並逼迫簽訂不平等條約。而沈醉於天朝舊夢的古老中華帝國，面對一連串頓挫與壓迫，激起憂患意識，展開洋務運動。如此巨大的歷史轉變，也牽動並影響台灣社會與文化的發展。

首先，依天津及北京條約，台灣的安平、打狗、淡水、雞籠四口於 1860 年陸續開埠對外通商，納清之後的台灣再度走向世界海洋文化。外商洋行商業資本和領事外交政治勢力湧入台灣之餘，西方宗教團體也隨之順勢進入台灣。自從 17 世紀大航海時代的荷西殖民政權退出台灣後，西教便中斷，其宗教教化之教育事業亦從台灣歷史舞台上消失。在相隔

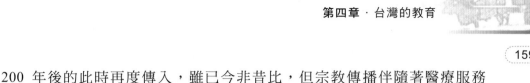
200 年後的此時再度傳入，雖已今非昔比，但宗教傳播伴隨著醫療服務與教育活動，尤其西洋醫學和富有近代科學新知識的教育內容，以及西式學校體制之建立，為台灣的教育領域開啟了一扇全新的門窗。

其次，經歷牡丹社事件、中法戰爭及其他涉外事件，滿清深感台灣地位重要而於光緒 11 年（1885）建省，前後並派遣洋務派人士主持台政。首任台灣巡撫劉銘傳積極推動台灣近代化建設，將中國內地展開之洋務新政引進台灣，在教育政策上主張「變西法、罷科舉、開西校、譯西書、拔真才」，其中也興辦了西式科學技藝內涵的學校教育設施。

在此歷史背景之下，清領末期的台灣出現有別於傳統儒家教育與八股科舉截然不同的新式教育，於邁向近代化教育之進程上，乍見一道黎明前的曙光。

二、西教西醫與西學新式教育——南台灣

台灣開港以後，允許外國傳教士自由進出台灣，通商口岸立即成為西方各教派傳道布教的據點。其中最積極，影響也最為深遠的，首推基督教長老教會。同治 11 年（1872）該會協議以大甲溪為界，南北分別隸屬英國及加拿大之教區，南部以府城台南與打狗高雄為中心；北部則以淡水為主要宣教地點。

基本上，長老教會來台傳教以前，已於中國廈門和汕頭等地累積一定程度的經驗，尤其在語言及傳教技巧上做足充分之準備。譬如：確立以羅馬字拼寫地方方言，以便傳教士學習當地語言和翻譯聖經；同時，藉醫療治病作為宣揚宗教的媒介，以期在台布道能獲致較佳之成效。因早期來台的宣教師均會遭受民眾與官府的抵制、威脅和羞辱，故透過學習方言、醫療服務及慈善教育事業等輔助其傳教活動，遂成為重要之工作，也因而造就了台語方言羅馬字化、西洋醫學和近代新式教育在台萌芽發展的契機。

　　同治 4 年（1865），擁有醫學背景的英國長老教會宣教師馬雅各（James L. Maxwell）渡海來台，先後在台南府城、打狗旗後（高雄市旗津區）等南台灣一帶行醫兼布道。之後於台南成立教堂和醫館，此即現在台南市新樓醫院的創建歷史，台灣首座西式醫院及近代醫學教育之發端就在南台灣紮下根基。另外，馬雅各引進教會的羅馬字書寫系統，將台語白話方言以羅馬音拼寫成「白話字」，並以此教導台灣民眾閱讀聖經，為日後推行的白話字運動奠定重要的基礎。

　　接著又有一位牧師甘為霖（William Campbell）聘任來台傳教，其最大貢獻就是致力於盲人教育的社會救濟事業。光緒 17 年（1891），甘為霖於台南創設盲人學校「訓瞽堂」（今日台南啟聰學校的前身），為台灣啟明學校之濫觴，也是台灣特殊教育的先聲。

　　南部的英國長老教會為求有效地宣揚教義並廣納信眾，於是規劃興辦學校，藉此培養本土的傳教人員以協助教會傳道。光緒 2 年（1876），巴克禮（Thomas Barclay）牧師於台南創設「大學」（因就讀者皆為大人，故名），此即現今的台南神學院。

　　大學草創初期招生極為不易，且招募的學生大都是來自勞動階級而無

圖 4-15　台南神學院

教育基礎的青年。課程除宗教學科外，亦教導白話字和自然科學知識，同時重視實務經驗之養成，安排有實習課程，經常帶領學生外出布道，週六日則師生徒步前往新市、麻豆、佳里等地傳教。

　　巴克禮另一項偉大成就，就是推展白話字運動並創辦台灣最早的第一份報紙《台灣府城教會報》。當時台灣文盲人數不少，且社會低下階層的人經濟上無力負擔就讀私塾書房之費用，於是巴克禮積極推廣白話字，並譯寫聖經聖歌和書刊，讓民眾得以識字，進而能閱讀西教相關書籍以汲取知識與訊息。

此外，巴克禮運用台灣史上第一部西式印刷機，於光緒 11 年（1885）創刊以白話字書寫印行的《台灣府城教會報》（Tâi-Oân-Hú-siⁿ Kàu-Hōe-Pò，即今日《台灣教會公報》之前身）。內容包括教義宣傳、教會活動通報，以及時事、天文地理和科學新知等，不僅是教友與教會間資訊傳遞之橋樑，同時也發揮了啟迪民智和大眾傳媒社會教育的功能。

當時在南台灣加入教會或就讀神學院大學者，無論平埔族或是漢人，大半皆屬社會低下階層的勞動者居多，本身並無豐富的知識根基。因

圖 4-16　《台灣府城教會報》創刊號第 1 張

此，長老教會體認到欲健全神學院素質並廣拓招生來源，猶必須往下紮根延伸至基礎教育，特別是中等教育，一方面既可培植就讀神學院的預備人才；另一方面亦可作為師範機構，以培育各地教會附設小學所需要的師資。

在此情況下，教會乃派遣余饒理（George Ede）牧師來台籌備，於光緒 11 年（1885）正式成立「長老教中學校」，為台灣史上第一所中學，亦即今日台南長榮中學之前身。中學校規定入學需年滿 12 歲男生且要會懂白話字，課程除宗教科目以外，也涵蓋算術、漢文、中國史地與自然科學等學科，教材則使用白話字印製之書籍。

另外，中國一向重男輕女，「女子無才便是德」根深蒂固主導著傳統社會的教育觀念，教會也關注到女子教育的問題。於是在李庥（Hugh Ritchie）牧師的努力，以及朱約安（Joan Stuart）與文安（Annie E. Butler）兩位女傳教師繼承遺志之下，於光緒 13 年（1887）創建「台南長老教女學校」，此係今天台南長榮女中的前身。

　　女學校草創之初，因台灣民風保守，加上男尊女卑的傳統習俗，推展女子教育殊屬不易。為打破封建社會對女子的歧視與束縛，入學除規定需年滿 8 歲外，就是嚴禁纏足，若已纏足，則需先解開始能就學。學習科目包括宗教課程、白話字、漢文和近代新知識等，且安排各種女紅家政相關課程。

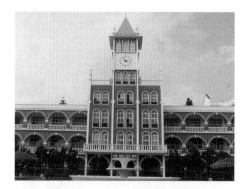
圖 4-17　台南長榮中學

圖 4-18　台南長榮女中

三、西教西醫與西學新式教育──北台灣

　　上述為英國長老教會在南台灣推動教育事業之情形，至於北部方面則屬加拿大長老教會的馬偕（George L. Mackay）牧師貢獻最為卓越。同治 11 年（1872）馬偕於淡水登岸，開始展開獨自在北台灣的傳教工作。為克服語言障礙以及地方民眾的反感，他學習台語並從事醫療服務。

　　另外，馬偕也致力於培養本土傳教人員。早期因受限各種條件，其教育方式並無固定的地點和時間，而是利用如傳道旅途等各種機會場合，隨時隨地訓練學生，可謂是「以蒼天為頂，以青草為蓆」的露天教育，當時亦被稱為「巡迴學院」。光緒 6 年（1880）馬偕返國述職，經加拿大魁北省牛津郡鄉親熱情捐獻，募得辦學資金，北台灣首座培育神職人員之西式學堂，亦為台灣最早的學院「理學堂大書院」正式於光緒 8 年（1882）創校成立。為感念並答謝牛津郡居民的捐助，乃取名為「牛津學堂」（Oxford College）。

　　學堂教授內容除神學外，尚有漢文、白話字、歷史地理、地質礦
物、動植物、生理衛生、醫學解剖、物理化學、算術、初等幾何以及音
樂、體操等科目，課程頗為廣泛豐富且具近代新式教育特色，明顯與傳
統的儒家教育內容大相逕庭。

圖 4-19　馬偕所規劃的牛津學堂　　圖 4-20　馬偕於牛津學堂授課講學情形

　　馬偕也相當注重婦女的教育和宣教工作，在台籍妻子張聰明協助
下，於光緒 10 年（1884）創辦「淡水女學堂」，以培植女性的傳教人
員，為台灣第一所女子學校，開啟台灣教育史上女子教育之先河。草創
階段與前述之台南長老教女學校相同，面臨男尊女卑的封建社會觀念，
招生極為困難。當時入學的女學生多為宜蘭噶瑪蘭族人，為吸引更多學
生就讀，不僅學費全免且提供食宿與衣著，並有旅費補助等優惠條件。
課程大抵以宗教及一般學科為主。

　　牛津學堂經數度易名及遷校，成為現今位在陽明山的台灣神學院。
而淡水原校址由馬偕長子偕叡廉於日治時期另設淡水中學校，戰後與淡
水女中（前身為淡水女學堂）合併，成為現在的淡江中學。另外，在牛
津學堂所在位置上，長老教會於戰後再成立淡水工商管理學校，即今日
的真理大學。牛津學堂遂成為台灣神學院、淡江中學、真理大學三校共
同的搖籃及精神象徵。

▓ 四、劉銘傳洋務新政下的新式教育

中國新式學校教育之創始，可見於同治元年（1862）在北京成立的同文館，其目的在培養翻譯人才，以吸收西洋學術，而台灣洋務新政下的新式教育，基本上也是依循此一脈絡而展開。自從洋務派之沈葆楨、丁日昌先後來台銳意興革，再經劉銘傳繼承前人革新政策，在文教方面乃試辦新式教育學堂，採用歐美新學制，以養成通達時務及洋務運動所需之人才。

光緒 13 年（1887）劉銘傳創立「西學堂」，其教授科目主要是英文及法文等外國語文，另外也開設歷史、地理、數學、測繪、理化和漢文等普通學科課程。師資陣容堪稱齊備，擔任學堂總監為曾留學國外之張爾城，負責教導外國語文則有英國人轄治臣（Hating）及丹麥人布茂林（Pumolin）等，此外也延攬國內有名學者，教以經學、藝文。西學堂每期甄選年輕優質之士 20 人入學，至裁撤前總計招收學生共有 64 人。學生在校一切費用均由政府支付，且依資格高低另給予廩膳費和膏火。西學堂創設之宗旨，一方面培養外交所需之翻譯人才，以應付通商和籌防有關交涉事宜；另一方面研求機器、煤礦、鐵路所需圖算、測量及製造之科學知識與技能，以培育近代化建設的人才。

光緒 16 年（1890）劉銘傳再興辦「電報學堂」，招收西學堂及福建船政學堂電信學生入堂肄業，學習有關電報通信各種技術，以培養司報生與製器手等專技人才，可說是台灣職業學校的開端。唯學堂不及一年便告撤除停辦，也僅招收 10 名學生。

除上述兩所官設之新式教育機構以外，針對原住民另設有「番學堂」，將漢化儒家教育措施推展至高山族區域。光緒 16 年（1890）於台北創校，招募桃園一帶高山族頭目或有勢力之子弟 20 名入學，給予公費並提供宿舍與衣食文具。學制大致仿照私塾，課以讀書寫字，教授四書五經等漢文和算學，旁及官話、台語以及生活起居禮儀等課程。每 3 日

由教師引導至城內市街，接觸並學習觀摩漢人風俗民情，以收潛移默化之效。修業 3 年，成績及格方得畢業，學成返鄉歸山後負責感化眾族之職，成績特別優異者甚至享有儒學生員的待遇，此即通稱的「番秀才」。

　　無論新式教育或原住民漢化性質的學堂，在光緒 17 年（1891）劉銘傳離職後悉數遭裁撤而廢止。繼任的台灣巡撫邵友濂以財政短絀為由，緊縮洋務規模，加上滿清治台政策轉趨消極，劉氏推動之自強新政未克奏效即功虧一簣。而中國自行規劃創建之新式教育亦僅在台灣教育史上曇花一現，便終至盡歸泡影。

圖 4-21　劉銘傳圖像

五、新式教育的影響

　　台灣的開港與建省，是清領末期台灣歷史上深具關鍵性之變局。外國勢力重返福爾摩沙，中國內地洋務運動導引匯入台灣，在內外衝擊與交錯之下，促成新式教育在台灣生根萌芽和發展的重要契機。西方宗教的傳入也引進西洋醫學與文化教育，許多當年興辦創設的醫療機構或學府名校至今依然佇立，繼續造福島民，化育莘莘學子，春風化雨，百年傳承，自然有其長遠之影響。但相對而言，劉銘傳的教育新政，雖將中國洋務文教事業實驗性地移植到台灣，然而此類富有近代科學技藝之新式教育學堂，長則 3 年多；短則未及一載即宣告結束，對台灣的影響可說是渺乎其微。

　　就單純以西教伴隨而來之教育事業而論，基督教長老教會本著人道主義立場，竭力於民眾的啟蒙教化，為台灣帶來近代科學新知、西方醫學和西式教育內容，對啟迪民智及社會變革有其不可磨滅之貢獻。

圖 4-22　英國基督教長老教會台南教士會全體宣教士合照。前排左起第 1 人為
　　　　蘭大衛醫師（彰化基督教醫院創始者），第 4、5 人為甘為霖牧師夫
　　　　婦，最右為巴克禮牧師；後排左起第 2、3 人為馬雅各二世醫師夫婦

　　在教育領域方面，除建構粗具近代學制的學校教育體系之外，尚且
延伸觸及包括：白話字的基礎識字教育、為盲人社會福利救濟事業的特
殊教育、注重婦女受教權之平等教育、大眾傳媒的社會教育等範疇。雖
說如此，教會之新式教育畢竟仍以傳播福音為主要目的，偏重宗教意涵
和教徒信眾為對象，屬民間性質的教育事業，基本上猶有其侷限性。然
而，在面對和環顧當時以傳統儒家漢文教育與應考八股科舉為主流價值
的教育環境中，既為殊例也是異彩，基督教長老教會確實在台灣近代教
育發展史上，扮演極重要的開拓者角色。

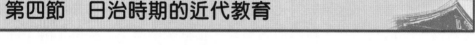 第四節　日治時期的近代教育

一、烈日當空下的殖民教育

　　1895 年馬關條約簽訂，台灣成為日本的殖民地。因日本毫無統治殖
民地之經驗，最初並未確立一套完整的施政方針，其教育政策乃隨著本
島情勢以及日本國內和國際局勢等變化，順應現實需要，採臨機應變辦
法不斷摸索、試驗、修正與調整。由初期標榜無方針主義，進而於中期
揭櫫內地延長主義，直至末期則推動皇民化運動，以漸進原則次第建構
在台的殖民教育體制。

　　日本統治下的台灣可謂是近代教育制度的發軔期，其特徵係以近代化取向的西式新教育內容，逐步追求同化主義為目標。透過日語教育以及「帝國臣民」意識型態之灌輸，企圖將台灣人塑造成為利害與共、「忠君愛國」的日本皇國民。而殖民政權下的教育制度，其本質具有濃厚的差別待遇和種族隔離之色彩，縱使日治中期強調「日台一體」、「內台共學」，唯歧視台灣人的不平等教育內涵，依然未見改善。

　　半世紀的殖民統治，台灣人民首次體驗到以國家力量興辦普及全面性教育之歷史。易言之，殖民國家權力積極介入公教育領域，依據近代法令，藉由日本語言文字為媒介，對象不分男女、階級、族群與地區，按規定之年齡層或學力資格，採集體教育方式，有組織、有系統地授予宗主國所認可的價值和知識體系。並且漸次構築初等、中等、高等各級學校教育，乃至於師範教育、職業教育與社會教育等廣泛層面的近代教育體制。

二、初期（1895-1919）：日語普及教育與體制的建立

（一）初等教育

1. 學校教育機關

　　1895 年日本公布「台灣總督府臨時條例」，規定掌管有關教育行政由民政局學務部辦理。首任學務部長伊澤修二，在其語言同化政策構想下，首先於台北士林芝山巖，設立台灣第一所招收台灣學生學習日語的學校「芝山巖學堂」，此為台灣國民教育之濫觴，同時也是日本向海外異民族傳授日語的開

圖 4-23　日治初期的芝山巖學堂

端。該學堂在往後歷史數度更名後，發展成為今日的台北市士林國小，可說是台灣的第一所小學。

翌年 1896 年總督府擴大日語傳授計畫，於全台重要城市設置「國語傳習所」，[1]已漸具初等學校之雛形。其中恆春國語傳習所另設有分教場，為原住民接受西式教育及日語教育之先驅。直轄總督府的國語傳習所，經費悉由國庫支辦，學費全免且給付津貼，以誘致台人入學。然殖民之初百廢待舉，龐大的教育財政日益無法支應，總督府乃改以地方自籌經費方式，於各地設立公學校取代國語傳習所。1898 年公布「台灣公學校令」，科目除日語為核心外，也增加德育的修身，並逐次重視實用之學的技術教育課程。

另外，隨著旅居台灣的日本內地人漸增，為滿足其子弟之教育需求，總督府於 1897 年成立「總督府國語學校第四附屬學校」（今台北市東門國小前身），此即在台日籍學童初等教育之肇始。隔年改稱小學校並陸續於全台樞要之地開設，專供日籍子弟就讀。

至此，日治初期的初等教育形成以種族隔離為導向的雙軌學制，在台日人進入同內地體制的小學校，而台人學童則就讀總督府所制訂的公學校。此外，針對原住民另設有「番人公學校」或「番童教育所」，不同對象施行三種相異系統之教育制度和機構，彼此間無論修業年限、課程內容與程度、教科書以及教育資源分配等均存有差別待遇。

圖 4-24　1898 年台南第二公學校（今台南市立人國小）於三益堂上課時期的師生畢業合照，還可見男子剃髮結辮、女子纏足

---

[1]　本節所言「國語」係指日語。

2. 與傳統書房教育之對抗

實際上，殖民當局在新教育的推展和運作上，面臨重重的困難，其中最大勁敵和阻礙，乃是來自優勢書房教育的挑戰。割台後原有清代的府縣儒學、書院等雖然全遭撤除，但紮根於民間、歷史悠久且影響廣泛深遠的書房依然存在。而斷了科舉美夢之路的前清讀書人，也相繼投入販售知識的傳統書房市場，以致書房一度呈現興盛之貌，這也促使重視教育的台人家庭，寧願將子弟送入與切身親近之書房學習，而不願意就讀日人設置的學校。

在雙方競爭對抗中，總督府一方面勸誘中上階層子弟進入日人新設的公學校，並於課程中增列漢文科目；另一方面將傳統書房納入管理體系，進而加以改造利用。1898 年公布「書房義塾相關規程」，規定書房應逐次加入日語、算術等學科，且使用總督府所頒訂或核准之教科書。此舉讓當時地方財政拮据而導致公學校擴充緩慢之際，書房遂成為公學校的輔助機關。隨後於 1910 年代，在政府補助下

圖 4-25　公學校用國語讀本教科書

的「改良書房」出現，課程教材均比照公學校。於是書房在殖民體制收編過程中轉型質變，逐漸失去原有的傳統文化特徵而式微沒落。

（二）中等以上教育

至於在中等以上教育方面，學制未臻完備且同樣施行種族隔離和差別待遇的雙軌制度，台人升學備受忽視與排擠。日治初期台灣的最高學府為創始於 1896 年的「總督府國語學校」，除陸續成立多所附屬學校外，嗣後也發展成為兼具師範教育、普通教育、職業教育等體系之綜合性教育機關。

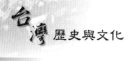
1. 師範教育

就師範教育而言，國語學校先期僅招收日籍生，台人無緣就讀。總督府雖曾於 1899 年分別在台北、台中、台南三地另設立以培育公學校台籍教師為目的之師範學校，唯成效不彰，只維持 3 或 5 年隨即停辦。1902 年國語學校改制，將師範部分為甲、乙兩科，分別招收日籍和台籍學生，自此台人始有機會擠進師範體系的窄門。其後並於 1918 年在台南創立專收台籍生的國語學校分校。

2. 普通教育

在中等階段之普通教育部分，殖民當局始終保持兩項傳統，一為男女絕對分校；二為日台學生分途就學。大體而言，台籍學生之中學教育程度不及日籍生，不僅修業年限短少且入學資格寬濫，課程也著重日語和實業科目，尤其女子方面偏重裁縫、手藝等，性質上類似家政學校。有關此期中學普通教育簡述如下：

(1) 日籍男子：1898 年「國語學校第四附屬學校」附設五年制尋常中學科，1914 年改名「總督府台北中學校」（今建國中學），同年台南增設「總督府台南中學校」（今台南二中）。

(2) 日籍女子：1904 年「國語學校第三附屬高等女學校」，1917 年更名「總督府台北高等女學校」（今北一女），同年台南增設「總督府台南高等女學校」（今台南女中）。

(3) 台籍男子：1897 年國語學校語學部設置國語科，為台籍男子中學教育之嚆矢。其後，台灣仕紳富商林獻堂、林烈堂、林熊徵、辜顯榮等人集資並連署，為台籍青年單獨設置中學校向總督府提出請願。1915 年獲准設立四年制「台灣公立台中中學校」

圖 4-26　日治時期的台中一中規定學生均需住校，食衣住行皆採日式生活

（今台中一中），為第一所由台灣人自籌基金、專為台灣人子弟升學而創建的中學。

(4) 台籍女子：1897 年「國語學校第一附屬學校女子分教場」成立，為台籍女子中學教育之肇始，1919 年單獨設校「台北女子高等普通學校」（今中山女高）。

3. 職業教育

因應殖民地經濟發展需求並提升台灣人生產勞動力，總督府積極推行職業教育，以培養台籍初級技術人才。草創階段尚無完善的法規及學制，大致僅止於實施應急式試辦性的實業技能教育。在政府部門相繼開辦農事、糖業、工業等各類講習所，招收公學校畢業生。在學校方面，國語學校先後增設補習科、鐵道電信科，之後擴大成立實業部；而公學校亦添設多種職業選修科目，並設置二年制的實業科。

有鑑於台灣環境衛生條件欠佳，殖民當局乃規劃培育台籍醫療人才，以補助日人醫師之不足。首先於 1897 年在台北醫院附設醫學講習所，繼之於 1899 年成立「總督府醫學校」（今台大醫學院前身），為台灣正規醫學教育之始。1918 年增設四年制的醫學專門部，專收中學校畢業之日籍學生，翌年也開始招收台籍生，醫學校逐漸成為當時與國語學校並列的台灣最高學府。

綜觀本時期的教育政策，普及日語及建立各級教育體制為其重心所在。雖然公學校籌設緩慢，在僧多粥少情況下，無法全數收容學齡兒童，但殖民當局仍藉助社會教育，於公學校附設速成科或夜學校，並組織國語普及會或練習會等社教團體，積極推廣日語運動。而台灣人完成初等教育後的升學制度，在總督府刻意歧視與壓制之下，台人唯有選擇接受師範教育或實業教育，甚至遠涉重洋到海外留學。而這批出身國語學校、醫學校或經歷留學洗禮的台籍菁英，日後均成為台灣社會重要的領導階層，也是日治中期興起之非武裝抗日運動主要的中堅力量。

三、中期（1919-1937）：同化教育與體制的擴充

伴隨 1918 年第一次世界大戰結束，民主自由思想、民族自決思潮瀰漫全球，加上台人民智漸開與民族意識覺醒，總督府面對海內外局勢丕變，遂調整治台方針，配合內地延長主義，加強貫徹同化教育政策。

首先於 1919 年頒布「台灣教育令」，針對台灣人的整體教育制度，確立有系統之各級學制。繼而於 1922 年改正台灣教育令（新台灣教育令），明訂大部分中等以上教育機關，形式上取消差別待遇及種族隔離政策，開放「內台共學」，在學制上依日本國內法令以單軌制趨於一體。另外，因應教育事業不斷擴充，於 1926 年成立直轄總督府之文教局，將掌管教育行政機關層級，由過去從屬於普通行政體系下二級或三級單位的學務部（課），提升為一級的專屬機構。

（一）初等教育

本時期總督府持續增建公學校，並實驗性開始受理台人子弟申請入學日人之小學校。1922 年新台灣教育令規定，不再按種族區分，而以是否常用日語作為就讀小學校或公學校之依據，表面上雖然廢除種族界限，但以當時台人的日語程度，可想得知實際上仍隱含著日台分離之本質。

（二）中等教育

1. 師範教育

1919 年依台灣教育令將國語學校改制為台北師範學校，台南分校則更名為台南師範學校，並於 1923 年將台中師範學校復校。爾後因台北師範學校規模日益龐大，學生人數眾多，乃於 1927 年分割為第一師範學校（今台北市立教育大學）和第二師範學校（今國立台北教育大學），且翌年於前者增設女子演習科，此為台灣女子師範教育之開端。師範學校在此期次第調整組織規章，已逐漸升格步入專科教育之程度。

圖 4-27　台南師範學校國語（日語）授課情形

2. 普通教育

　　初等教育漸次完備之際，殖民當局也積極擴充中等教育體制，同時於 1921 年將其教育業務由總督府移歸地方州政府統籌辦理，於是各地紛紛成立州立的中等學校機關。

　　在普通教育方面，雖標榜共學制度，然而男女分校、日台分途就學之傳統依舊存在。以台北州立學校為例，日籍生集中在台北第一中學校（原總督府台北中學校，今建國中學）、第三中學校（1937 年創校，今師大附中）及第一高等女學校（原總督府台北高等女學校，今北一女）；而台籍生則大都入學第二中學校（1922 年創校，今成功高中）和第三高等女學校（原台北女子高等普通學校，今中山女高）。

3. 職業教育

　　在職業教育方面，1919 年台灣教育令中明列實業教育項目，正式確立其學制上之地位。依該法令設置簡易實業學校及實業學校兩種職業教育機構，前者由原附設於公學校之實業科改設成立，1922 年新台灣教育令時再改制為二年制的實業補習學校；而後者分別於台北、台中、嘉義創設工業、商業、農林 3 所實業學校，新台灣教育令後成為五年制的台

北州立台北工業學校（今國立台北科技大學）[2]、台中州立台中商業學校
（今國立台中技術學院）及台南州立嘉義農林學校（戰後之嘉義農專，
今國立嘉義大學）。

（三）高等教育

在高等教育部分，首先依台灣教育令設置農林及商業 2 所專門學校，嗣後分別更名為台北高等農林學校[3]、台北高等商業學校[4]，並於1931 年成立台南高等工業學校（今國立成功大學）。其次，於 1922 年創立台北高等學校（今國立台灣師範大學的前身校舍），初設尋常科，復又增設高等科，成為跨越中等與高等學制的教育機關，也是進入大學的預備學校。

再則，1928 年創設台北帝國大學（今國立台灣大學），為台灣史上第一所大學，其學制最大特色係採講座制度，由講座構成學部，專任教授擔任每一講座，兼具教學與研究雙重功能。至於前期的總督府醫學校，1919 年改稱醫學專門學

圖 4-28　台北帝國大學正門

校，在台北帝國大學創校前，該校與台北師範學校始終扮演著培育台籍社會菁英搖籃之角色，被譬喻為台灣的劍橋和牛津，1936 年醫學專門學校併入台北帝國大學成為附屬醫學專門部。

2　該校創校可追溯至前述之工業講習所（1912 年成立），1918 年成為總督府工業學校。
3　該校於 1928 年台北帝國大學創校時併入成為附屬農林專門部，1942 年恢復獨立並遷校台中，改稱台中高等農林學校，即今日之國立中興大學。
4　1943 年改名台北經濟專門學校，戰後併入國立台灣大學成為法商學院，即現今之管理學院。

歷經台灣教育令之頒訂與修正，本時期總督府逐步系統建構並擴充各級學校教育體制。雖然形式上質量均有所發展，然而在共學美名之下，反而強化台人與日人之間的升學競爭，也相對保障了在台日人子弟擁有更多絕佳的教育機會。其結果台人並未能

圖 4-29　台灣總督府台北醫學專門學校外觀

享有公平待遇和教育資源，升學更加極度不易，以致負笈海外留學日趨蓬勃，也因而造就為數可觀的高級知識份子，成為社會領導階層之主體，顯示留學教育在相當程度上彌補了殖民教育的偏頗與不足。

四、末期（1937-1945）：皇民化教育與體制的動員

時序進入戰爭階段，台灣被迫捲入日本「大東亞共榮圈」國策建設之行列中，其教育內容配合皇民化政策，注重皇道修鍊之養成，加強精神思想改造，以徹底同化台人成為皇國民。而此時期主管教育行政機關的文教局相繼擴充組織，1943 年適應戰時需要增設鍊成科，積極推動皇民化教育。

（一）初等教育

在初等教育方面，1937 年起取消公學校課程中的漢文科。1941 年台灣教育令再度改正，公告廢止公學校、小學校之分，一律改稱國民學校。形式上美其名為「一視同仁」，唯實際上課表分為一、二、三號表 3 種，以使用日語生活之家庭為標準，大體上分別適用於日籍、台籍以及原住民學童修讀，相當於過去小學校、公學校與「蕃人公學校」之課程性

圖 4-30　皇民化時期要求常用「國語」的標語

質，彼此間的教育內容仍存有差異和歧視，顯然平等共學機制依舊未全面開放。1943 年以台灣人為對象的六年制義務教育正式實施，此後台籍學童就學率不斷提高，至日本統治結束時已超過 70％。

（二）中等教育

中等教育機關不斷增校，但為謀求戰時急需之人力物力資源，不僅縮短修業年限，以量產畢業生方式投入戰爭與生產行列，且規定年中 1/3 時間需從事軍事訓練及勤勞奉仕的勞動工作。而實業相關學校積極拓展農業、工業兩種職業教育，商業學校則整編縮小或酌量改辦農工學校。

在師範體系部分，順應教育令改正及實施義務教育，於 1940 年增設新竹、屏東兩所師範學校，復因精簡組織為由，1943 年分別併入台中和台南師範學校成為分校，同時台北第一、第二師範學校亦於是年合併，恢復台北師範學校原名。

（三）高等教育

高等教育方面，除縮短修業年限外，其特殊之處乃設置有關華南與南洋的研究單位，以支援南進政策。如：台北高等商業學校分別於 1941 年及 1943 年增設東亞經濟專修科、南方經濟專修科；台北帝國大學 1943 年亦附置南方人文研究所和南方資源科學研究所。

戰爭體制下的教育環境，到處充滿著皇國民塑造的氛圍。在學校接受軍國主義的課程內容，也經常進行向天皇肖像行禮、遙拜宮城、捧讀朗誦教育敕語等各種儀式。不啻如此，校園外的社會亦掀起皇民化運動之浪潮，參拜神社、獎勵國語家庭、設置青年訓練所、組織青少年團及各類教化

圖 4-31 日治時期參拜台灣神社是修學（畢業）旅行的例行公事

團體等，運用社會教育的力量和方式，灌輸皇國精神思想教育，將台灣人悉數網羅納入所謂「聖戰」的動員體系中。

五、近代殖民教育的影響

日本在台建立近代教育制度，推廣普及日語以同化台灣人始終是教育政策的中心主軸。然而日語終究未取代台語等方言變成台灣社會之生活語言，只不過使台灣成為「雙語並用」的社會，甚至藉由日語作為媒介，吸收世界新知，促進台灣社會現代化。

換言之，透過殖民教育相反地接受世界進步主義思潮，與近代西方文明接軌，引進基本科技、新觀念的思想思維，改變台灣原有農業社會之體質，袪除舊傳統陋習，使台灣逐漸由俗民社會（Folk Society）過渡到市民社會（Civil Society）。縱然其內涵多少具有日本化之傾向，但對於提升社會文化，改善生活品質，教育著實發揮了極大的作用。

另外，日治時期的教育體制也改變台灣既有之教育價值觀，教育不再是少數文人獨享的專利，亦非僅是登仕之途的跳板，其性質與功能基本上乃是進入學校體系，學習獲致必備之知識技能而投入資本主義社會市場。表面上雖然看似教育機會均等，卻在殖民政策操控下，不但台日種族間的鴻溝與隔閡未見消弭，尚且面對升學競爭之試煉，從而也形成金字塔型的學歷社會，一方面產生了互道前輩後進之學閥；另一方面亦塑造了台灣新社會的領導階層。而這些受過日本教育和文化洗禮的台籍菁英，在 1920 年代掀起長達十餘年的非武裝抗日運動中，扮演著極重要之角色。除展開各式各樣反殖民運動外，如台灣文化協會舉辦夏季學校、文化講座等頗富社教意義的活動，從體制外、由下而上推動文化啟蒙教育，無庸諱言，對促進台灣民族意識的覺醒與萌芽，確有其不可磨滅之貢獻。

第五節　戰後的教育變革

一、戰後教育的轉型與發展

1945 年 8 月第二次世界大戰日本投降，台灣由國民政府接收，在教育體制上隨即進行改制與整編，其主要方針為「去日本化」和「就中國化」。亦即一方面清除日治時期殖民教育的影響；另一方面將台灣教育內容、文化迅速朝向中國化發展，使教育制度與中國大陸趨於一致。

具體而言，在教育制度上由日本式過渡到中國式，教育內容以祖國化取代皇民化，語言文字從日語日文改為北京話的國語以及中文，而學制方面採用「六三三四」制度。1945 年 11 月，台灣省行政長官公署頒行「台灣省各級學校及教育機關接收處理暫行辦法」，開始由相關單位進行各級教育機構的接管工作。

圖 4-32　戰後初期政府積極推行國語運動

（一）初等及中等教育

在初等階段的國民教育，將所有初等教育機關一律稱為國民學校，規定 6 歲至 12 歲的學齡兒童需接受六年的義務教育，免納學費。實際上，台灣在日治末期已有實行義務教育之經驗，在承接此基礎上，國民政府致力普及大陸體制的國民義務教育。同時於 1947 年公布「台灣省學齡兒童強迫入學辦法」，以國家力量強制孩童入學，自此學童就學率不斷提升，至 1950 年約達 80%。

而中等教育部份，由日式的中學校改制成三年初級中學和三年高級中學，實施合計六年兩階段的中學教育。並將原有的州廳立中學校一律改為省立，實業學校則依其設科性質分別改為各類職業學校。

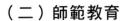
（二）師範教育

隨著戰後日籍教員紛紛遣送返國，教育行政人員及教師幾近陷入真空狀態，解決師荒遂成為重大課題。為因應國民學校師資短缺，政府除接收台北、台中、台南師範學校並改制為省立外，也擴充設立新竹及屏東師範學校，並增設花蓮、台東兩所師範學校。

師範學校培育制度依規定招收初中畢業生修業 3 年，然而在緩不濟急情況下，當時也設立師資訓練班和簡易師範班等臨時措施，或透過徵用、徵選、甄選、考選、訓練等各種方式，自本省及省外約聘教員，以致當時出現許多台籍教師利用晚上學國語，隔天現學現賣教國語之現象。

至於中等學校師資，除向中國大陸各省約聘甄選教員外，1946 年首先於省立台中農專附設博物師資專修科、省立台南工專附設理化師資專修科，唯兩者均屬權宜之計的應急辦法。嗣後於同年 6 月省立師範學院創校成立（今國立台灣師範大學），積極培養中學各科師資，成為台灣最早正式的中學師資培育機構。

（三）高等教育

在高等教育方面，接收大專各校後陸續予以更名改制。台北帝國大學改名為台灣大學；台北經濟專門學校改稱省立台北商業專科學校，1947 年併入台大成為法商學院（今管理學院）；台中農林專門學校易名為省立農業專科學校，後改為省立農學院（今國立中興大學）；台南工業專門學校更名為省立台南工業專科學校，後改為省立工學院（今國立成功大學）。台灣大學、省立農學院、省立工學院和省立師範學院，乃是戰後初期台灣最早的公立大學。

另外，為協助追隨國民政府播遷來台之大專失學青年完成未竟學業，以及培育台灣省實施地方自治所需之各級行政幹部，1949 年創設省立地方行政專科學校（此即日後之省立法商學院，後與省立農學院合併成為國立中興大學，今日則是國立台北大學公共事務學院）。

（四）推行國語運動之社會教育

　　省教育處為推廣國語教育，不僅通令學校師生嚴禁以日語教學、交談，同時也透過社會教育方式推動國語文補習教育。1946 年省教育處成立「台灣省國語推行委員會」，各縣市教育行政機關設立「國語推行所」，一方面執行中小學教師與公務員的國語訓練；另一方面也直接向民眾傳習國語。1948 年進一步在台創刊「國語日報」。

二、威權體制下的黨國教育

　　1949 年 5 月 20 日台灣實施戒嚴，是年底中華民國政府從中國大陸撤退到台灣，兩岸呈現國共對峙的緊張局勢。國民政府遷台後，當務之急乃在強化三民主義思想，推動民族精神教育，以反共抗俄完成復國建國使命成為最高的基本國策。1950 年省教育廳頒訂「台灣省非常時期教育綱領」，教育部亦於同年公布「戡亂建國教育實施綱要」，明示「務使全國教育設施皆以戡建為中心」，台灣教育體制正式進入戡亂建國的非常時期。

　　主政的國民黨政權為維持在台統治的合法性與正當性，藉由黨政運作推展教育政策，國家教育方針構築在國民黨根本黨意之上，台灣教育顯現濃厚的黨國色彩。而以蔣中正總統（總裁）為首的領導權力核心直接掌控黨部，樹立強人威權體制，並透過教育系統以及大眾傳媒，塑造「民族救星」個人英雄形象，要求人人「效忠領袖」的偶像崇拜式標語和銅像，成為台灣校園非常特有的景觀文化。大體上，解嚴前的台灣即在此強人威權、黨國支配體制之下，展開頗為僵硬且制式化的教育內涵。

　　首先，為貫徹反共抗俄的基本國策，加強反共愛國教育，整套教育內容及價值體系均以大中國為主軸座標來思考，灌輸民眾對故國山河之情感，「消滅共匪、光復大陸」等文辭充斥社會，屢見不鮮。而學子在作文中書寫「解救水深火熱的大陸同胞」詞句，被視為優良典範文章的既定模式。

其次，注重民族精神與三民主義思想之宣導及傳授。1953 年教育部依據蔣中正總統指示，整理《論語》、《孟子》等中國文化典籍提供中學以上學生閱讀，嗣後並編入教材，加強民族精神教育。另外，1955 年將三民主義正式納入高中必修課程，1965 年國父思想也成為大學共同必修科目。而在課外之餘，學生也被要求研讀總理遺教、總統訓詞等，以強化思想教育。

在教科書制度方面，1952 年國立編譯館開始重編國民學校各科教科書，經教育部核定後，陸續交由省教育廳印發各校使用，至 1958 學年度以後國民學校部訂教科書乃成為常態。此外，1953 年起也著手編輯中學國文、公民、歷史、地理四科的標準教科書，並通令各校一律採用。1968 年國民義務教育延長為九年，國中小教科書全面改為部訂統編本，悉依教育部頒標準之一元化課本所壟斷，確立了國家主導教科書的內容方向。

再則，因應反共國策備戰需要，施行學校軍事化管理及軍訓教育課程。1952 年，省教育廳通令中學男生蓄髮不超過 3 分、女生留短髮長度不過耳際，此項髮禁規定直至 1987 年才廢除。1951 年國防部會同教育部公布「台灣省中等以上學校軍訓實施計畫」，首先從師範學校開始實施在校軍事訓練，進而於 1953 年擴展至專科以上及高中。

戒嚴時期的校園內外，學生集會、結社及言論等自由皆受到嚴格限制，不僅訂有懲戒法規，同時國民黨透過黨務、情治系統將觸角深入校內，積極推展黨化教育，其具體措施就是在各級學校建置校園黨部和成立中國青年反共救國團。前者旨在發展學生黨團組織及活動，吸收青年入黨，培養忠黨愛黨的未來政治菁英，並對師生言行、思想全面進行偵察監控與忠誠考核；而後者則成立於 1952 年，主要將學生社團納入管制，導引青年學生關注參與非政治性的團康和聯誼活動，藉此防範並壓抑學生接觸與黨意不符之意識型態，進而利用動員組織以鞏固強人威權體制。

要言之，威權時代的台灣呈現一元化的教育面貌，諸如：整齊劃一的制服與髮型、制式化的校園建築、布滿千篇一律的口號標語、統一教材、單一思想、軍事化的訓練與管理等等。尤其不容各種母語方言並存的剛性語言政策，「說國語運動」雷厲風行持續推動。講方言受懲處、被罰錢、掛紙牌，學童每日驚疑懼卻地處於「唯國語獨尊」的學校教育文化裡，祖先遺留下來的「母親語言」逐漸遭致不當的扭曲，也無形中產生了方言低俗化、不入流的偏差觀念。

圖 4-33　禁說方言的標語在校園到處可見

三、各級教育制度的擴充

（一）國民教育

政府播遷來台後致力於國民教育的擴充，逐年增班設校，以謀求普遍就學之理想，學齡兒童就學率從 1950 年的近達 80％，到 1966 年已提高至 97％。由於就學率已接近全民教育程度，加上為了緩和國小學生升學壓力，並提升國民素質，政府乃加速推動國民教育延長計畫，於 1968 年 9 月正式實施九年國教。此後台灣的國民義務教育分為兩階段，前 6 年的原國民學校改稱國民小學，後 3 年的原初級中學改稱國民中學。過去的初中聯考從此走入歷史，同時停辦中等教育的初級職業學校，將職業教育水準提升至高中以上程度。

圖 4-34　1952 年國民學校上國語課情形

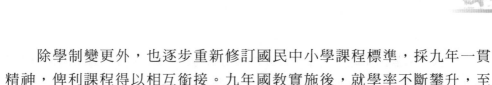
除學制變更外，也逐步重新修訂國民中小學課程標準，採九年一貫精神，俾利課程得以相互銜接。九年國教實施後，就學率不斷攀升，至1975 年已突破 99％，這對於正值經濟起飛時代，處於勞力密集產業結構之台灣而言，確實有助於提高勞動力素質，為台灣經濟成長發揮了極大的作用。

到了 2014 年將九年國教延長至十二年。十二年國教的後 3 年中等教育包含高中高職及五專前三年。以求改善國中生的升學壓力，達成教學正常化，學生能夠因材施教、多元發展的目標。

（二）中等教育

在中等教育方面，遷台初期政策較偏重普通中學，隨著 1968 年延長國教後，有鑑於工商業急遽發展，為因應經濟建設之需，政府乃大力推動技職教育。其重點特色也由 1950 年代的農業學校為主，至 1960 年代轉而以商業學校居多，1970 年代中期以後工業學校則占多數，顯示職業教育配合經濟發展，培育了各行各業的基層技術人才。而積極推廣職業教育之結果，高中高職學生比例從 1967 年的 6：4，至 1981 年已調整為3：7。一方面意味著經濟發展下的中學教育漸趨朝向實用技能專業教育之領域；另一方面促進了勞動參與率及人力資源的改善，對於台灣經濟成就有相當程度的貢獻。

（三）師範教育

順應國民教育蓬勃發展，師範體系亦推行多項的革新政策。首先，有關培育國小師資部分，分別於 1954 年和 1956 年成立高雄女子師範學校、嘉義師範學校。多年努力增校以及無數師範畢業生投身教職，全國國小代用教師於 1959 年已遞減至僅剩 4％。不僅如此，在制度上自 1960年度起將師範學校次第改制為三年制專科學校，又於 1963 年度復改制為五年制專科學校。1987 年為提升師範生素質，再將所有師專升格改制為四年制師範學院，招收高中職畢業生。於是國小師資由早期高中程度之師範學校，逐步提升經專科程度的師專而至大學程度之師院。

其次，在國中師資方面，省立師範學院於 1955 年升格為大學，1967年再改制為國立台灣師範大學。此外，為因應九年國教即將實施，原培養國小師資的高雄女子師範學校，於 1967 年改設為高雄師範學院（今國立高雄師範大學），並於 1971 年在彰化創設省立教育學院（今國立彰化師範大學），以充實中學師資的培育。然而，在國教延長九年之際，國中教師需求量急速暴增，以當時的師範體系實無法應付此變局，因此教育部採取應急措施，除頒訂公立大學及獨立學院設置教育選修科目辦法外，同時建立儲備、甄選和職前訓練等機制，以廣開大專畢業生取得中學教師資格之大門。

（四）高等教育

至於在高等教育方面，政府遷台後大專院校大幅成長，除改制或新設外，亦有大陸時期的大學紛紛在台復校，如國立政治大學、私立東吳大學、國立交通大學和私立輔仁大學等。1960 年代配合經濟建設，擴張高等教育成為國家發展重點計畫，公私立大專院校不斷增設，特別是私立專科學校，其主因為工商部門對專業技術人員的需求量大增；另一方面政府開放並鼓勵私人興學所致。其後在 1972 年政府有鑑於專科學校膨脹快速，以部分專校素質低落為由，開始採取緊縮措施，暫停私人申請創辦大專院校，直至 1985 年才逐漸開放。另外，為因應社會大眾學習需求，國立空中大學於 1986 年正式創校成立。

四、解嚴後的教育興革

1987 年 7 月 15 日台灣解除戒嚴，進而於 1991 年終止動員戡亂時期，威權體制逐漸瓦解，社會朝向自由化、民主化進程發展。過去黨國強勢主導教育之局面開始鬆動，隨著學運、校園民主化運動以及民間力量的崛起，1990 年代的台灣步入教育改革開放的新時代。教育體制和精神轉趨多元、自主、自由的方向邁進，並逐步脫離國家意識型態之宰制。

1994 年民間教育改革團體發起 410 教改大遊行，提出落實小班小校、廣設高中大學、制訂教育基本法以及推動教育現代化等四項訴求，事後並籌組「教改聯盟」，繼續推展教育改造運動。政府為回應來自民間的呼籲，同年行政院設置「教育改革審議委員會」（教改

圖 4-35　1994 年 4 月 10 日教改大遊行

會），召集各界代表研擬教改方案，於 1996 年發表「教育改革總諮議報告書」，揭示教育鬆綁、帶好每位學生、暢通升學管道、提升教育品質和建立終身學習社會等五大教改方向。

（一）國民教育

依教改建議，政府陸續訂定並執行多項革新措施。在國民教育部分，開始著手改善課程與教科書制度。前者的課程修訂方面，除推動國小英語教學和國中選修第二外語以外，強調台灣主體性之鄉土教育以及母語方言學習亦列為重點課程。另外，1998 年教育部公布國民教育階段九年一貫課程，決定以七大學習領域協同合科教學取代過去的學科分科教學。而後者的教科書改革方面，逐漸由以往教育部統一制訂課程標準、國立編譯館編印發行之「統編本」，改變為教育部審定、開放民間編寫的「審定本」。於是，昔日長期壟斷教科書體制的國立編譯館乃退出教科書編輯市場，與部訂統編本一起成為歷史名詞。及至 2014 年十二年國教的推行，則由更名後的國教院把關，尋求改變紙筆測驗的學習模式，轉向多元評量的新方向。

（二）中等教育

有關高中職教育部分，有鑑於國人重視普通教育及講求升學，為因應現實需要，1990 年起新設多所高中，並於 1995 年開辦六年制完全中學。而職業學校畢業生亦有強烈的升學意願，加上延後分流的主張日益

受到關注，因此技職體系內部不僅升學機會增多，同時也出現綜合高中之學制，為職業教育提供更多元的選擇。在此潮流趨勢之下，1991 年教育部決議將高中高職學生比例調整為 4：6，復於 1995 年又確立高中高職學生比為 5：5，且未來將以發展綜合高中為主流。

（三）高等教育

至於高等教育方面，伴隨著教育政策鬆綁而呈現多元發展，新大學和技專校院紛紛設立或改制，總體校數持續成長，其中技職體系學校有相當大的結構性改變。1995 年立法院通過專科學校得改制學院及附設專科部，引發隔年公私立專科學校升格改制技術學院之風潮。又於 1999 年教育部開放技術學院改名科技大學，翌年改制科大校數大量增加。

為保障學術自由，維護大學自治精神，1994 年修正公布「大學法」（新大學法），大學開始享有自治權，校長由各校自行遴選產生，訓導處改為「學生事務處」，而學生可參與校務會議。在課程部分，1995 年依司法院大法官會議解釋，有關教育部設置大學共同必修科目，與大學法及憲法意旨不符，有違大學自主精神，乃自 1996 年起改由各校自行決定必修或選修，大學開設課程的自主性獲得尊重。另外，1998 年司法院大法官會議解釋，大學法強制規定大學設軍訓室並配置人員執行軍訓護理課程，有違憲法保障大學自治意旨，依釋文於隔年該法則自動失效，廢除大學軍訓室機構，同時確立大專院校教官與軍訓課程定位問題。

（四）師範教育

因應大學教育多元發展，師資培育制度也有重大變革。1994 年制定公布「師資培育法」，由早期公立師範教育機關所壟斷的一元化培訓制度改為多元培育，各大學校院均得設教育系所和教育學程以培育師資。同時建立教師證照制度，改訓用合一制為訓用分離制，修畢學程者自覓教職，培訓單位不再負責分發委派工作。由於師資培育市場化，因此造就大量的準教師而衍生流浪教師的問題，而原先的師範體系學校在此衝擊影響下，其獨占優勢與傳統功能逐漸褪色，2005 年開始轉型為教育大學或與他校合併成為綜合大學。

五、教育改革的省思

國人殷切期望的教育改革運動，本乎多元化、民主化以及自由自主之教育理念，實具有正面的革新意義，但實際上撻伐和批判之負面評價卻遠高過正面，原意與現實之間仍存有極大的落差。

例如，原先九年一貫課程新方案，其領域合科教學藉以訓練學生具備多項基本生活能

圖 4-36　每年的「烤季」掀起熾盛的升學主義

力，立意雖佳，唯對應的相關師資、教學方法和教材等配套措施猶然欠缺；又如一綱多本問題，依據課程綱要而開放民間編寫的審定本，擺脫了過去一言堂的標準模式，然而市面版本眾多紛雜，不僅增加教師教學上之壓力，也迫使學生購買以求齊全而加重家長經濟負擔；再如，十二年國教的免試入學方法，引發中學教育日趨平庸化疑慮。此外，廣設大學政策，在少子化趨勢下，高等教育已由菁英教育轉變為大眾普及教育，錄取率節節攀升近乎 100％。大專院校數量急速擴張的結果，導致各校面臨招生危機，相對地教育品質及學生素質也大幅滑落。

另外，升學制度始終是台灣教育問題的根源。日治時期遺留下來的學歷主義文化，加上家長「望子成龍、望女成鳳」深切之期盼，以及「萬般皆下品，唯有讀書高」重視文憑、功利取向的傳統社會觀念，致使台灣學子一直飽受升學壓力的痛苦。教改試圖扭轉此形勢，順應學生適性發展，乃實施多元入學改革方案。

從過去單一的聯招制改變為多元入學制，形式上似乎提供了多樣的升學管道，然而實際上為應付如此多種的入學機會，則必需比以往投注

更多的心思與教育費用。教改後的升學制度改變，但升學主義依舊未變，不僅如此，其背後也關係到家長教育投資以及政府教育資源分配多寡之問題，弱勢家庭或偏遠地區的教育學習機會明顯不利，教改的多元化政策反而加速擴大了貧富差距和城鄉差距。

圖 4-37　補習班業者於考場大肆宣傳

　　教育本為人類再生產之行為活動，且理應是良性的再生產，承襲前人遺產並創造更美好的教育環境，此即「百年樹人」的真諦。展望 21 世紀的台灣教育，政府未來擘畫怎樣的遠景，民眾心中又描繪何種的願景，這都是居住在台灣土地上所有人民必須正視面對，共同發揮智慧解決的嚴肅課題。

問題與討論

1. 論述荷西時期宗教教化的特色及其影響。

2. 試論明鄭與滿清時期儒化教育的影響。

3. 清領末期引進新式教育，請闡述當時的歷史背景。

4. 試論日治時期建構之近代殖民教育的影響。

5. 針對近年推行的教育改革，提出個人心得感想。

第五章

台灣的民間信仰

台灣民間信仰也就是所謂的台灣民間宗教。無論從本質、內涵或外在的信仰儀式上來看，大部份源自於多數漢人移民的原鄉信仰。可說是有傳統中國以神靈信仰為基礎，加上敬天禮地與慎終追遠的祖先崇拜，所堆砌而成的一種兼容並蓄且融合著釋、儒、道三教一體的特有之信仰。台灣民間信仰雖有著濃郁原鄉信仰之背景，但由於長時期以來移民社會的發展歷程，因而蘊育出台灣民間特有而且多元的信仰文化。台灣民間信仰中，神祇之多、廟宇之盛、廟會活動之繁，無不反映出台灣社會既本土且內容豐富的庶民文化。

本章節從具有多種神格的台灣民間信仰之眾神祇做切入，進一步認識台灣本土諸多廟宇及廟會民俗等活動，期能更深入探究台灣民間信仰與庶民文化之脈絡，並分析瞭解台灣民間信仰的各種功能與價值。

第一節　民間信仰的眾神祇

台灣民間信仰的神祇雖然眾多，但基本上是來自於先民對於天、地、人等三界崇拜的思想觀念，融合著釋、儒、道三教的宗教信仰，所發展而成下述台灣民間信仰中常見的眾神祇。

一、自然崇拜之神祇

民間信仰中對於天神、地祇崇拜之神祇。

1. **玉皇大帝**：簡稱玉帝，俗稱天公，也是道教傳統上所尊稱的「昊天上帝」或「玄靈高上帝」。民間以其為宇宙萬物中神格最高者，並統轄著所有天地間的眾神，乃最具權威，主司天庭與陰陽界吉凶禍福的神祇。

2. **三官大帝**：分成天官大帝、地官大帝、水官大帝。三大帝合稱為三官大帝，皆為太極界之神。為治理天地水三界，考校於天人功過，而司眾生禍福之神。又稱為上元、中元、下元等三元。

圖 5-1　天公

圖 5-2　三官大帝

3. **玄天上帝**：又稱「北極大帝」、「真武大帝」，為北極星自然崇拜的人格化之神祇。道教奉之為「玄武帝」，民間俗稱「上帝公」。神像腳踏龜與蛇，乃據民間傳說其為古代一屠夫，因受觀音佛祖感召，而放下屠刀剖腹贖罪而死。由於其至誠感動上蒼，乃將其胃變成龜，腸子化成了蛇，載其升天。民間信仰因其剖腹而修成正果之傳說，後世將之列為十八羅漢中的「開心尊者」。

4. **文昌帝君**：又稱「梓童帝君」。文昌星為北斗七星之一部分，民間信仰尊其為主科甲文運的文星。每逢考試季節，各地信徒多於帝君前奉上考生資料、准考證影本、蔥、芹等，以示祈求聰明、勤學、考試順利。

5. **南斗、北斗星君**：民間俗稱「南斗註生，北斗註死」，南北斗星君的信仰，來自於人類對於星辰的自然崇拜。民間信仰認為，南斗主出生壽命，民間又稱之為「南極仙翁」或「壽星」。而北斗主死亡，在人出生之時，北斗即已造冊決定人的死亡年月日時。因此民間為求延年益壽、消災解厄，對於掌生死大權的南北斗星君，自然香火不斷。

6. **三山國王**：「三山國王」原為廣東省潮州地區之鄉土神，亦為客家人移民的守護神，原本是潮州府揭陽縣霖田都河婆墟（今揭陽市揭西縣河婆鎮）西面的三座高山，即明山、巾山和獨山的鎮山神，為古人對名山靈石的自然崇拜。當地客家人將其神格化，並且建廟祭祀。客家移民迎奉來台後，長久以來是客家族群信仰的主要神祇。

圖 5-3　三山國王

7. **城隍爺**：「城隍」古文書中解釋為城牆與護城河之意，民間信仰中以城隍
　　爺屬自然神格之神祇。城隍爺為掌管守護城池的地方神明，也是民間信
　　仰中身跨陰陽兩界，職司一地行政司法，負責賞善罰惡的神祇。

圖 5-4　城隍爺

8. **東嶽大帝**：東嶽泰山為五嶽之首，台灣人崇祀東嶽大帝，主要因其乃
　　執掌冥府地獄與禍福生死有關。民間信仰又以其掌人間禍福壽命，尊
　　為閻羅十殿之首。民間信仰中亦有傳說其為封神榜人物黃飛虎，又或
　　傳說為岳飛者。

9. **福德正神**：俗稱「土地公」，客家人稱為「伯公」或「大伯公」。伊能
嘉矩《台灣文化志》〈中譯本·中卷·第7篇〉：

> 福德正神之名係出自其神德，（該神廟之門聯通常以書
> 「福而有德千家祀，正則為神萬戶春。」之句為例。由此
> 足徵之。）…（以祖父之兄的意義之伯公，稱呼土神之福
> 德正神，與閩人以在母家所稱之媽祖，稱呼海神，應為同
> 一意向。…）。

　　昔為台灣先民眼中土地的守護神，在神祇中為最基層也是與人民生
活最密切的神明，不但是村里、農田、溝渠、道路、墳墓的守護神，時
至今日更身兼為人們祈福求財的神祇。

圖 5-5　福德正神

10. **灶君**：俗稱「灶神」，乃常駐凡間司監察人間功過的神明。相傳每年
農曆 12 月 25 日，灶君需返回天庭覆命向玉皇大帝報告人間善惡，因
此農曆 12 月 24 日，民間會有「送神」之習俗。高拱乾《台灣府志》
卷 7〈風土志〉：

> 臘月二十四日，各家拂塵。俗傳百神將以是夕上閶闔謁
> 帝，凡神廟及人家各備儀供養，併印幡幢、儀馬儀從於楮
> 上，焚而送之，謂之「送神」。

是日，民眾以甜食湯圓等祭拜灶君，希望灶君「上天言好事，下界保平安」。

二、人鬼崇拜之神祇

民間信仰中對於祖先或生前有善蹟之歷史名人等，由民間立廟祭拜或官方敕封追諡之神祇。

1. **釋迦佛祖**：又稱釋迦牟尼佛，姓瞿曇，名悉達，西元前 500 多年前誕生於中印度迦毗羅城，父為城主淨飯王，母摩耶王妃。年輕時捨王子名位，出家修行終得正果。台灣民間尊稱其為釋迦牟尼佛祖或釋迦如來佛。釋迦乃梵文能者之意，佛則是覺者、智者的意思。「佛祖」則為民間信仰中對於佛教神明最高之敬稱。

2. **文殊菩薩、普賢菩薩**：文殊菩薩又稱「文殊師利菩薩」或「妙德菩薩」。普賢菩薩，則另有「實相普賢」、「賢相普賢」等稱號。文殊菩薩與普賢菩薩同為釋迦佛祖之脅侍，協助佛祖渡化眾生。文殊持劍駕獅子，侍於佛祖左側，代表佛法中的「智慧」。普賢則騎乘白象，侍於右側，代表佛法中的「德行」。釋迦佛祖、文殊菩薩、普賢菩薩合稱佛教之三寶佛。

3. **觀音佛祖**：又稱「觀世音菩薩」，據傳其為天竺妙莊王之第三公主，名為妙善。年幼出家，及長修行成佛。民間信仰認為觀世音菩薩慈悲為懷，傾聽眾生悲苦之音，進而普渡眾生，故尊其為「大慈大悲救苦救難觀世音菩薩」。為佛教、道教及一般民眾所共祀，乃民間信仰中擁有廣大信眾之神祇。

4. **十八羅漢**：舉凡供奉觀音之廟宇或佛堂，均會在觀音佛像兩側列祀十八羅漢。十八羅漢包括有：彌勒尊者（佛）、達摩祖師、至公禪師、降龍尊者、飛杖尊者、開心尊者、進花尊者、進香尊者、梁武帝君、獅子尊者、長眉祖師、伏虎尊者、洗耳尊者、弄鈸尊者、目蓮尊者、戲笠尊者、進燈尊者、進菓尊者等。

5. **清水祖師**：清水祖師係福建省永春縣小姑鄉人氏，姓陳名應，生於南宋年間，自幼出家修行，以行醫濟世名聞鄉里，死後為鄉人以「清水祖師」崇祀。台灣民間又稱其為「烏面祖師」或「祖師公」，乃泉州籍人士普遍主祀神祇之一。

6. **濟公活佛**：本名李修緣，南宋浙江天台人，十八歲時在西湖靈隱寺出家，法號「道濟」，民間傳說其為「降龍羅漢」轉世。道濟和尚在世時不拘於形象，不泥於教化，喝酒吃肉、裝瘋賣傻，故民間以「濟癲和尚」稱之。一生神蹟不斷，因此廣受民間之崇祀。

7. **孔子**：孔子，名丘，字仲尼，春秋魯國人。曾任魯大司寇，後周遊列國，晚年刪《詩》、《書》，定《禮》、《樂》，贊《周易》，作《春秋》，並教育弟子三千多人。卒於周敬王 41 年（魯哀公 16 年），逝世後，哀公於山東曲阜建孔子廟，明代封為「至聖先師」。孔子為台灣民間信仰中代表聖賢與教育的重要神祇。

8. **祖先**：俗稱「公媽」，台灣民間家庭多數供奉「公媽龕」及「神主牌」，以示慎終追遠和倫理孝道之實踐。

9. **媽祖**：俗稱「媽祖」或「天上聖母」。本名林默娘，北宋太祖太宗年間，福建興化軍莆田縣湄洲嶼林氏之女。生平以孝道和善行而聞名鄉里，死後飛升成神。宋代謚靈惠妃，元明兩代封「天妃」，清康熙因施琅之奏請，晉為「天后」。媽祖是海洋的守護神，郁永河《裨海紀遊》〈海上紀略·天妃神〉：

> 海神惟馬祖最靈，即古天妃神也。凡海舶危難，有禱必應；多有目睹神兵維持，或神親自救援者。靈異之蹟，不可枚舉。

媽祖成為華人世界中信仰最普遍的海洋神靈，也是台灣居民最主要崇祀的神祇之一。

圖 5-6　金面媽祖

圖 5-7　黑面媽祖

10. **保生大帝**：又稱為「大道公」、「吳真人」，本名吳夲（夲音滔）宋代
　　福建同安人。陳文達《台灣縣志》〈雜記志九‧寺廟〉：

> 真人吳姓，名夲生於太平興國四年，不茹葷，受室‧業
> 醫，以活人為心，按病投藥，遠近皆以為神。

　　懸壺濟世之神跡，為先民所熱樂道。如今台灣各地之保生大帝
廟，仍存有藥籤之民俗醫療行為。

圖 5-8　保生大帝

11. **廣澤尊王**：又稱「保安尊王」，一說姓郭名洪福；一說姓郭名乾，清
　　代福建泉州人。雍正時敕封為「保安廣澤尊王」。因為神蹟顯赫，成
　　為泉州人士主要的信仰神祇。

12. **開漳聖王**：俗稱「聖王公」，姓陳名元光，又名光華，河南光州人，為唐代武進士。唐昭宗時奉皇命入漳開拓有功，死後敕封為「威惠聖王」。後人感其開漳有功，奉為鄉土之開拓神，成為漳州籍人或陳姓族人之宗祖神明。

13. **關聖帝君**：關羽字雲長，東漢山西解縣人，三國時代，以驍勇善戰，忠義大節贏得美譽，後世尊為「武聖」，歷代君主多加以敕封。佛教稱其為「迦藍尊者」，而民間信仰祀奉其為「恩主公」，或尊奉為「武財神」，廣受生意人之香火崇拜。

14. **註生娘娘**：本名陳靖姑，因其於福建省古田縣臨水鄉德得道飛升，故後世尊其為「臨水夫人」。為民間信仰中保護婦女順利生產之神明，因此又被尊奉為註生娘娘祭祀。

15. **孚佑帝君**：俗稱「仙公」，即八仙中之呂洞賓。佛教稱文尼真佛，或稱文尼菩薩。儒教稱孚佑帝君，又稱純陽子。道教則稱為妙道天尊。民間信仰稱之為呂仙祖或仙公，香火可謂跨越釋、儒、道三界。

16. **神農大帝**：神農大帝，即炎帝神農氏。又稱「五谷先帝」或「藥王大帝」。教民莊稼，民間信仰尊其為神農，相傳他有玻璃一般的肚子，所以嚐遍百草，作為醫藥，故亦尊其為藥王。現今廟宇中的神農大帝塑像多以袒胸露臂，腰圍樹葉手持稻穗的模樣，十分親切且慈祥。

17. **王爺**：王爺又稱「千歲」。千歲爺之由來，眾說紛云，民俗學者通常就民間王爺信仰現況，分類為戲神、家神、英靈、鄭王（爺或朱巳爺）、瘟神等五種。然亦有多數學者主張，王爺乃死於瘟疫的厲鬼所演化成之瘟神。台灣早期屬移民社會，移墾之初，由於環境惡劣，瘴癘瘟疫時起，先民們乃多崇祀瘟王以祈平安。

18. **義民爺**：義民爺與有應公同屬陰廟性質之神祇，義民之稱來自於清領時期，客家籍移民參與協助平亂或分類械鬥而犧牲之孤魂。後世感其義行為之立廟祭祀，為台灣客家族群除三山國王外，另一主要信仰之神祇。

19. **有應公**：泛指民間或因意外凶死，或因民變戰亂客死異鄉，無人收屍的無主孤魂，被善心人士收容祭祀者。又稱「金斗公」、「萬應公」、「大眾爺」、「萬善爺」等。民間信仰中認為，這些孤魂因感念被收容祭祀，而有求必應，故民間稱之為「有應公」。

20. **阿立祖**：又稱「阿日祖」、「老祖」、「尪祖」，阿立祖是西拉雅族和馬卡道族人的祖靈兼守護神，其地位有如漢人信仰的天公。祭祀阿立祖的社群祭壇稱之為「公廨」（Konkai），目前台南市白河、大內計有8處公廨。同時，左鎮、頭社等地之西拉雅族後裔仍保有阿立祖的信仰，並傳承著西拉雅族拜壺與夜祭等祭典儀式。

三、物靈崇拜之神祇

1. **門神**：門神主司驅邪保宅，漢代時以神荼和鬱壘為門神，唐代以後則漸以秦瓊（叔寶）與尉遲恭（敬德）取代之，其後亦有以鍾馗為門神者。

2. **虎爺**：虎爺主要隨祀於保生大帝廟或土地公廟，虎爺有驅邪除魔、鎮護廟宇的功用，故一般廟宇亦常見供奉虎爺。

圖 5-9　虎爺

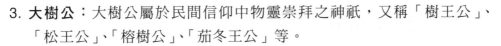

3. **大樹公**：大樹公屬於民間信仰中物靈崇拜之神祇，又稱「樹王公」、「松王公」、「榕樹公」、「茄冬王公」等。

4. **石頭公**：石頭公又稱「石將軍」、「石佛公」、「石聖公」等。民間信仰相傳拜石頭公，可使子女身體健康、頭殼堅硬。因此家中有小孩者，會以紅繩串一銅錢祭拜後繫於孩童身上，同時小孩也成為石頭公的義子，求其保佑平安成長。

5. **床母**：即床的神明。「人生百歲，床睡五十」，昔時農業社會，不論新婚洞房、婦女生產都需祭拜床母。尤其，婦女生產後，必會設置床母神位祭拜，以感謝保佑母子平安，直到小孩長大成年。只是隨著時代的改變，床母的祭祀習俗已然式微。

第二節　廟宇與廟事

　　台灣廟宇林立，可說是 3 步一小廟，5 步一大廟。據內政部民政司每 10 年 1 次的統計，至民國 92 年止，列冊在案之全台寺廟，高達 11,384 座，其中又以媽祖廟、王爺廟、城隍廟、保生大帝廟、關帝廟、土地公廟等為數最多也最普遍。

　　台灣民間信仰的發展，始於明末清初，大量的漢人來台移墾。大多數來自唐山的漢人移民，為求渡海平安與移墾順利，往往會從原鄉將神蹟顯赫的神明分香，如媽祖、各姓王爺、保生大帝、關帝、觀音、清水祖師、三山國王等。最初移民們將這些分香神明搭建草寮供奉，及至聚落形成之後，乃建成神壇或小廟奉祀。而後又因聚落發展與社會變遷的影響，遂成為目前台灣各地各種規模大小與屬性不同之廟宇。

　　廟宇不僅是各地方信仰，文化與政經的中心，更是解決善信需要，慰藉心靈，終年求神問卜、燒香祈福，舉行各種廟事的場所。因此，要了解台灣的民間信仰與及台灣的歷史文化，則必須從台灣的廟宇與廟事入門。

一、常見的廟宇

（一）媽祖廟

　　媽祖是台灣民間信仰中，最受敬仰的神祇之一，俗云「家家觀世音，戶戶媽祖廟」，媽祖廟可說遍布及於全台各地。其中較著名者參見表 5-1。

表 5-1　全台著名媽祖廟

廟宇名稱	廟宇所在地	備註（省級、市定從略）
基隆慶安宮	基隆市	
士林慈諴宮	台北市士林	國家三級古蹟
淡水福佑宮	台北淡水	國家三級古蹟
新莊慈佑宮	新北市新莊	國家三級古蹟
八里天后宮	新北市八里	
宜蘭昭應宮	宜蘭市	國家三級古蹟
宜蘭頭城慶元宮	宜蘭縣頭城鎮	
桃園中壢仁海宮	桃園中壢	
新竹長和宮（外媽祖）	新竹市	國家三級古蹟（竹塹城外）
新竹天后宮（內媽祖）	新竹市	（竹塹城內）
白沙屯拱天宮	苗栗縣通霄	
大甲鎮瀾宮	台中市大甲	
台中萬和宮	台中南屯	國家三級古蹟
彰化天后宮（內媽祖）	彰化市	
彰化南瑤宮（外媽祖）	彰化市	國家三級古蹟
鹿港天后宮	彰化縣鹿港	國家三級古蹟
鹿港新祖宮	彰化縣鹿港	
北港朝天宮	雲林縣北港	國家二級古蹟
新港奉天宮	嘉義縣新港	國家三級古蹟
溪北六興宮	嘉義縣新港	國家三級古蹟

表 5-1 全台著名媽祖廟（續）

廟宇名稱	廟宇所在地	備註（省級、市定從略）
朴子配天宮	嘉義縣朴子	
嘉義港口宮	嘉義縣東石	
台南護庇宮	台南市鹽水	
善化慶安宮	台南市善化	國家三級古蹟
台南大天后宮	台南市中區	國家一級古蹟
台南開台天后宮	台南市安平	
開基天后宮	台南市北區	國家二級古蹟
台南鹿耳門開基天后宮	台南市安南區顯宮	
台南土城盛母廟	台南市安南區土城	
旗后天后宮	高雄市旗津	國家三級古蹟
六堆天后宮	屏東縣內埔	國家三級古蹟
台東天后宮	台東市	
澎湖天后宮	澎湖馬公	國家一級古蹟

　　清代以前，媽祖原被稱為「天妃」，及至康熙 23 年敕封媽祖為「天后」，始稱媽祖廟為「天后宮」。尤其以官方敕建之媽祖廟為代表，如：台南大天后宮、澎湖天后宮等。亦有稱之為「聖母廟」者，乃取民間信仰，尊其為「天上聖母」之意，如土城聖母廟為其代表。

　　傳統上，一般媽祖廟之建築規制與格局，大抵仿湄州媽祖廟而建，間有少數在體制與規模上做改變者，如前述土城聖母廟之建造規模為其一例。通常媽祖神像座前，都會列有千里眼及順風

圖 5-10　媽祖廟

耳兩大神像,做為媽祖之左右護法,也代表著媽祖能眼觀四面、耳聽八方之意。

媽祖廟中之神像,依分靈自祖廟之不同而有:「大媽」、「二媽」、「三媽」、「五媽」,乃至於「六媽」等。[1]又依臉部顏色之不同而有:「粉面媽」、「黑面媽」及「金面媽」等。另依功能造型之不同而有「船頭媽」及「軟身媽」等。[2]

(二)王爺廟

民間信仰中,除了媽祖以外就數王爺信仰最為普遍。其中較著名者參見表 5-2。根據學者統計指出,台灣王爺廟的總數僅次於土地公廟和有應公廟,其中又以台灣西南部沿海及澎湖、小琉球等地區,分布最密且最多。

表 5-2　全台著名王爺廟

廟宇名稱	廟宇所在地	備　註
馬公海靈殿	澎湖馬公	
馬公威靈殿	澎湖馬公	
馬公溫王殿	澎湖馬公	
鹿港奉天宮	彰化鹿港	
鹿港護安宮	彰化鹿港	
雲林馬鳴山鎮安宮	雲林褒忠鄉	
雲林虎尾德興宮	雲林虎尾	
雲林麥寮鎮西宮	雲林麥寮	
雲林五條港安西府	雲林台西鄉	

[1] 相傳湄洲祖廟有六尊開基媽祖神像,依排序分為「大媽」至「六媽」。通常台灣之媽祖廟以分靈自開基祖廟之大媽者稱之為「大媽」,由二媽分靈出來者稱之為「二媽」,其餘各媽以此類推。

[2] 媽祖為海洋的守護神靈,早期移民與漁民出海祖時,常會於船上供奉媽祖,待回航時再將媽祖供迎回媽祖廟中奉祀,民間稱之為「船頭媽」。又為了攜帶方便,多為 1 尺 3 寸以下小尊神像,且以軟身造型居多。

表 5-2　全台著名王爺廟（續）

廟宇名稱	廟宇所在地	備　註
嘉義鎮南神聖宮	嘉義市	
嘉義東石靈慈宮	嘉義東石	
嘉義東石港先天宮	嘉義東石	
台南普濟殿	台南市	
台南保安宮	台南市	
台南灣裡萬年殿	台南市	
台南南鯤鯓代天府	台南市北門區	國家二級古蹟
台南頂山代天府	台南市七股區	
台南佳里金唐殿	台南市佳里區	國家三級古蹟
台南麻豆代天府	台南市麻豆區	
台南蘇厝長興宮	台南市安定區	
台南保西代天府	台南市歸仁區	
高雄鼓山鎮安宮	高雄市	
高雄小港鳳儀宮	高雄市	
高雄一甲代天府	高雄市路竹區	
高雄茄萣萬福宮	高雄市茄萣區	
屏東東港東隆宮	屏東縣東港鎮	
屏東琉球三隆宮	屏東縣小琉球	

　　王爺之由來與神格，眾說紛云，甚至有以鄭成功化身為王爺者，或「有應公」升格者，如府城小南城隍廟的朱一貴即為其例。而學者多數主張王爺乃死於瘟疫的厲鬼，所演化成之瘟神。台灣早期屬移民社會，移墾之初，由於環境惡劣，瘴癘瘟疫時起，移民們乃多崇

圖 5-11　王爺廟

祀瘟王以祈平安。王爺又稱為「千歲」、「大人」、「代天巡狩」等，而其廟宇普遍稱為「代天府」。最有名之王爺廟如：東港東隆宮、麻豆代天府、南鯤鯓代天府（民間俗稱南鯤鯓五王廟）等。

（三）城隍廟

按《台灣省各縣市寺廟名冊》所記，全台各地之城隍廟，高達近百座之多。明清時期，城隍廟為官方敕建之廟宇，依規定於各地縣城均須建置城隍廟，以管理民間陰陽等事務，因此台灣城隍廟的建祀，與地方開拓的早晚、行政建置的先後有著極其密切的關係。台灣各地以台灣府城隍廟為首的著名城隍廟參見表 5-3。

表 5-3 全台著名城隍廟

廟宇名稱	廟宇所在地	備註 （依建廟時間排序）
台灣府城隍廟	台南市	明永曆 23 年（1669） 國家二級古蹟
台灣首邑縣城隍廟	台南市	清康熙 50 年（1711）
諸羅縣城隍廟 （今嘉義市城隍廟）	嘉義市	清康熙 54 年（1715）
鳳山縣城隍廟 （今舊城城隍廟）	鳳山市	清康熙 57 年（1718）
澎湖廳城隍廟 （今文澳城隍廟）	澎湖縣馬公	清雍正 8 年（1730） 國家三級古蹟
彰化縣城隍廟 （今彰邑城隍廟）	彰化市	清雍正 11 年（1733）
淡水廳城隍廟 （今新竹都城隍廟）	新竹市	清乾隆 13 年（1748） 國家三級古蹟
安平鎮城隍廟 （今安平城隍廟）	台南市安平	清乾隆 14 年（1749）

表 5-3　全台著名城隍廟（續）

廟宇名稱	廟宇所在地	備註 （依建廟時間排序）
澎湖廳城隍廟 （今馬公城隍廟）	澎湖縣馬公	清乾隆 43 年（1778） 國家三級古蹟
鳳山縣（新治）城隍廟 （今鳳邑城隍廟）	鳳山市	清嘉慶 5 年（1800）
噶瑪蘭廳城隍廟 （今宜蘭市城隍廟）	宜蘭縣宜蘭市	清嘉慶 18 年（1813）
大稻埕霞海城隍廟	台北市	清咸豐 9 年（1859） 國家三級古蹟
苗栗縣城隍廟	苗栗市	清光緒 15 年（1889）
台灣府城隍廟 （今台中市城隍廟）	台中市	清光緒 15 年（1889）

資料來源：內政部《台灣省各縣市寺廟名冊》

　　除了官建城隍廟之外，亦有早期移民由原鄉城隍廟分靈而來，經長時間之發展，而香火鼎盛，威名顯赫者如：台北大稻埕霞海城隍廟（分靈自福建同安霞海城隍廟），鹿港鰲亭宮（晉江石獅城隍廟），嘉義鹿草中寮安溪城隍廟（福建安溪城隍廟）等。其中又以大稻埕霞海城隍廟最負盛名，每年農曆 5 月13 日城隍爺繞境，可說是萬人空巷，熱鬧非凡。

圖 5-12　城隍廟

　　城隍爺扮演著陰間衙門的角色，廟宇格局陰森可布，廟中衙役神像造型兇惡，令人生畏。尤其每一座城隍廟的楹聯、橫匾更是句句警世，

如：台灣府城城隍廟的「爾來了」三字，[3]警世之意不言可喻，又如：首邑縣城隍廟正殿之楹聯「陽報陰報善報惡報速報遲報豈曰不報」、「天知地知神知鬼知你知我知真云不知」，更是發人深省。

台灣神明除了主掌功名與祿位的文昌帝君之外，城隍廟中主司考試的考功司和學政司，更是每遇考季，赴試學子們，香火絡繹不絕祈求科考順利之神祇。

（四）保生大帝廟

保生大帝廟，乃是祀奉「吳真人」或俗稱「大道公」的主要廟宇。全台奉祀保生大帝的廟宇，以稱「慈濟宮」者為最多，如學甲「慈濟宮」、左營「慈濟宮」等，最主要取保生大帝慈悲為懷懸壺濟世之意。亦有稱「興濟宮」者，如台南府城上大道之「興濟宮」。或以保佑同安人為其意之「保安宮」，較有名的如台北大龍峒「保安宮」及全台各地之「保安宮」。

1. **學甲「慈濟宮」**：學甲「慈濟宮」，相傳為明永曆年間國姓爺東征時，其部將自同安白礁祖廟迎靈來台，奉祀於學甲頭前寮將軍溪畔，因此被稱之為台灣保生大帝廟的開基祖廟。每年農曆 3 月「上白礁」謁祖祭典，更是台灣民間信仰中重要的廟會之一。

2. **台南「興濟宮」**：又稱「觀音亭興濟宮」，府城居民口中的「頂大道公廟」。[4]位於鎮北坊觀音亭右鄰，相傳係鄭成功部將所遺留保生大帝之香火而塑像奉祀，入清後乃建廟，被認為是全台建造最早的大道公廟。廟宇建築精美，廟中彩繪為府城名師陳壽彝之大作。終年香火鼎盛，乃名聞遐邇的大道公廟。

---

[3] 「爾來了」與天壇的「一」字匾、竹溪寺的「了然世界」、祀典武廟的「大丈夫」合稱府城四大名匾。

[4] 府城居民稱興濟宮為「頂大道公廟」，以別於「下大道公廟」的良皇宮。

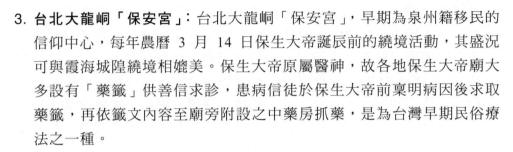

3. **台北大龍峒「保安宮」**：台北大龍峒「保安宮」，早期為泉州籍移民的信仰中心，每年農曆 3 月 14 日保生大帝誕辰前的繞境活動，其盛況可與霞海城隍繞境相媲美。保生大帝原屬醫神，故各地保生大帝廟大多設有「藥籤」供善信求診，患病信徒於保生大帝前稟明病因後求取藥籤，再依籤文內容至廟旁附設之中藥房抓藥，是為台灣早期民俗療法之一種。

（五）關帝廟

在台灣，祭祀關公之廟宇亦不在少數。滿清入關後為消彌民間反清的思想，將明代崇祀為武聖之岳飛改敕封為關公，因此祭祀關公之廟宇被稱之為「武廟」。著名如：稱為大武廟的「台南祀典武廟」、稱為小武廟的「開基武廟」、「鹿港武廟」、「鹽水武廟」等。而移民或聚落庄頭所建祀者多稱為「關帝廟」，或取關公之出身地為名的「山西宮」等。此外，民間信仰又尊關公為「恩主公」，因此全台各地亦有大小規模以關公為主祀的「恩主公廟」，如台北行天宮等。

1. **台南「祀典武廟」**：台南祀典武廟俗稱「大關帝廟」，據傳建於明永曆年間，史料記載康熙時建為今日之規模，每年春秋及其壽誕，祀以太牢，是為祀典武廟。今為國家一級古蹟，善信遊客絡繹不絕，廟中橫匾「人倫之至」、「大丈夫」等更是耐人尋味。

2. **「開基武廟」**：開基武廟始建於明永曆年間，俗稱「小關帝廟」或「關帝廳」。以別於祀典武廟之「大關帝廟」。關公在民間信仰中又扮演著「武財神」的角色，因此「開基武廟」也是「武市」生意人崇祀的重要廟宇。廟中橫匾如「行大道」、「立人極」意味深遠，神龕前之楹聯「入此廟當要出此廟，莫混帳磕了頭去；拜斯人便要學斯人，須仔細捫著心來」，句句更是觸人心弦，發人深思。

3. **「鹿港武廟」**：鹿港武廟建於嘉慶 17 年（1812），廟中主祀關帝聖君，神像中之關公、周倉、關平等神情威嚴，栩栩如生，為昔時福建名師之作，廟中有一口虎井，水質甘美，號稱「蓬萊第一泉」。

4. 「**鹽水武廟**」：昔日清代之港市貿易有「一府二鹿三艋舺四月津」之稱，月津即今日之鹽水。鹽水武廟據記載乃明永曆 22 年（1668）由鄭成功部將何積善等人所倡建，近世因鹽水蜂炮而聞名全台。清光緒 11 年（1885），鹽水流行瘟疫，民眾恐慌之餘，祈求關聖帝君消災解難。信徒依神明指示，於帝君神轎後一路燃放鞭炮，繞境全鹽水，終至瘟疫解除。鹽水鎮民為感神恩，每年元宵恭請武廟之帝君出巡，而有今日遠近馳名之「蜂炮」民俗廟會。

（六）土地公廟

從台灣俗諺「田頭田尾土地公」，不難看出土地公廟在台灣民間信仰中地位之重要與廟祠之多且普遍。土地公是社稷的社神，亦是土地的守護神，在漢人眼中「有斯土即有斯神」，不論士農工商皆崇祀之，因此土地公廟隨處可見。 土地公又稱「福德正神」、「伯公」或「后土」等，台灣的土地公廟因此又稱之為「福德祠」、「伯公廟」，或於鄉野小路或墓旁立一石塊上書「后土」者。因應著時代的需求與社會的發展，人們對於神明與信仰的需求越來越多元。原本簡陋樸實的土地公廟，也轉變成越來越富麗堂皇，愈中大型化、企業化的瓊樓玉宇了。全台各地較著名的土地公廟有如：

1. 車城「**福安宮**」：座落於屏東車城的福安宮，堪稱全省規模最大的土地公廟，整年香火鼎盛，香客絡繹不絕。福安宮的土地公乃全省土地公中神格最高者，清乾隆時曾受褒封為王爺並賜王冠與龍袍的土地公，因此全台土地公不分大小多會前往進香。

2. 九份「**福山宮**」：據稱該廟為日治時期全台最大的土地公廟，也是全台唯一拜金的土地公廟，亦屬王爺級的土地公廟。曾因採金礦之發達而香火鼎盛，如今也因礦業沒落而香火衰落。

3. 「**府城總爺總祿境廟**」與「**鎮轅境頂土地公廟**」：前者為民建，亦稱「總爺街福德祠」；後者為官建，亦稱「頂土地公廟」，兩廟均屬明清時期，府城鎮北坊中著名的土地公廟。

4. 「四結福德廟」：建於清同治年間，為蘭陽平原上歷史最久亦最著名的土地公廟。廟中巨型金身的土地公，最為令人側目。

5. 「烘爐地土地公廟」：位於新北市中和的烘爐地，有著全台最大的土地公神像。

6. 竹山「紫南宮」：座落於南投竹山的紫南宮，近幾年來香火之盛，為全台土地公廟之冠。前往該廟求取發財金之善男信女，可謂趨之若鶩，不絕於途。

二、廟宇的屬性

台灣的廟宇，通常因官方敕建、移民分靈或其他如有應公、大眾爺等升格等原因所形成。台灣民間信仰的廟宇，常因不同祖籍，不同原鄉的移民，帶來不同的神祇。隨著移墾地域環境與社會之發展，而有著許多不同屬性之廟宇，台灣的廟宇依照轄境之大小，大致可分類為如下幾種屬性之廟宇。

（一）角頭廟

所謂角頭是指庄社、街市中的小聚落或群體，如高雄市湖內區的海埔村就曾有海埔、大海埔、菝仔林、頂李仔、下厝仔等角頭，劉家村則有姓劉仔與小海埔兩個角頭，這種現象通常與來自原鄉同宗族人聚居有關。角頭廟，大抵由庄內角頭居民共同興建、祭祀。若一庄頭內有二個以上之角頭，則常會形成二座以上各擁其主的角頭廟，以分庭抗禮。

（二）庄頭廟

通常一個村莊不分大小，會有一座庄頭主廟，此類型的廟宇，最多以媽祖、亦有以關公、保生大帝或王爺為主神保護鄉里者。以台南市仁德為例，大甲村的萬龍宮（主祀二府千歲），保安村保安宮（主祀保生大帝）即屬此類性質的廟宇。

（三）街廟

可說是與庄頭廟屬同一層級之廟宇，街鎮指得是人口密集，交通便利，商業功能較發達的庄社，因此其轄境往往涵蓋數個村落或庄社，如岡山的壽天宮，高雄湖內鄉大湖村的碧湖宮等屬之。

（四）聯庄廟

聯庄廟是指數個庄聯合共建共祀的廟宇，其轄境與街廟同樣涵蓋著數個庄社或村里。以高雄市為例有田寮區大崙頂聖母宮（主祀媽祖），阿蓮鄉清和宮（主祀辛府元帥）等屬之。而最著名者又如台中樂成宮的旱溪媽祖十八聯庄繞境活動。

（五）大廟

大廟指的是位於街市之古老廟宇，或街廟，或聯庄廟，因香火鼎盛、地利之便而為鄉鎮的信仰中心，其轄境往往遠被其他鄰近鄉鎮之廟宇。如北港朝天宮、大甲鎮瀾宮等廟均屬之。

三、相關廟事

民間信仰中常見的求神問卜，祈求保佑，消災解厄之相關廟事，有如下幾種。

（一）焚香燒金

民俗信仰中，善男信女祈神膜拜時，必會焚香頂禮，透過裊裊香煙，引領上界神明、傾聽善信們的祈求。通常信徒們所使用的香稱為線香，台灣常見的線香，共分為黑、黃、紅三種顏色，黑色通常用於喪事及法事，黃、紅色則用於祀神祭祖。

燒化金銀紙錢乃民間信仰中祭祀時不可或缺之行事，民間藉由祀神祭祖時，燒化金銀紙錢，以表孝敬之意，冀望獲得神明祖先之庇佑與賜福。神祇之神格不同，使用的金紙亦不同，如拜天公用「天公金」，一般

神祇用「壽金」，拜土地公則用「土地公金」，又稱為「福金」，而祭祀祖先則用「公媽金」等。

（二）擲筊

圖 5-13　擲筊

凡台灣之廟宇，於神像前均置有「筊杯」數對。筊杯又稱為「杯」，故民間稱擲筊為跋杯。擲筊是一種信徒透過杯筊來與神明溝通的方式，信徒問事或求籤時，或將筊杯以雙手捧於胸前，或頂禮於額頭，跪向神明，清楚稟報自己的姓名、出生年月日、住址及所求之事，並請允所求後，將筊杯輕輕拋出使落於地面。筊杯的組合，代表神明聖意有以下三種：

1. 「**聖杯**」：台語稱之為「上杯」，筊杯呈一陰一陽，表示神明應允所求之事。通常為求慎重多以連三聖杯為準。

2. 「**笑杯**」：兩面陽面（平面）朝上，表示神明未做明確指示，或所求問之事不夠清楚，可以重新擲筊請示神明。

圖 5-14　聖杯

圖 5-15　笑杯

3. 「**陰杯**」：兩面陰面（凸面）朝
   上，表示神明不允，必須重新擲
   筊請示。

圖 5-16　陰杯

（三）扶輦

又稱「扛輦」或「扶乩」或「扶鸞」，乃以代表乩架的一小木椅，左
右橫綁二竹竿，將神像置於乩架上，由乩童扶住，於神像前問事。代表
乩筆的竹竿點敲桌面之後，由俗稱「桌頭」之神職人員向問事者解說神
明旨意。

（四）過火

過火或稱「過生火」，乃民間信仰中常見顯現神力及潔淨的儀式，過
火通常是神明進香回駕之前，於廟前堆放金紙與木炭燃燒，讓神轎前
導，信徒隨之踏火而過。一來顯示神力、強化神威，且令信徒得以除穢
解厄，消災避禍。其中亦有「摔鹽米」之儀式，民俗信仰中認為摔鹽
米，可以避邪除煞，而事實上，撒鹽於火上具有降溫之作用。

（五）乞龜

乞龜通常在各廟宇神明聖誕祭典時舉行，廟方提供紅龜、麵龜、風
片龜、金錢龜等讓信徒卜龜，卜得龜者必須於次年加息「還龜」。

（六）過平安橋

平安橋又稱七星橋，多數大型廟宇在神明壽誕時，會於廟前搭建
「七星平安橋」，橋下置有蓮花、烘爐、水盆等。信徒過橋之前，需先行

燒金點香祭拜神明。然後向工作人員索領「解厄紙」，並由「乩童」或「輦轎」作法，以示潔淨。過橋之後，依序排成一列，將解厄紙交予法師（司令），法師單手持香及法鈴，口唸咒語於信徒身體前後上下搖動作法，以求神明庇佑，逢凶化吉，消災解厄。

圖 5-17　七星橋（一）

圖 5-18　七星橋（二）

（七）安太歲、點光明燈

民間向有「太歲當頭座，無災恐有禍。」民間曆法以 60 年為一甲子，民間信仰中認為 60 年中，每年都會有「太歲星君」輪值。凡是出生之干支年與值年太歲之干支相同者，稱為「犯太歲」，由於太歲屬凶神，因此犯太歲之信徒，為求消災免禍，會於新春期間擇吉日前往廟中或在自家佛堂中安奉太歲。

圖 5-19　光明燈

「光明燈」又稱「長明燈」，點光明燈與安太歲，同屬於民間一種為了安穩心靈、消災祛禍，平安納福的傳統民間信仰活動。

214

第三節　民俗廟會

　　民俗廟會是民間信仰中極其重要的祭典與活動。台灣的廟會經由時代背景、社會環境的變遷，發展而成為如今深具傳統與地方特色的庶民文化活動。舉凡神佛誕辰、歲時節慶、建廟清醮，都有著各具特色熱鬧非常的民俗廟會活動。

　　台灣民俗廟會，豐富多樣的內涵，除了具歷史知識、傳統文化、民間藝術與大眾娛樂之功能外，更扮演著社會教化、心靈慰藉、凝聚鄉土意識功能的角色。整體而言，不論從內在蘊涵與外在呈現上都可說是台灣鄉土文化的一幅縮影。

　　一整年中鑼鼓喧天絡繹於途的民俗廟會在全台各地不斷的粉墨登場。諸如：迎神請神、陣頭遊行、元宵蜂炮、炸寒單、中元搶孤、放水燈天燈、鑽轎腳、過平安橋、過火、神豬大賽、野台戲酬神等。台灣素有「三月瘋媽祖、四月迎王爺，五月瘋城隍」之諺語。因此媽祖繞境、燒王船與城隍爺出巡自然成為台灣民間信仰中最具代表性也最為重要之民俗廟會活動，而各式陣頭更稱得上是使得這些廟會更加生色的化妝師了。

一、媽祖繞境

　　台灣素有「三月瘋媽祖」的民間俗諺。約定俗成的，每年農曆 3 月 23 日「媽祖生」前後，各地媽祖廟都會舉辦大型祭典廟會，進香或繞境活動。[5]

---

[5]　「進香」指的是前往歷史較久、香火興盛的廟宇去朝香，或以「掬火」方式，或以交香方式沾取對方之香火。

（一）「大甲媽」繞境

大甲鎮瀾宮長久以來是台灣中部地區媽祖信仰的重鎮，每年於元宵節當晚「擲杯」決定繞境進香之日期，並進行「搶香」活動，以決定「頭香」、「貳香」、「三香」誰屬。1988 年以前，原本前往北港朝天宮進香之活動，雙方因故交惡，遂於 1988 年起，改往新港奉天宮進香。為期八天七夜的繞境活動，長途跋涉經過台中、彰化、雲林、嘉義等四縣市，凡 15 鄉鎮，60 多座廟宇。規模之大，參與信徒之眾，可稱全台之冠。

大甲媽起駕通常多在凌晨子時，由報馬仔在前探路，龐大的香陣則由開路鼓及頭旗領隊，後頭依序跟著頭灯、三仙旗、大鼓陣等前鋒陣頭，接著包括繡旗團、執事團、千里眼、順風耳大神尪仔等在前護駕，簇擁著金碧輝煌的媽祖鑾駕緩緩前行。緊隨著神轎之後的，則是數以萬計的進香團客，雙手持香絡繹於途。鑾駕所經之處，信徒無不備齊香案，頂禮跪拜，同時由神轎下爬行而過，即俗稱的「鑽腳下」，祈求媽祖庇佑，消災解厄。民間信仰虔誠之情，可見一斑。

（二）府城「迓媽祖」

台南大天后宮的府城「迓媽祖」，歷史相當久遠，早在清咸豐年間即有文獻記載；道台徐宗幹《斯未信齋雜錄》卷 5〈壬癸後記〉：

> 咸豐壬子年三月二十三日，為天后神誕，前期，台人循舊俗，迎嘉邑北港廟中神像至郡城廟供奉，[6] 並巡歷城廂內外而回，焚香迎送者，日千萬計⋯ 。

傳統的府城迓媽祖是以南北路媽府城會香為主，包括雲嘉南高等信仰境、交陪境之廟宇神明，都會共襄盛舉，前來會香。可說是極具歷史性及代表性的媽祖廟會之一。

6　即台南大天后宮。

圖 5-20　府城迓媽祖（一）　　　　　圖 5-21　府城迓媽祖（二）

（三）北港迎媽祖

　　北港舊稱笨港，故民間又稱北港媽為笨港媽。笨港當地民眾感戴媽祖庇佑，每年都會回福建湄洲謁祖祭拜，並依農曆 3 月 19 日媽祖登陸時間，回到笨港，同時舉行盛大的迎媽祖繞境活動。繞境隊伍聲勢浩大，各式陣頭及護駕的神轎，加上緊隨在後的香客，熱鬧非常。

　　笨港媽的主神轎稱為「祖媽轎」，其他地區自朝天宮依分香的時間順序，稱之為二媽、三媽、四媽、五媽與六媽神轎，加上其他神祇的進香神轎，組合而成龐大的神轎陣，除「祖媽轎」之外的其餘各神轎都必須接受民眾「炸轎」民俗的洗禮，其中尤以俗稱武轎的「虎爺轎」及「六媽轎」更是炮火集中的對象。

（四）白沙屯媽祖進香

　　白沙屯拱天宮每年依往例，於農曆 12 月 15 日以「擲筊」方式，決定前往北港朝天宮進香日期、刈香及回駕的時間，由轄境內信眾徒步前往朝天宮進香，自咸豐年間迄今已逾 150 年歷史。

　　白沙屯媽祖進香最大的特色，是沒有固定的進香路線及停駕地點，全需依媽祖指示。因此，地方信徒事先並不知道媽祖鑾駕是否會途經當地。

二、王船祭

　　王船祭為王爺信仰中最具指標意義的廟會活動，如前節所述，王爺乃一種瘟王的民間信仰之神祇。根據學者研究指出，送王船其實就是早期民間一種為了消除瘴癘、鼠疫等送走瘟疫的行為。陳孟林《諸羅縣志》卷8〈風俗志〉：

> 斂金造船，器用幣帛服時悉備，召巫設壇，名曰醮。三歲一舉，以送瘟王，醮畢，盛席演戲，執事儼恪進酒食，既畢乃送船入水，順流暢帆以去。

　　各地的王船祭，大抵每三年一科，包括各代天府的請王揭開序幕，祭祀科儀、王爺繞境（出巡），盛席宴客，壓軸戲則為王船遊天河，這些王船被送入海中或焚燒以示送走瘟王。其較著名之王船祭如：西港鎮安宮、東港東隆宮的燒王船、南鯤鯓代天府（五王廟）的王船祭及蘇厝長興宮的王船化火等祭典。

圖 5-22　賜福宮燒王船（一）

圖 5-23　賜福宮燒王船（二）

三、城隍爺繞境

　　城隍爺繞境最負盛名者為台北大稻埕霞海城隍爺出巡活動。早在日治時期，台北迎城隍就已經是和北港迎媽祖，南北呼應成為兩大迎神賽會。萬人空巷，熱鬧的廟會及繞境遊行可說家喻戶曉。

圖 5-24　開路鼓

圖 5-25　七爺與八爺

　　一般城隍爺出巡的隊伍包括報馬仔、地方長老，開路的關牌、大旗令號、開路大鼓、七爺、八爺、執事團（肅靜、迴避、敕封顯佑伯）、差役、涼傘、爐主及神明鑾駕。駕前的七爺、八爺手持鐵鍊手銬、[7]火籤及虎頭牌，更是令奸佞之徒望而生畏。

四、廟會陣頭

　　「陣頭」是廟會中最能代表庶民生活與反映在地文化的民俗活動，無論規模大小之迎神賽會，都會有著多彩多姿且頗受側目的陣頭。這些陣頭、伴隨神明出巡護駕，除具祛邪招福的功能外，更有匯集人氣，營造嘉年華會氣氛的效果。

　　在廟會中最常見也較普遍的陣頭，如具有宗教信仰意義的宋江陣、八家將等陣頭，又或代表民間藝陣的南管與北管，饒富趣味性與戲劇色彩的跳鼓陣、桃花過渡、牛犁陣等，間或有依附在香陣行列中的陣頭如報馬仔、執事團、繡旗團等。這些陣頭，不論是顯現出宗教信仰莊嚴肅穆的威儀，或是一種即興插科打諢的小戲演出，可說都是演繹著台灣民間信仰與常民情感生活的一齣活體戲。

7　七爺、八爺或稱黑白無常，白無常－謝必安，帽頂書有「一見大吉」，遇者下跪祈福，必獲庇佑。黑無常－范無赦，「善惡分明」，為惡之徒遇之，必晦氣罩頂。

（一）宋江陣

　　宋江陣是廟會陣頭中，最具聲勢也最負盛名的宗教性陣頭。宋江陣之緣起，眾說紛云，而就學者的考據指出，宋江陣為中國古代類似民間的自衛組織。乃源自於北宋時水滸傳中梁山泊的英雄人物，由宋江帶領的一百零八好漢，所組合而成具武術性、軍事性的陣頭。

圖 5-26　宋江陣

　　宋江陣的陣法相當之多，岳飛破金的拐子馬、戚繼光的鴛鴦陣等都極相似。日後鄭成功的鄭家軍，乃至清代分類械鬥時地方庄頭的自衛民團，都是以宋江陣為主力。整體而言，宋江陣普遍流行於南部地區，尤以台南、高雄地區為盛。而台灣最知名且陣頭最多者，則首推昔稱羅漢門的高雄市內門區，具歷史傳承與特色的宋江陣，可說是代表當地在地文化的最大特色。

（二）八家將

　　八家將又名「什家將」或「家將團」，通常完整的八家將陣頭其實是由十三將所組成；其角色大抵如下：

1. 什役，負責挑刑具為前導。

2. 文差在左，手持令牌。武差在右，手持令旗。

3. 甘爺、柳爺，手握戒棍，職司刑罰。

4. 七爺、八爺，負責捉拿。

圖 5-27　八家將

5. 春神手提木桶、夏神手托火盆，秋神手握金光槌，冬神身繞壽蛇，四神主司盤查審問。

6. 文判、武判殿後，職司判押。

八家將於主神明出巡繞境時，腳踏七星步或八卦步等協助緝拿鬼魅，以求安民保境。

（三）南管、北管

南管是流行於中國南方閩南地區的音樂，使用之樂器大抵有洞簫、琵琶、二弦、三弦的上四管，加上響盞、叫鑼、四塊、扁鼓的下四管等，合稱八音，或有另加拍板，小嗩吶等合稱十音者。然而在台灣陣頭中亦有以橫笛取代洞簫，以月琴取代琵琶，又加上電子琴者，十足表現出具台灣味的鄉土與現代融合之民間藝術。

北管則流行於中國長江以北地區，台灣之北管樂大致上在明鄭時期或清領時期傳入，主要以宜蘭地區為大本營。北管所使用樂器大抵有，胡琴、嗩吶、月琴、鼓琴等所謂文場樂器，和鑼、鼓、鈸等所謂武場的樂器。

基本上，南管音樂較溫柔婉約，北管則剛勁有力、慷慨激昂。也許是另一種巧合，台灣廟會陣頭中，北部以北管為盛而南部則流行南管。

（四）跳鼓陣

俗稱「弄鼓花」。吳新榮等《台南縣志》：

> 兩人一對手，一人持涼傘，一人抱大鼓，涼傘打迴旋，大鼓雙面打，邊打邊舞。另有打鑼手三、四人圍住大鼓，邊打邊舞之，其狀天真浪漫，爽然欲醉，又名弄鼓花。

跳鼓陣相傳為鄭成功時練兵比武而來，每逢比武競技時，由助威者在旁擊鼓跳躍，演變而成日後之陣頭技藝。

圖 5-28　跳鼓陣

（五）桃花過渡

　　由一旦一丑加上兩位樂工所組成之民俗藝陣，戲碼乃描述老船夫與桃花姊仔，兩人以唱歌方式爭辯取勝（相褒）之情節。整體內容雙方打情罵俏，互相挑情，極其逗趣。

（六）牛犁陣

　　也稱為「牛犁歌」或「駛犁歌」。演出時通常為三生三旦，載歌載舞相互答唱，或調情，或相互捉弄，或做牛頭推犁狀，或搖或擺。詼諧、活潑，充分反映出早期農村社會現實而典型的情感生活與輕鬆愉快的一面。

（七）報馬仔、執事團、繡旗團

　　「報馬仔」在香陣中，主要是扮演探路與報訊的角色，沿途通報進香地香陣已經到達之訊息。扮演報馬仔者通常是年長者，以示德高望重。身穿清朝服飾，外披羊毛襖，頭戴斗笠，眼載老花眼鏡，嘴留燕尾鬚，扛著煙褲當扁擔，上掛豬腳與韭菜（代表長生），左腳草鞋，捲褲管，右腳赤足。沿途敲鑼打鼓，通報香陣駕到。報馬仔的香陣，主要見於中部地區，最具代表者為「大甲媽祖繞境」與「鹿港媽祖繞境」。

　　「執事團」為常見於香陣主神轎之前的儀仗隊，通常以三十六執事為主。執事大抵手持兵器或稱為長腳牌的長形木牌。長腳牌基本上分為：（1）主神牌，上書廟名與神明稱號；（2）巡狩牌，上書玉敕代天巡狩等字樣；（3）迴避牌；（4）肅靜牌等。

　　「繡旗團」通常成員為香客自願登記參加者，故無固定的編制與班底。參與繡旗團之成員，一律身著清代士兵服飾，頭戴斗笠，手持三角繡旗，列隊行進於執事團之前。

表 5-4　全台著名民俗廟會

日　期	廟 會 名 稱	所 屬 廟 宇
農曆正月春節	鹿耳門天后宮文化祭	台南鹿耳門天后宮
農曆正月 15 日	元宵花燈	台北龍山寺 北港朝天宮 鹿港天后宮
農曆正月 15 日	平溪放孔明燈（天燈）	新北市平溪
農曆正月 15 日	鹽水蜂炮	台南市鹽水區武廟
農曆正月 15 日	台東炮炸寒單爺	台東市（天后宮、玄武堂）
農曆正月初 1~15	佛光山平安燈法會	高雄市大樹區佛光山
農曆 2 月 8 日	宜蘭迎城隍	宜蘭城隍廟
農曆 3 月	府城迓媽祖	台南大天后宮
農曆 3 月	大甲媽祖出巡進香	大甲鎮瀾宮
農曆閏 3 月初 6	嘉義鞦韆賽會	武當山北極玄天上帝廟
農曆 3 月 11 日	學甲上白礁	台南市學甲區慈濟宮
農曆 3 月 19~20 日	北港媽祖繞境	雲林縣北港朝天宮
農曆 3 月最後一個星期五~星期日	麻豆代天府 王爺出巡繞境	台南市麻豆代天府
農曆 3 月	蘇厝長興宮瘟王祭、王船化火（三年一科）	台南市安定區蘇厝長興宮

表 5-4　全台著名民俗廟會（續）

日　期	廟　會　名　稱	所　屬　廟　宇
農曆 3 月 28 日	宜蘭迎地藏王	宜蘭地藏庵
農曆 4 月中旬	西港燒王船（三年一科）	台南市西港區慶安宮
農曆 4 月 21~27 日 6 月 14~18 日 9 月初 6~15 日	南鯤鯓王爺祭	台南市北門區 南鯤鯓代天府廟
農曆 5 月 13 日	台北霞海城隍祝壽繞境	大稻埕霞海城隍廟
農曆 7 月 7 日	台南開隆宮七娘媽生 （做十六歲）	台南開隆宮
農曆 7 月 14 日夜	恆春中元搶孤	屏東縣恆春天后宮
農曆 7 月 15 日凌晨	雞籠中元普渡放水燈	基隆市八斗子漁港
農曆 7 月 29 日	旗山美濃地區 義民廟祭典活動	高雄市旗尾褒忠義民廟
農曆 7 月最後一天	頭城中元搶孤	宜蘭縣頭城鎮
農曆 9 月	東港燒王船（三年一科）	東港東隆宮

第四節　民間信仰的各種功能

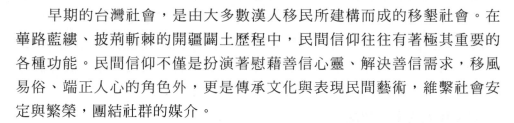

　　早期的台灣社會，是由大多數漢人移民所建構而成的移墾社會。在篳路藍縷、披荊斬棘的開疆闢土歷程中，民間信仰往往有著極其重要的各種功能。民間信仰不僅是扮演著慰藉善信心靈、解決善信需求，移風易俗、端正人心的角色外，更是傳承文化與表現民間藝術，維繫社會安定與繁榮，團結社群的媒介。

　　時至今日台灣民間信仰，仍然具有著上述且更多樣的各種功能，參照多數學者之論述又以「廟宇」及「祭典廟會」為兩大探討之對象。基本上，台灣廟宇不分大小都有著文化、社會、政治、經濟與觀光等多項

功能。而祭典廟會也同樣的在民間信仰中扮演著凝聚意識與人氣、傳承文化與藝術，發展經濟與繁榮地方的角色。

　　然而，在肯定民間信仰的各種功能之同時，隨著社會繁榮，功利主義抬頭，價值觀改變等因素，也衍生出諸多負面與脫序的問題。對於廟宇本身，或是祀典廟會而言，面對這些問題時，卻又不能不檢討與省思。

一、廟宇的各種功能

（一）文化的功能

　　廟宇除了是神明的殿堂，解決善信們信仰、禳災、祈福等各種需要，更是地方文化形成與發展的據點，也是傳承這些文化資產與展演民間藝術的空間。

1. 傳承文化的功能

　　廟宇長久以來是台灣各地古蹟與文化資產保存的重鎮，早期移民的地域觀念很強，來自不同祖籍地的移民帶來不同原鄉的守護神祇，所以從寺廟所奉祀的神祇，可以進一步瞭解當地聚落移民的屬性及其開發歷程。

　　傳統且具規模的廟宇，通常都會有著備載完整的廟誌或建廟沿革，而且每一座廟宇中石碑、扁額、對聯等內容、廟宇的建築格局、建材裝飾物等所述說的時代背景，都是傳承文化資產的另類重要寶庫。這些史料適足反映出這些廟宇及信仰祭祀境內，移民及庄社開發之梗概，也就自然的成為傳承後世的重要鄉土教材，更是學者、文史工作者們考證台灣開發史的重要史料。

2. 展演民間藝術的空間

　　台灣廟宇，就文化的層面而言，其建築造型與神像、龍柱、藻井等的雕塑，毋寧說是一座台灣文化的博物館，也是展演民間藝術的空間。

　　台灣廟宇種類繁多，每座廟宇的建築格局都各具特色。尤其每座廟宇由於建築年代的不同，所反映的時代背景與差異就更大。因此，表現於廟宇建築與雕刻彩塑上的，如石獅、龍柱、木雕、彩繪、剪黏、唐三彩或交趾燒等，更是一頁又一頁刻劃著該廟宇的藝術精華與歷史。

（二）社會的功能

1. 社交的功能

　　台灣廟宇的廟埕，平時常見是老人聊天，喝茶與下棋的地方，兒童嬉戲玩耍的場所，亦是庄內居民，議論、傳播交換地方訊息與情資之所在。長期以來廟宇是提供在地人社交的最佳空間。

　　台灣民間廟宇，其大型者除了信仰圈與祭祀圈的轄境之外，通常還會有著稱之為「交陪境」的廟宇與之結盟或互動。藉由神明誕辰的「繞境」、「建醮」、「進香」等活動，恭請其他寺廟神明前來「鑑醮」，或組成進香團「謁祖」刈香，以達成寺廟情感溝通與文化交流之目的，對於加強地方團結，促進社會和諧有著極大的貢獻。

2. 社會救濟與社會福利的功能

　　從社會救濟的觀點而言，台灣的廟宇更是不遺餘力的扮演著救人濟世的角色，包括；布施米糧、捐款賑災等。而參與社會福利方面如：救濟院、養老院甚至於醫院等的設置，鋪橋造路、資源回收、環保義工等活動之參與。

3. 淨化人心的功能

　　廟宇的社會功能之一，就是淨化人心的功能。通常善信們進入廟中，面對著不論是慈眉善目或莊嚴肅穆的神祇時，總是把自己表現的相當恭敬與謙卑。同時在廟會進行過程中，看似瘋狂的行為卻蘊涵著虔誠、理性與來自心靈的神聖感，鮮少有暴力、血腥、褻瀆神明的行為舉止。

（三）政治的功能

　　台灣民間具歷史性的廟宇，一定有其勢力範圍和祭祀的轄境，而領導掌控這些勢力與影響轄境群眾的人物，往往是地方的角頭人物。他們可以左右地方群眾的政治態度與傾向，因此每次的地方選舉或公職選舉，廟宇很自然的成為候選人的最大樁腳，不但成為選舉時極大的票倉和票源所在，也是候選人發表政見、拜票的兵家必爭之地。廟宇的政治功能既然如此重要，長久以來不免會被政客們利用及操弄，例如時下有許多的民意代表，不乏廟宇的角頭人物，可見一斑。

　　雖然今日的台灣已經是一個民主政治的社會，同時一些學者們也曾大聲疾呼，希望台灣能建立起政教分離的政治生態與體制。但短期間內，似乎很難改變政客們利用廟宇操弄信徒，以建立自己政治事業的現實。

（四）經濟與觀光的功能

　　台灣民間的重要或大型廟宇，均屬於財團法人，亦即這些廟宇大多擁有相當程度的財力與廟產。廟產中為數最多者為土地，其次為店鋪，附設幼稚園、托兒所、醫院（如北港媽祖醫院、慈濟醫院等），甚至有經營娛樂事業者。這些廟產事業營收加上香客添油香的「香火錢」以及「賽錢箱」的獻金，使得許多廟宇稱得上財源廣進，富甲一方。

　　「因集成市」，香火鼎盛的大廟，向來是匯聚人氣而人潮聚集的地方，也因此這些廟宇自然成為市集所在。廟宇前的廟街，商肆林立，包括依存於廟宇的香燭金紙業者，販售在地農土產與小吃美食的店家。在台灣廟宇的廟街中，具有這些經濟與商業功能的廟宇，如基隆廟口的小吃街市、萬華龍山寺前的華西街、北港朝天宮前車水馬龍的廟街、鹿港天后宮前的美食攤與中山路的老街、車城福安宮後側的農土產攤位等，都是在地商業活動頻繁與經濟發展的重鎮。

圖 5-29　新港奉天宮前廟街

圖 5-30　北港朝天宮前廟街

　　古老傳統的大廟，除了具有上述經濟的社會功能外，這些廟宇多半具歷史古蹟之身份，加上廟方定期與不定期的舉行各種廟會，各類大小型的文化觀光活動，因此成為外來遊客參訪、觀光的重要景點。自然而然為當地帶來不少商機，同時繁榮了地方。

二、祭典廟會的各種功能

（一）凝聚意識人氣與社交娛樂的功能

1. 凝聚意識人氣與社交娛樂的功能

　　廟會活動是一種神、地、人三者一體互動的地方大事，它提供了轄境居民參與的機會，強化也凝聚了地方的意識，更延續了民間信仰的傳統。在凝聚意識上，以廟會陣頭的「宋江陣」為例，宋江陣之組成，通常由廟方執事發起，鄉民支持響應，信徒集體出資聘請武師指導。其目的無非是結合地方之力量，抱持「輸人毋輸陣」的信念，齊為地方之榮譽與顏面而全體一心，於無形中達到凝聚鄉里意識與聚集人氣之功效。

2. 社交與娛樂的功能

　　早期農業社會的傳統祭典與廟會活動期間，通常會選定在農閒時期。這些日子裡，轄境內的善男信女幾乎都會備齊鮮花、素果及牲禮，

敬拜神明，獨資或集資酬神演戲更不能免。同時每逢「建醮」時，轄境內各戶人家還得擺設流水席宴請賓客，藉以聯絡親朋好友之感情。因此，祭典廟會可以說除了凝聚意識人氣外，還兼具有社交與娛樂的社會功能。

（二）文化的功能

1. 文化藝術的功能

　　以文化功能而言，祭典廟會本身包含了十分多元的文化意涵。祭典廟會融合了音樂、美術、民間舞蹈、手工藝、地方文學等多項藝術，更兼具動態與靜態兩者一體的全方位表演藝術。從廟會時各處牌樓祭壇上的對聯，可欣賞到台灣在地文學的美。從花燈裝飾等又可體會到民間美術、手工藝的精緻。從迎神賽會中的陣頭等表演，更能體會到台灣本土文化的多元與活潑生動。台灣民間豐富的文化藝術內涵，就這樣透過世代相傳的祭典廟會，得以被呈現和傳承。

2. 教育的功能

　　「祭典廟會」豐富而且多元的內容，不論從祭典廟會期間，廟宇內外及各處牌樓祭壇的裝飾，乃至於各式「陣頭」及「野台戲」的演出，無一不是鄉土味十足的台灣文化。

　　祭典廟會除了具宗教信仰意義外，其內容更往往呈現出對於忠、孝、節、義等傳統倫理觀念的闡述，以及趨善避惡、勸世等對人心的教化。對於社會大眾而言，這些豐富的活動內涵，無異是台灣鄉土文化中相當寫實的教材。

　　由教育的觀點看來，如是的台灣文化，並非光靠著口耳相傳或者著書立說，就得以真實完整的教育下一代。因此，台灣民間總是透過世代相傳，不斷的舉辦及親自參與這些活動，而能更真實更貼切的體驗與傳承這些屬於台灣自己的文化。

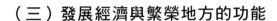
（三）發展經濟與繁榮地方的功能

1. 發展經濟的功能

　　由經濟的層面觀之，又以因祭典廟會而形成各種市集為最明顯。每逢節慶、寺廟祭典、廟會時各地藝人，商賈小販均會蜂湧而至，從事各司其職的商業行為。廟會活動時，酬神演戲的藝人有了獻藝工作的機會。建醮宴客時，也為俗稱「辦桌」的外燴業者製造了一定的商機。利用祭典廟會，為迎合善信香客們的需求而聚集的小販，更是台灣廟會中不可或缺的要角。因此可見，廟會有著提供商機與刺激消費的經濟功能。

2. 繁榮地方的功能

　　對於地方而言，祭典廟會期間，廟宇附近的商家如：金銀紙業、香燭業、鮮花素果業、糕餅業等，會因大批善信的湧入，而有增加營收的機會。再者，恭逢盛會時，一般善信總會不吝慷慨的捐獻香油，使得廟宇也因而財源廣進。香火鼎盛的廟方亦常會提撥金錢資助地方建設，或舉辦社會福利回饋鄉里。就以竹山紫南宮為例，廟方長年提供了當地村民為數可觀的教育補助及學童免費營養午餐等多項社會福利措施，對於地方的進步與繁榮可謂貢獻良多。

三、問題與省思

　　長期以來，民間信仰在台灣，一般扮演著相當重要的角色，既是移風易俗的據點也是社會教化的標竿，廟宇與祭典廟會的各種功能自是不容否定。然而隨著物換星移，時空的變遷，功利主義的抬頭，價值觀的扭曲，加上有心人士的操弄等因素，傳統的廟宇與祭典廟會已然有了某些程度的質變與脫序。

（一）以廟宇而論

由於社會的進步與繁榮，許多香火鼎盛的大型廟宇相對的財力雄厚。因此，某些傳統的大廟，動輒斥資千萬以億計，大興土木打造金碧輝煌的廟宇。只是如此的建築，已然失去了保留傳統文化資產的本質，豈不令人扼腕。加上，長期以來，政治力的介入以及功利主義掛帥，更是使得部份的廟宇充斥著濃厚的商業氣息與銅臭味。

（二）以祀典廟會而論

廟會期間，主事者往往為了顏面，一擲千金，擺排場、擺闊氣，形成舖張浪費之惡習，卻忽視了祀典廟會本身的內涵與本質。同時，廟會期間，大量的焚香燒金、滿天價響的鞭炮，對於節能減碳的環保議題，又何嘗不是一大挑戰。另外廟會活動往往出現電子花車、脫衣豔舞秀等，使得原本追求心靈慰藉、移風易俗的神聖殿堂，亦是否受到某種程度的汙染。

因此，在認識民間信仰的文化內涵與本質之同時，如何確立屬於台灣民間信仰的傳統性、自主性之文化，如何正本清源、撥亂反正，使傳統民間信仰得以返璞歸真，則是當下社會大眾首當深思與正視的課題。

問題與討論

1. 請舉出台灣民間信仰中最受崇祀的任三位神祇，並簡要說明其事蹟。

2. 請說明台灣廟宇與漢人移墾的關係為何？

3. 請問「神主牌位」的奉祀，源自何種宗教信仰？請簡述之。

4. 請問台灣的廟宇如何扮演社會功能的角色？

5. 近年來，包括台北「行天宮」在內的宗教團體或政府機關試圖推行「減香減爐」活動，請問你對此活動有何看法？

第六章

台灣的節慶與祭典

所謂節慶是包含「節日」及「慶典」。節日通常是指習俗的佳日、固定的紀念日，慶典則為歡祝喜慶的典禮。因此節慶可以說是人們隨著季節、時間和氣候轉移，以開展有特定主題的風俗和紀念意義的社會活動。

原住民是組成台灣社會重要的族群，在原住民的宗教信仰中，相信萬物皆有「靈」，他們深信不僅祖先，另外如小米、山豬、飛魚、山川大地皆有靈魂，因而形成原住民獨特的祭儀活動。這些原住民的慶典活動通常與祭祀靈魂有關，其意義是神聖而莊嚴，故以「祭典」名之。

無論國內外，節慶起源甚早，以國外為例，最為世人所熟知，且歷久不衰的節慶，即為西元前 776 年由希臘人創始的奧林匹克會，延續至今成為每 4 年舉辦一次，舉世注目的運動節慶活動。而我國節慶活動，則以多種多樣聞名，例如：歷代隨著農曆節氣的更替、神明聖誕等，有著不同的節慶活動。

近年來台灣的節慶活動伴隨時代演進，民俗文化保存呼聲高漲，以及政府與民間團體的推波助瀾下，產生豐富且多樣化的主題型態，不斷的推陳出新。因此在台灣，除了傳統節慶外，地方新節慶也被塑造、增華，而呈現精采的文化內涵，成為今日台灣節慶活動重要的一環。

第一節　台灣節慶與祭典的類型

有關目前台灣的節慶與祭典的類型，本文擬分成原住民祭典、傳統節慶以及地方新節慶三方面加以敘述。

一、原住民祭典

目前在台灣各地的原住民祭典，大約有一百五十幾個之多，依據祖傳習俗，分別以定期或不定期舉行。每一個祭典代表著不同族群的生活文化與特色，然對所有族群而言，相同的是，祭典是生活的一部分。因

為從出生、命名、成年到結婚都有慶祝的儀式，甚至開墾、耕種、除草、收成，每一個階段都要誠心祝禱，狩獵、凱旋歸來，各部落多會為勇士舉行慶賀儀式，而這一切皆有賴祖靈的庇佑，因此各族都有其獨特的祭典。

原住民族的歲時祭儀，反映出各族宗教信仰和生活型態的文化意義，至今原住民仍留存許多精采的祭儀活動。由於社會型態的變遷，許多原住民離開原居地，遷徙到都市，透過祭典的舉辦，使離鄉背井的原住民，得以回到原居地，親近祖靈傳承族群文化。因此各種祭典活動，成為原住民自我認同的途徑，也是其他族群認識原住民文化精髓的重要管道。

二、傳統節慶

台灣是一個移民社會，從荷蘭殖民台灣開始，一波波的漢人移民至台灣，除了帶來原鄉的宗教信仰之外，也將中國傳統節日慶典移植至台灣，成為台灣節慶活動中重要的一環。歷經三百多年，這些節慶雖然與古代節慶活動，在形式上，或多或少有所差異，但其基本的信仰與觀念並未改變。

傳統節慶的誕生，從時序上看，建立在常民的生活節奏與工作之中，依循著與農事活動息息相關的季節變化，形成「春耕、夏耘、秋收、冬藏」。也因時序變動與農業生產活動密切相關，從而具體感悟時間的變動，並將此感悟融入生活，成為農業社會的慶典儀式，例如春節、中秋、除夕等。除了時序變化的感悟，人民的生活中對祖先的虔敬懷恩與敬天畏神的傳統，也形成了例如清明節、中元節等節慶，因而使傳統節慶具有「祈福」、「消災」、「紀念」、「團圓」的性質。而在傳統節慶活動中，不管祭祀與否，大多有節俗食物共享，例如端午節的粽子；另有節飾襯托過節的氣氛，例如元宵的燈；也有節俗的禁忌，例如春節不能掃地。

　　台灣傳統節慶活動的舉行，除了因以傳承文化，更讓後世子孫在飲水思源緬懷祖先之餘，也能懷著感恩天地的心情，面對每一個節日，體會其意義，深思其價值，或許才是更值得重視的節慶意義。

三、地方新節慶

　　台灣的地方新節慶，自 1990 年代興起，經過幾個階段的型塑，而有了今日之五花八門、各型各類的地方新節慶。

　　地方新節慶的產生，起因於台灣由農業社會轉型工商社會後，傳統節慶逐漸被淡化，於是促成台灣新節慶產生的契機。1993 年文建會提出「文化地方自治化」的構想，將原由中央統籌辦理的全國文藝季，交由地方文化中心（今之文化局）辦理，使各縣市地方文化工作者開始思索，如何將文化藝術落實到生活的關懷與常民的生活層面。因此 1994 年，文建會正式以「社區總體營造」概念來統合新的觀念，提出地方產業發展除了要有特色，更須由產業內部尋找文化意涵，結合本土生活，讓產業成為地方文化的代表。透過發掘人文與自然景觀資源，發展旅遊觀光與休閒遊憩。在社區總體營造與發展休閒觀光兩大力量交互作用下，台灣各地方規劃完成一連串的觀光文化節慶，此即地方新節慶的誕生。

　　根據《台灣的地方新節慶》一書將台灣地方新節慶分成 3 類型：

1. 藝術文化節慶，為發展觀光而舉辦的文化節慶與藝術展演活動，例如：宜蘭國際童玩藝術節、鶯歌陶瓷嘉年華、客家桐花祭、雲林國際戲偶節等。

2. 產業促銷與社區營造的節慶，促銷當地產業，予以文化包裝結合社區營造形成的新節慶，例如：東港黑鮪魚文化觀光季、三義木雕國際藝術節、花蓮國際石雕藝術節等。

3. 創新民俗祭典節慶，從傳統節慶活動中創新，例如：府城七夕 16 歲藝術節、內門宋江陣嘉年華等。

　　台灣地方新節慶以嘉年華會的形式，吸引人們擴大了休閒領域與型態，從農產、產業促銷的節慶，到文化藝術的節慶以及創新民俗祭典節慶，為地方帶來熱鬧的觀光人潮與龐大商機。透過地方新節慶的舉辦，達到落實文化紮根、居民對當地的認同，以帶動地方繁榮。

　　文建會更於 2005 年在各縣市既有文化藝術節基礎上，整合行銷，規劃「福爾摩沙藝術節系列活動」，期能提升節慶活動的精緻內涵，畫出一張漂亮的台灣文化地圖。[1] 2012 年文建會升格為文化部，與交通部觀光局努力下，台灣的節慶活動呈現更多元面貌，包括賞花、音樂祭、花火節、燈會、溫泉祭、等相關之新興節慶活動，一年四季都精彩可期。

第二節　原住民祭典

　　對原住民而言，祭典不僅是文化活動，更是生活的體現。因此透過祭典，以表達崇敬天地、感謝神靈、祈求豐收與族群繁衍的信念。台灣原住民的傳統祭典大多以祖靈祭、豐年祭、狩獵祭、成年祭為主。

　　目前政府認定為原住民族的有 16 族，於 2014 年 6 月新承認的拉阿魯哇族及卡那卡那富族限於資料，本文擬先敘述至賽德克族，選取每一族群較具代表性的祭典介紹。

一、泰雅族——祖靈祭

　　祖靈祭是泰雅族最重要的祭儀活動。時間大多在粟、黍的收割後（國曆約 8、9 月間），向祖靈獻上一年辛勞所得作物，因此也稱為「獻穀祭」。同時祭禮的另一目的，也是祈求庇佑祭禮後展開的狩獵活動，能順利捕獲獵物。

---

[1]　文建會陳其南主委於「94 年福爾摩沙藝術節系列活動」中提出＜那一張漂亮的文化地圖＞，參見文建會網頁。

祭祀前一天，每戶人家要清理爐灶餘火，重新換火燃燒，直到祭典結束之前，火苗不可熄滅。祭祀當天的凌晨，家家戶戶準備酒、小米糕、獸肉等祭品，共同前往距離部落不遠的郊外獻祭，將祭物擺在竹片編製的架上，長老祈福吟誦祭詞後，族人呼喊祖靈享用祭品，並感謝祖靈的庇佑。隨後族人高喊著「回去吧！回去吧！」以歡送祖靈，族人返回部落前須逐一跳過小火堆，祭品為祖靈專享故留原處，族人另有豐盛食物與精采節目，大家歌舞慶豐收。近年來泰雅族逐漸聯合各部落，共同舉辦祖靈祭。

二、賽夏族——矮靈祭

矮靈祭（Pastaai，一般漢譯為「巴斯達隘」）是賽夏族一個大規模、複雜且知名的祭典活動，傳說是為了追思感謝小矮人而舉行的祭儀。矮靈祭是賽夏全族的共同祭儀，每二年舉行小祭，每十年舉行大祭，祭典時間通常在農曆 10 月 15 日左右。

祭典通常由南祭團苗栗南庄揭開序幕，北祭團新竹五峰於次日登場，一連 3 天，由入夜持續至天亮。祭典儀式主要包括三個部份；迎靈、娛靈和送靈。整個過程神聖而莊嚴，迎靈和送靈只有賽夏族人可參與，外人可以參加的部分則是在娛靈進行時。祭典中的祭歌平日禁唱，此外還有許多的禁忌，例如非特定人員不可進入「祭屋」、碰觸祭物，所有參加人員需繫上芒草以避邪等。

矮靈祭可說是賽夏族流傳至今少有的原始祭典，也是保存完整、代代相傳的習俗，表現族人追思與感恩的特色。

三、布農族——射耳祭

射耳祭是布農族一年之中最盛大的祭典，約在國曆 4 月下旬至 5 月初舉行。活動意義為尊敬善獵的英雄，與教導新生代的族人學習射獵。

　　依照傳統，祭典舉行前，部落男子上山狩獵，婦女在家釀酒，獵人須在祭典前一天下午返家，並從山頂對空鳴槍，以大聲齊唱或輪唱的方式告知全部落的人。

　　祭典當天，首先登場的是「點火祭槍」儀式，祭司為獵人祭獵槍及獵骨，再掛上這次所得的新獸骨，祈求豐收。之後射耳祭的重頭戲「拉弓射耳」登場，射靶上掛起鹿耳，近年由於保育意識，鹿耳改為豬耳或圖形取代，以進行射耳儀式。長老率先射耳，接著孩童在父兄協助下學習拉弓射耳。之後開始分食祭肉、喝酒、唱歌並舉行「誇功宴」（報戰功）。祭典結束後全族不分老少圍成一大圈，由長老帶領合唱祈禱小米豐收歌，也就是著名的「八部和音」，布農族人相信歌聲愈美，天神愈高興，來年小米的產量愈豐收。

圖 6-1　布農族射耳祭

四、鄒族──戰祭

　　戰祭（Maeasvi）不是慶豐收、共歡樂的祭儀活動，而是祭祀天神與戰神的祭典，為部落中最神聖的祭典。透過祭典的舉辦，緊密凝聚部落與族人向心力，所以又有「凱旋祭」、「敵首祭」、「團結祭」等名稱。

祭典時間早年依征戰及狩獵情況擇期舉行，如今則訂於國曆 2 月 15 日或 8 月 15 日，由達邦及特富野 2 社輪流辦理，固定於男子聚會所（庫巴）舉行。在儀式之前必須進行整修庫巴內外，清除獵徑沿途雜草，以祈順利出獵，婦女則負責釀製小米酒及糯米糕等祭品。之後祭典大致分成 5 個階段進行：迎神、部落團結祭儀、送神歌舞祭、道路祭儀（也稱作驅疫祭），最後則為氏族祭粟倉祭儀以祈求豐收，至此戰祭正式結束。

圖 6-2　鄒族戰祭

五、邵族——新年祭

農曆 8 月是邵族的新年，粟稻皆已收割，全族正可以歡樂慶豐收。此為邵族最隆重的祭儀，也是邵族人感念祖靈庇佑，使作物豐收、漁撈豐盛、獵物豐厚。

每年在 7 月最後一天晚上，邵族人開始以杵棒敲擊石磨發出聲響，再加上以竹筒擊地聲音附和，形成「杵石音」揭開新年的序幕。新年第一天由巫師（邵族稱之為先生媽）主持祭祀祖靈儀式，之後選出該年豐年祭主祭，整個祭期長達 20 天至 1 個月。其間長老需教導青年放置捕獸陷阱的方法、搭建祖靈屋、祭拜祖靈、吟唱祖先歌謠，並為 8 至 12 歲孩童舉行鑿齒的成年禮儀式。新年祭結束之日，從入夜開始歌舞通宵達旦、飲酒，直到次日清晨。

六、排灣族——五年祭

著名的排灣族五年祭是所有排灣族部落每 5 年舉行一次的祭典，時間約在 10 月下旬，確切日期由祭司、頭目開會決定。

　　至於五年祭由來有許多不同說法，其中之一為排灣先祖為避荒年，將 7 名子女分開各自謀生，約定 5 年後，回家祭祖；另一說為大武山的祖靈每 5 年會下凡巡視所有排灣族部落；第三種說法為「人神盟約祭」，是排灣族祖先曾到神居住之地，向女神學習祈求五穀豐收、頭目婚禮的祭

圖 6-3　排灣族五年祭的刺球活動

儀，以及農耕種植的技巧，與創世女神約定每 3 年相會一次，所以五年祭原為三年祭，之後才改為五年。

　　五年祭正式祭儀時間各部落不盡相同，約 5 至 6 天，儀式包括迎靈、召請祖靈、宴請祖靈、祖靈賜福的刺球活動、送祖靈等程序。刺藤球活動是五年祭的重頭戲，在每顆球拋出前，祭司會舉行簡單祭祀，並告知這顆球的意涵，然後用力拋向天際，每個勇士莫不奮力向上刺，因為族人相信刺中球者會為家族帶來好運。刺球活動結束後舉行送祖靈儀式，傳說中部份最好的神靈會被留下，至第 6 年才會被送走，因此有所謂「六年祭」在第 6 年進行送靈一連串儀式，祭儀同五年祭，但沒有刺球活動。

七、魯凱族──小米收穫祭

　　小米收穫祭是魯凱族最重要的農耕禮儀祭典，是一種包含祈求小米豐收，也祈求其他作物的豐收、祭祖、男子成年禮等的綜合性祭典。時間在小米收成後的國曆 7、8 月舉行，祭期長達十餘日。

圖 6-4　魯凱族收穫祭鞦韆傳情

　　魯凱族人認為小米能豐收全靠上天、祖靈與各界神祇的庇佑，因此在祭典當天誠心祭祀，並祈求來年的豐收、平安。娛樂與競賽，則視各部落習俗而定，有競走、射箭、拋物比賽、歌舞表演、盪鞦韆。其中盪鞦韆更是重頭戲，由女子單腳踏上索環，雙手緊握繩索，在男子牽索拉動下，女子搖曳生姿，也盪出對對佳偶，天賜良緣。

　　至於東魯凱族的東興部落，發展出獨有的會所制度，教導部落少年與青年生活禮儀、部落歷史、勞動服務等知識，此與鄰近卑南族的會所制度類似，青年男子必須經嚴酷的訓練，顯然受卑南族影響。

八、卑南族──大獵祭

　　歲末年初之際，卑南族舉行連串祭典，這場序幕由兩個著名祭典接力完成。首先登場的是代表除舊、新生的少年猴祭，此為卑南族少年（12-18 足歲）的成年儀式；年滿 18 歲的青年則參加大獵祭，是為成年男子的晉級儀式。

　　大獵祭舉行時間約在 12 月底至隔年 1 月 1 日，在氏族的長老主持下，為少年會所最高一級的青年，圍上象徵進入青年會所的藍色腰帶，隨同其他成年男子上山狩獵，接受 3 至 4 天的野外訓練，包括狩獵技巧、各種生活技藝、差役、有關禮節及禁忌等的訓練。

圖 6-5　大獵祭穿越凱旋門的勇士

　　大獵祭期間，部落婦女則開始以竹子搭建迎獵門（凱旋門）、編織花環，等待新年元旦，男子狩獵完畢，凱旋歸來之時獻上花環與檳榔，並幫助他們穿上潔淨的傳統服飾，再一同至迎獵門，吟唱傳統歌謠、喝酒慶祝。若這一年當中，家中有喪事的人家，須由年長婦女牽引到迎獵門

旁,加以安慰並戴上花環,表示重新加入部落活動。接著展開數日的歡慶歌舞,迎接新年的到來。

九、阿美族──豐年祭

從前阿美族人主食是小米,祭典時機配合小米收成;如今則改為稻米收割季節,台東地區約在 7 月份,花蓮地區多在 8 月舉行。舉行天數由早期的 10 多天,至今則改為 1 至 7 天。豐年祭為族人規模最大且最重要祭典,為了慶祝小米、稻米豐收、祭祀祖靈眾神所舉行的祭典,並負有教育成年男子、傳承薪火的意義。

豐年祭主要由迎靈、宴靈和送靈三個儀式組成。祭典序幕的迎祖靈儀式,在長老吟唱迎祖靈祭歌之後,全族男子以歌舞表達對祖靈蒞臨的歡欣,由傍晚到午夜,此一階段嚴禁女子出現。迎靈後女人和小孩才能加入宴靈歌舞,且須按年齡大小排列,牽手圍起圓形隊伍,圓圈中央為長者

圖 6-6　阿美族港口部落豐年祭

和祖靈共有的聖域,表現出敬老傳統與年齡階級制度。送靈則以女性歌舞為主,邀請在場賓客共襄盛舉,並共享美食與小米酒。

目前,阿美族豐年祭除傳統儀式進行外,有些部落會加入球賽、田徑等競賽項目,而許多居於都市的原住民會擇日舉行聯合豐年祭,以延續阿美族文化。

十、噶瑪蘭族——巴律令

巴律令（Palilin）是噶瑪蘭族的新年家族祭祖儀式，舉行時間在農曆歲末，除夕前幾天就開始，依其祭儀執行過程，約分為噶瑪蘭及哆囉美遠（Doge-bwuwan）兩系統。

噶瑪蘭系統的祭祖，伊能嘉矩曾描述祭儀的內容[2]：

> 在 12 月中旬舉行祭祖儀式。平埔蕃都事先釀造新酒，新酒釀好後，拿到番社內一個地方，發出口哨一般的聲響 3 次，這是招請祖靈的一種祕法。這一天按照舊俗，家家戶戶蒸米飯供祭祖靈，然後自家享用。約莫一個月中，全社的社蕃無論是男女老幼，每天飲酒歌舞過日子。

哆囉美遠系統的巴律令儀式更具私密性，外人不准觀看，儀式多在早上舉行，中午 12 點以前結束。祭品為將公雞打昏後燒烤，取出雞心、雞肝和雞胃平分置於香蕉葉上，加上一白一紅的酒，在客廳祭祀。由於哆囉美遠系統的巴律令隱密，故不同的家庭可能會有不同祭祀方式。噶瑪蘭人所保持的新年祭祖儀式巴律令，成為噶瑪蘭族在 2002 年正名成功的重要關鍵之一。

十一、太魯閣族——祖靈祭

祖靈之敬畏與崇拜是太魯閣族信仰的中心，每年在小米收割後的國曆 8 月中旬舉行，族人以虔敬的心感謝祖靈的庇佑。

祖靈祭當日全社各家皆須派一男性參與，在天未亮時，主祭者帶領族人至祭場祭祖，並由主祭者呼喊祖先前來，各家族開始唸誦祭文，祭祀共同及個別祖先。與祭者每人手持一節插有黏糕、豬肉之竹竿，這是

---

[2] 伊能嘉矩著，楊南郡譯註，《平埔族調查旅行》〈第四篇宜蘭方面平埔蕃的實地調查〉，遠流出版，1996 年，頁 233-234。

獻給祖靈的供品，祭畢就地吃完供品，不可攜帶回家，返家前參加祭祖者須舉行「過火」儀式，以示與祖靈分隔、告別之意。

祖靈祭又稱豐年祭，由於豐年祭是以祭祀祖靈為核心，此時為農閒之時，男子入山狩獵，女子在祭典舉行以前，必須完成織布與釀製小米酒。祭典當日全部落的族人聚集唱歌跳舞，一起享用美食，至傍晚時，在長老帶領下感謝祖靈，並期望明年作物更豐收，祈禱完畢整個祭儀才結束。

十二、撒奇萊雅族──巴拉瑪火神祭

撒奇萊雅族，一個隱身在阿美族中幾乎被遺忘的族群，經歷 129 年後，終於在 2007 年，得以正名為撒奇萊雅族，台灣原住民的第 13 族。1878 年清朝政府配合「開山撫番」政策，擴大對後山的經營，在花蓮平原遭遇撒奇萊雅族的強烈抵抗，為剿滅撒奇萊雅族，清軍火攻部落，族中大頭目及夫人遭清軍凌遲處死。此為達固湖灣事件（或稱加禮宛事件），倖存者隱姓埋名於阿美族部落中至今。

火神祭並非撒奇萊雅族的傳統祭典，而是以固有的祭祖儀式為基礎，擴大規模來紀念在加禮宛事件中，為保衛居住領域而犧牲的達固湖灣頭目、頭目夫人以及其他的先烈們。儀式主要在太陽下山後舉行，分為序曲、迎曲、祭曲、火曲、終曲五道程序。

圖 6-7　撒奇萊雅火神祭

在祭典中，主祭敘說祖先們在加禮宛事件的英勇事蹟，提醒族人不要忘記過去。並由主祭帶領，繞行舊聚落達固湖灣，將祖靈引領至會場。祭司將祭品一一呈給祖靈後，展開慰藉祖靈的序曲儀式，歷經迎曲、祭曲、火曲等程序至最後的終曲由主祭帶領大家走到為祭典搭建的火神塔旁，點燃火神塔，火葬火神和火神太（即當年犧牲的達固湖灣頭

目、頭目夫人）。火神塔內鋪著土金色與暗紅色的棉布，象徵族人誕生的泥土以及先祖留下的鮮血。當熊熊烈火燃燒著火神塔，完成了此一凝聚與喚醒族群意識和自信的火神祭典。

十三、達悟族──飛魚祭

對居住在蘭嶼的達悟族，漁撈為重要生活方式，每年國曆 3 月開始，飛魚隨著黑潮陸續游抵台灣東部海域，族人相信飛魚是神的賜予，格外珍惜這天然資源，遂在飛魚汛期舉行飛魚祭，以祈求飛魚豐收。

飛魚祭其實是一連串有關飛魚祭典的總稱，祭儀程序繁複，從農曆 2、3 月間開始，展開了一年一度的飛魚祭序幕，其活動歷經祈豐漁祭、招魚祭、飛魚收藏祭、飛魚漁止祭等階段，為期近四個月。祭典時達悟族男子穿著丁字褲，頭戴銀盔及金片，向大海祈求飛魚豐收。

圖 6-8　達悟族曬飛魚

十四、賽德克族──播種祭

賽德克族的傳統祭典由播種、收穫、祈雨、狩獵及獵首等祭祀活動組成，祈求的對象都是以祖先為主即所謂的祖靈，故每一祭典都含有祖靈祭的成分。祭儀的目的祈求族群命脈綿延，所以在祭典中，最重要的是與人民溫飽有關的播種祭與收穫祭。透過祭儀祈求祖靈保佑農作物豐收。

小米是賽德克族的主要作物，播種祭約於每年的 2-3 月間舉行，舉行播種祭儀前由部落意見領袖與長老數人至主祭者家中諮商有關播種事

宜，擇定時間後同一區域所有部落同時舉行，全體族人參加，除重病與
不良於行者。期間若有族人亡故，取消該次祭祀活動另擇日舉行。

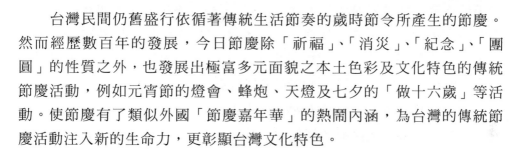

第三節　傳統節慶

　　台灣民間仍舊盛行依循著傳統生活節奏的歲時節令所產生的節慶。
然而經歷數百年的發展，今日節慶除「祈福」、「消災」、「紀念」、「團
圓」的性質之外，也發展出極富多元面貌之本土色彩及文化特色的傳統
節慶活動，例如元宵節的燈會、蜂炮、天燈及七夕的「做十六歲」等活
動。使節慶有了類似外國「節慶嘉年華」的熱鬧內涵，為台灣的傳統節
慶活動注入新的生命力，更彰顯台灣文化特色。

　　以下擬就傳統節慶在台灣歷史發展過程中，表現深具台灣特色的春
節、元宵、清明、端午、七夕、中元、中秋等節慶作介紹。

一、春節

　　「春節」是中國人最重要的節日，民間俗稱「過年」，含有辭舊迎新
之意。時間為農曆的正月初一開始，人們舉行一連串的節慶活動且持續
至元月 15 日，整個「過年」才結束。至於「春節」起源於何時雖已不可
考，然「春節」的習俗與農業社會的作息有著密切的關係。配合時序的
變化，農民春耕、夏耘、秋收到冬藏之際，舊的工作結束，新的工作待
展開，於是利用這空檔過節，調劑一年來辛勞而枯燥的生活。在春節期
間，形形色色的活動正表現出祈福、消災、紀念、團圓的傳統節慶特
質。

　　正月初一當天的第一件事是祭祀，這是一年裡最隆重的一次祭祀，
稱為「開正」，通常是在早上舉行，要把廳堂的燈火全部點亮，在門口和
供桌上結紅彩，準備年柑、年糕、鹹粿、牲禮、茶酒、四果、香燭等
等，全家集合一起祭拜祖先、祭祀神明，然後依序向長輩問安行禮。

中國過年的活動一直到現在並無太大變化，像放爆竹、貼春聯、插春花、舞龍、舞獅、發壓歲錢、親友互相拜年（出門拜年叫做「走春」）、到廟裡行香（一次拜很多廟叫行香）等，仍保有古代過年的傳統。人們為了將過年期間求得的福氣延續，因此過年期間也產生了許多的禁忌，例如：不能掃地、倒垃圾以免將財氣掃走，不能曬衣服才不會對天地不敬。打破器皿要說「歲歲平安」，初一不用刀，不喝稀飯，以免出門遇到風雨或造成環境困苦，不可說不吉利的話等。另外在台灣，老一輩則會告誡初一不可午睡的習俗：男子睡了，田畦必垮；女子睡了，土竈必崩。

時至今日，在繁忙的工商業社會中，傳統過年繁瑣的節俗有些已被簡化，但仍然是傳統節慶中最重要的節日，「一元復始萬象更新」也正是人們對未來的期許。

二、元宵節

正月 15 為元宵節，又稱為「上元節」或「小過年」，是一個充滿歡樂氣息的重要節慶，也可以說是春節最後的高潮。然而從 1978 年起，政府將元宵節定為「觀光節」，並將特有傳統民俗節慶推廣至國際，故本文將元宵節獨立於春節另作說明。

元宵在形成節慶的起源說法很多，然而節慶的主要標誌「點燈」較為可考，相傳約起於唐代。劉侗，《帝京景物略》，卷 2〈燈市〉所載：「唐睿宗景雲 2 年（711 年）正月 15 日，夷人婆陀，請燃千燈，睿宗親駕安福門觀看」。另外，從道教的觀點，正月 15 為道教「三元日」中的上元日，所謂三元是上元、中元、下元，分別在正月、7 月、10 月的 15 日。上元是天官生日，也是天官賜福日，又是第一代天師張道陵的生日，人們為了祈求賜福，所以在「上元日」點燈。

元宵節的燈，種類多得令人目眩，從皇宮到民家，無不點燈，各公共場所、寺院、牌樓等皆掛上成排成串的燈籠，各地都有比賽花燈的燈

會，小孩子每人提一把燈籠到處遊行，形成萬燈齊放的景況，充滿了歡樂光明的象徵。

元宵節除了燈之外，還發展出充滿了智慧的遊戲「打燈謎」，這些燈謎深淺不一，讓民眾在賞燈之餘還得到娛樂與教育，中國歷代留下的精彩燈謎也成為中國文學遺產中珍貴的一部分。

「吃湯圓」是元宵節最重要的活動，因此湯圓也稱為「元宵」，是應景不可或缺的食物。此外有些廟宇還有「乞龜」習俗，龜是長壽和福氣的象徵，由廟宇準備好麵龜，或其他材料製作成龜的形狀，待信徒前來擲筊乞龜，得聖筊即可攜回家，保佑一整年平安如意。

在台灣元宵節發展出頗具特色的台灣燈會，自 1990 年起結合民間及地方政府資源，辦理大型燈會活動，每年舉辦 1 次，稱為「台灣燈會」。早期場地皆在台北市中正紀念堂，但 2001 年起改為在台灣各地巡迴舉辦，由各縣市角逐主辦權。而台北原址則由市政府每年承接續辦

圖 6-9　鳳鳴玉山主燈

燈會，更名「台北燈節」至今。台灣燈會最重要的就是「主燈」，通常以各年生肖為主題，並有主燈配樂。例如 2005 年在台南的安平港濱歷史公園舉辦台灣燈會主燈「鳳鳴玉山」獲得空前成功。

在台灣長期發展之下，元宵節更發展出頗具特色的熱鬧活動，如北台灣（平溪）放天燈、南台灣（鹽水）放蜂炮、台東炸寒單爺等，表現出台灣文化的多元性。

平溪鄉十分村一帶居民多從福建惠安移入，原為避山賊發明施放信號燈互報平安的習俗，漸演變成於元宵節放天燈，至今已持續 2 百多年

的歷史。此一別具歷史意義的活動，轉變成為向上天祈福的節慶活動。元宵當天家家自製一盞天燈，用紅筆在白棉紙燈上書寫自家姓名、商號，和祈求的心願，燃放上天，向天公祈福。近年由於傳播媒體的報導，引發各地民眾的興趣，於元宵節當天紛紛湧入平溪，參與祈福祛災的放天燈活動，添增節慶風采。

元宵節從明朝以後，有放「花盒」的活動，花盒就是煙火、煙花，傳習至台灣，發展出最具特色的鹽水蜂炮。鹽水舊名月津，清朝時期曾經是重要商港，有「一府二鹿三艋舺四月津」的美譽，後因河道淤塞，使鹽水港沒落。至於鹽水蜂炮發展緣由有多種不同說法；其中一說是光緒年間瘟疫肆虐，死傷無數，居民於是至當地武廟擲筊請關帝聖君在正月十三日巡境驅邪，民眾則在神轎所到之處燃放鞭炮以助神威，延續三日至元宵節，瘟疫居然奇蹟般的消失，此後鹽水人為了感恩，便於元宵夜燃放煙火、鞭炮，久而久之成為當地最負盛名的傳統盛典。早期傳統蜂炮製作，利用農暇編製，為木架封以鐵絲網，上插沖天炮形式；而現在經營專業化、設計立體化，成為更花俏的蜂炮。每年吸引成千上萬遊客湧入鹽水，度過緊張又刺激的元宵夜。

正月 15 以鞭炮炸神轎的習俗，不只存在鹽水，其他地區也有類似以鞭炮投擲神轎的活動，譬如炸寒單爺。該活動是民間迎財神爺的習俗，也是台灣元宵節特有的風俗，早期流行於台灣各地，近年則盛行於花東。在民間傳說中，由於玄壇爺怕冷，故又名「寒單爺」，每次出巡時，人們必須拼命往祂身上丟鞭炮，以驅逐寒冷。另外因傳說祂負責掌管消災去禍、保平安、進財寶，所以也被稱為「武財神」。寒單爺出巡稱為「走佛」，不坐一般的神轎，而乘竹椅縛成的竹轎。近年在東台灣的炸

圖 6-10　台東炸寒單爺

寒單爺，以真人裝扮的寒單爺赤裸著上身，僅手持一把榕樹葉護臉，站在神轎上，圍觀的民眾都會瘋狂的把成千上萬串鞭炮往祂身上丟，剎那間煙霧衝天場面壯觀，神蹟若隱若現，非常具有獨特性。

綜觀元宵節的節慶活動，在台灣配合居民信仰，發展出頗具地方色彩的民俗活動，這些活動不只吸引台灣人民的眼光，更吸引其他國家觀光客的注目，成為台灣文化的一部份，同時也顯現出人們在節慶時除團圓外，更多的是祈福、消災的祝禱。

三、清明節

清明是 24 節氣之一，在冬至後 105 日。今日清明節的掃墓習俗，起源於上古的墓祭，但當時並無固定祭期，至唐代，據《舊唐書》記載：「寒食上墓，宜編入五禮，永為恆式。」可知當時民間以「寒食」為上墓日期。約略至宋代掃墓才成為清明節的主要活動，可由宋代詩人高翥最有名的一首「清明」詩：「南北山頭多墓田，清明祭掃各紛然。」表現出。在此之前，清明可能僅是附屬在寒食節（清明前 3 日）習俗中的一個次要日，甚至比不上另一個陰曆 3 月上旬的上巳節（魏以後固定在 3 月 3 日）。由於上巳、寒食、清明 3 個節日，日期接近，彼此習俗相互影響重疊，漸漸不再有明顯劃分，形成現在清明節。近年，政府為了統一清明假期，特定國曆 4 月 5 日為「清明節」，也就是「民族掃墓節」。

傳統的中國清明節有戴柳枝、放風箏、射箭、打秋千、踏青等習俗，今日台灣還是以祭掃祖墳為主要活動。全家大小一起到祖先的墳上拈香祭拜，並利用祭拜之際清理墓地的雜草花木，故清明也稱為「掃墓節」。在台灣漳、泉、客家人各自發展為不同掃墓時間，連橫《台灣通史》卷 23 記載：「三月初三日，古日上巳，漳人謂之三日節，祀祖祭墳。而泉人以清明祭墓謂之嘗墓；嘗，春祭也。」客家人掃墓日期則在元月 16 日起一直延續到清明節。時至今日，時代的變遷以及族群的融合，掃墓日期大都以家族成員約定。

在台灣所謂「掃墓」，分為「掛紙」及「培墓」兩種方式；所謂「掛紙」又稱「壓紙」，就是替祖先修理房子的意思，於清明（或者 3 月 3 日）至祖先墳墓，除草整理乾淨後，將「墓紙」壓在墓碑頂上及墳上，所用「墓紙」呈長方形，顏色有黃、白及五色等 3 種，「掛紙」後，還要準備簡單供品來祭墓，燒紙錢，完成「掛紙」儀式。至於「培墓」則是較隆重的祭墓儀式，通常新墓要連續培墓 3 年，或家中有娶媳婦或生男丁也要培墓。祭拜時的供品有三牲、清酒、糕點及菜碗等。若家中有添丁生子或購置田宅，需帶一對「子孫燈」到山上掃墓，燈上有硃筆書寫「子孫興旺，添丁進財」或「財丁兩旺，富貴雙全」，在墳前燃燭祭祀後，再將燭火插置於燈內，歸家後放於祖先供桌前，象徵添丁發財子孫繁昌。培墓後要剝鴨蛋殼丟在墳上，象徵新陳代謝生生不息，最後焚化紙錢。可知在清明的節慶活動，除了慎終追遠、緬懷祖先外，也表達家族興旺，子孫綿延祈福的特色。

至於清明的特殊節食，則以鼠麴粿最為普遍，這是一種加入鼠麴草的粿。有些地方也在清明節製作春捲，春捲也稱「潤餅」。《台灣通史》卷 23 記載：「祭以餕餅，…歸乃食之，餕餅以麵為衣，內裹蔬菜，炸油者謂之春餅」，此處所謂餕餅即為今日清明節主要節食之一的潤餅。

四、端午節

農曆 5 月 5 日是端午節，也是夏季開始的重要節日，俗云：「未食五月節粽，破裘毋甘放。」正是標示著節氣至 5 月為夏季的開端。一般認為端午節是源自於紀念屈原的活動，然而許多盛行於世的端午習俗，考之歷史記載，遠比屈原的傳說更悠久。

端午也就是端五，古稱「重五」，是日月相重的節日，又稱「端陽」。古時端午節的主要禮俗據《大戴禮》：「蓄蘭，為沐浴也」。此因端午時值農曆五月，正是夏季疫癘流行的季節，俗稱「惡月」，沐浴的目的在於清潔，以禳除毒氣，現今端午習俗中消毒避疫仍為主要活動，諸

如：「門楣懸蒲艾」、「喝雄黃酒」、「掛香包」、「五色草進水沐浴」等，並插「蒲劍」，懸「艾虎」，以辟邪驅瘟。由此可知端午節是配合節氣而產生，初始為辟惡去穢。

至於端午最具有民俗意義的「龍舟競渡」，起於何時，有學者（聞一多〈端午考〉）主張此為從往古濱水民族對於蛇、龍圖騰神物定期舉行祭祀，以祈求平安的祭儀，演變為民俗性的競技。遠在屈原之前已有之，屈原所作《九歌》中〈湘君〉、〈湘夫人〉就有划行龍舟的描述，屈原之死只是肯定龍舟祭儀的神話。後來逐漸廣為其他地區所接受，也舉行龍舟競渡。由閩粵至台灣也沿習此一習俗，在南部以高雄愛河及台南運河的龍舟競渡最負盛名，在北部台北的「龍舟大賽」近年也由傳統的節慶活動，擴大為國際級的龍舟競賽，以辦嘉年華會的形式舉行，除龍舟賽外還配合演唱會、園遊會等活動。另外較有特色的龍舟賽則屬宜蘭礁溪二龍村，由宜蘭開拓歷史，可發現與平埔族人的祭河神習俗有關，利用舟船在河中（二龍溪）往返達 12 次以上，進行驅逐水鬼的儀式，之後演變成一年一度的賽龍舟，時間也固定在端午節，此為由地域性的水上活動，被納入端午傳統的類型。

圖 6-11　龍舟競賽

端午節也為了紀念偉大的詩人屈原，也稱為「詩人節」，據史書記載，這一天正是屈原感時憂國投入汨羅江的日子，因此人們選在端午節包粽子、划龍舟以紀念屈原。傳說屈原死後，民眾以粽子投水餵水族，以免詩人的屍體為水族所噬；另外，又組成許多船隊到汨羅江中尋找屈

原的屍體，屈原的屍體沒有找到，習俗卻流傳下來。之後，每年的端午節都有詩人的聯吟大會，是從精神層面來追思這位投江的詩人。而端午節的主要節食則為粽子，粽子也稱「角黍」，起源甚早，大約在春秋戰國已有，隨著屈原成了端午節必備的節食。

時至今日，這些辟邪去病的吉祥物或已失去實際功能，但仍有懷念舊俗的意義，而因應節慶的粽子仍是不可或缺的節食，划龍舟則成為民俗體育活動。由於具有這種現代意義，端午節至今仍是一個普遍受到喜愛的節日。

五、七夕

每年農曆七月七日，即七夕，又稱乞巧節，這一天是天上牛郎、織女星一年一度相會的時間，而牛郎、織女原本是天上兩個星宿，經過擬人化後，至東漢的《古詩十九首》，才在牛郎、織女之間添加悲劇的愛情色彩：

> 迢迢牽牛星，皎皎河漢女。纖纖擢素手，札札弄機杼。…
> 盈盈一水間，脈脈不得語。

直至梁朝宗懍《荊楚歲時記》才明確指出 7 月 7 日是牽牛、織女聚會之夜。故事經過代代相傳及民間創作者不斷增飾，發展成情節感人的中國情人節緣由。而唐詩人白居易在《長恨歌》中的「七月七日長生殿，夜半無人私語時，在天願為比翼鳥，在地願為連理枝」，更營造七夕的浪漫氛圍。

傳說織女貌美又善於織布與女紅，會保佑女子美貌與工於女紅，故「乞巧」成為七夕的重要節慶活動。是日夜晚婦女於月下設香案，備針線、瓜果、鮮花、花粉等供品，焚香向牛郎、織女祝禱。祭拜後舉行乞巧活動，乞巧是以針線穿過七孔針，或九孔針、雙眼針，表現女子熟能生巧的針繡本領，也以穿進為巧的兆頭。傳統節慶中的七夕，較偏向於婦女活動，所以有人認為七夕是古代婦女節。有些地區製作供婦女玩賞

的精巧玩具，其中人形偶成為婦女乞子時的供品。無論乞巧或乞子多是女子的心願。民間傳說 7 月 7 日也是魁星生日，魁星主功名，想求取功名的學子在這天祭拜魁星，祈求祂保佑考運亨通。於是七夕儼然成了無論婦女或男士許願的日子。

在台灣七夕亦有乞巧活動，但隨著女紅的沒落，乞巧已不再是那麼重要，反而發展成為以「孩子」為主題的節慶活動。七夕在台灣亦是七娘媽誕辰，七娘媽就是七星娘娘，為護佑兒童的守護神，民間相傳在 16 歲未成年以前，須請七娘媽加護，直到滿 16 歲，家長會帶著子女前往供奉七娘媽的廟宇還願。台灣有許多廟宇供奉七娘媽，其中最特別的應數台南開隆宮的「做十六歲」習俗。

根據台南開隆宮記載「做十六歲」由來：

> 清代府城五條港曾為地方帶來繁榮，當時有許多民眾靠在港邊打工維生，但工資須年滿十六歲方可領全薪。因此每年都有許多年滿十六歲的『成人』由父母帶領前往開隆宮祭拜七星娘娘，一則感謝神明庇佑得以長大成人，再則藉此儀式證明自己已長大成人，可領取成人工資，演變成一項府城獨特傳統習俗「做十六歲」。

而做十六歲最重要的儀式，除了攜帶供品於七娘媽供桌上祭拜外，還有一象徵子女成年的儀式：父母手持七娘媽亭立於神案前，年滿 16 歲子女匍匐鑽過供桌及七娘媽亭，男孩起身後須往左繞 3 次，女生往右繞 3 次，稱為「出婆姐間」或「出鳥母宮」。此外也有稱此日為「床母生」，供拜雞酒、油飯，燒床母衣，以感謝床母庇佑之意。此或因早期農業社會醫藥較不發達，只能祭拜神祇以護佑子女順利長大成人。

近幾年台南市政府將府城特殊的七夕「做十六歲」習俗，推廣成為重要觀光節慶活動－府城七夕十六歲藝術節，將傳統節慶賦予新的時代意義。

圖 6-12　台南開隆宮做十六歲鑽過七娘媽亭

六、中元節

　　農曆 7 月 15 日是中元節，這是在民間最重要的節日，在節氣上 7 月「處暑」，農作物已是收成季節，農民藉此農閒之際謝田神、土地、祭祖以感謝庇佑。但是隨著宗教的蓬勃發展，使 7 月成了一個特殊的月份，民間相信 7 月 1 日起開鬼門關，至 7 月最後一天關鬼門，所有孤魂野鬼會到人間找東西吃，因此 7 月祭典、普渡活動舉行頻繁。其中尤以 7 月 15 日在道教為「中元節」，佛教為「盂蘭盆節」，成為民間重要節慶。

　　從道教觀點 7 月 15 日為「三元日」的中元日，也是地官赦罪日，根據道教經典記載：「七月十五日，中元之節也，…是日地官校閱，搜說眾人，分別善惡。諸天聖眾，譜詣宮中…」。因此在這天民間有祭祀地官大帝的儀式，延請道士誦經、作法事以牲禮、果品普渡十方孤魂野鬼。

　　至於佛教的盂蘭盆節，則是來自於佛經中的「目蓮救母」的故事，據佛教經典記載：「盂蘭盆」是梵語，意為「救倒懸」。衍生自從南北朝時期僧尼已有營盂蘭盆供佛諸的習俗，民間則根據此一故事，盛百味於

盆，供奉三寶，可救先亡者倒懸之苦，地方公廟也會請僧眾在盂蘭盆會上普施。因為中元節及盂蘭盆會最終目的都在「孝順」，及普渡眾生發揮「人溺己溺，人飢己飢」的博愛精神，時日一久，兩者間界線逐漸模糊，佛、道不分形成以中元之名的節慶形式。

　　台灣中元節的節慶活動，與台灣的早期開拓歷史有密切關連，例如基隆的「中元祭」、新竹新埔「義民節」、宜蘭頭城「搶孤」等。其中基隆「中元祭」起源於咸豐元年（1851）的漳泉械鬥，雙方死傷慘重，衝突越演越烈，之後經地方人士調解，械鬥衝突終於平息；並提議由各族姓輪流主辦中元普渡超渡亡魂，以姓氏血緣化解地域的隔閡，以陣頭比賽取代械鬥，自咸豐 5 年（1855）至今已延續 150 多年，目前有 15 個族姓單位，輪流主普。中元祭慶典自農曆 6 月 30 日於三姓公廟祭祖、老大公廟「起燈腳」揭開序幕，7 月 1 日老大公廟開龕門，宣布中元祭正式展開，接著豎燈篙，12 日主普壇開燈放彩，13 日迎斗燈繞境祈福，14 日放水燈遊行，海濱放水燈頭以及 15 日公私普渡、跳鍾馗等宗教活動，至農曆 8 月初 1 清晨關龕門，結束長達 1 個月的中元祭慶典。

圖 6-13　基隆中元節主普燈

　　新竹新埔「義民節」，祭典的時間為農曆 7 月 18 至 20 日，「義民節」的起源為新埔一帶客家人，在乾隆 51 年（1786）林爽文事件，組義勇軍力抗林爽文軍隊，捍衛鄉土；事後，鄉民在犧牲勇士合葬之地建廟祭祀，乾隆皇帝特頒親筆「褒忠」懿旨以為獎勵。2 百多年來褒忠義民

廟的中元節祭祀範圍日益擴大，已包含桃、竹及附近共 15 大庄輪值於中元節普渡。祭典除了盛大的普渡儀式之外，最引人矚目的，莫過於「賽神豬」及「羊角競長」，得名的大豬公及老山羊，以華麗的棚架裝飾，羅列於廟埕前，此競賽之初衷，乃是為了將最好神豬、神羊奉獻給義民爺。一年一度盛況空前的義民節，也是客家人大團圓的日子。

至於宜蘭頭城的「搶孤」可追溯至清道光年間，首先進入蘭陽拓墾的吳沙等先民們，由於天災、人禍、疾病奪走許多人的性命，於是在 7 月最後一天舉行富有神祕傳奇色彩的搶孤活動，以普渡孤魂、消災解厄、祈求平安。舉行的時間是在 7 月最後一天的晚上，搭設搶孤棚架於廟前（頭城開成寺），棚架分為「飯棚」和「孤棚」，飯棚俗稱「乞丐棚」，規模較小，棚上放置米飯。孤棚是正式比賽的棚架，高約 39 尺。孤棚上安置 13 支孤棧，上面繫掛各種祭品、金牌及順風旗，參賽隊伍中最先爬上塗滿牛油的孤柱，搶得順風旗者為優勝，據云將此順風旗樹立於船頭，可庇佑漁船一路順風，漁獲滿載。由於搶孤的場面過於激烈，常造成傷亡，很長一段時間是禁止舉行，至 1991 年，宜蘭頭城才再度舉辦，由於定有競賽規則，不再有以往混亂搶奪的情況，成為結合體力、技巧、團隊合作的民俗活動，普渡孤魂的博愛精神得以發揮。

圖 6-14　基隆中元普渡之後跳鍾馗押孤

中元節是台灣民間最慎重舉行的節慶，頻繁的普渡，一方面表現悲天憫人的情懷，另方面不忘為己祈福，更怕孤魂野鬼擾亂人間，因此在 7 月最後一天會舉行鬼門關閉儀式「跳鍾馗送孤」，確保孤魂野鬼確實離開人間。也為中元節慶典劃下完美句點。

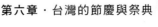

⁂ 七、中秋節

「月到中秋分外明」，8 月 15 中秋節，是中國最優美浪漫、團圓的佳節，期盼「月圓人團圓」。名為「中秋」，是在 24 節氣的「立秋」與「霜降」之間。中秋節起於何時已不可考，「月亮」對中國人來說不只有月球而已，它的別名有「月宮娘娘」、「太陰星主」、「月姑」、「月光神媽」、「月光菩薩」等等，已將月亮神格化，並傳說月神就是奔月的嫦娥。因此中秋節有「祭月」之禮，月出之前，在庭院裡對月擺好香案，供奉一些應時的瓜果，以及月餅、糖果、清茶等，對月燒香祭拜，之後全家分享月餅，由於月餅就是象徵團圓，成了中秋節最重要節食。

在民間，8 月 15 也是祭拜土地公的日子，此或是古人「春祈」「秋報」之禮。高拱乾所撰《台灣府志》也說「中秋，祀當境土神。蓋古有祭祀之禮，與二月二日同，春祈而秋報也。」秋收之後祭祀土地表示謝意，可用牲禮、米粉芋、月餅等為供品外，還要在田地豎立「土地公杖」，即取用一根竹枝，上繫土地公金、金紙錢和 3 支香，矗立田頭上，表示感謝土地，祈求保佑，這一習俗是古代「秋報」的文化遺跡。

由於中秋前後台灣盛產柚子，加上「柚」與「佑」諧音，和桔子一樣都是吉祥的水果，相傳既久，就把柚子當成是中秋主要的水果。另外較為有趣的是，目前在台灣，由於秋天氣候涼爽，藉著賞月之便戶外烤肉，成為最受歡迎的中秋活動。

至於「聽香」與「偷俗」則為台灣中秋節較特殊的節俗，今大都已失傳。連橫《台灣通史》卷 23 云：「八月十五日，謂之中秋… 夜深時，婦女聽香，以卜休咎」。所謂「聽香」，是婦女向神明點香默禱，表明欲測的事（例如問子息、財運等），請示出門方向後，拈香出門，凡是在路上聽到有人說話、唱歌時，就停下來擲筊卜問神明是否為答案，如果不是，繼續前進，一直走到問到答案為止。「偷俗」則為未婚少女中秋節到別人菜園偷所種的菜，如果不被主人發現，就表示她會遇到如意郎君，所以才有「偷挽蔥，嫁好尪；偷著菜，嫁好婿」的諺語。

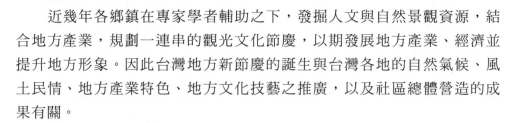

第四節　地方新節慶

　　近幾年各鄉鎮在專家學者輔助之下，發掘人文與自然景觀資源，結合地方產業，規劃一連串的觀光文化節慶，以期發展地方產業、經濟並提升地方形象。因此台灣地方新節慶的誕生與台灣各地的自然氣候、風土民情、地方產業特色、地方文化技藝之推廣，以及社區總體營造的成果有關。

　　台灣地方新節慶如雨後春筍般的不斷增多，使得每年舉辦上百個節慶活動。本節擬由藝術文化節慶、產業促銷與社區營造的節慶、創新民俗祭典節慶等類別中，選取較有地方特色，且具代表性的節慶活動敘述。

一、藝術文化節慶

（一）宜蘭國際童玩藝術節

　　1996 年 7 月，第 1 屆宜蘭國際童玩藝術節於冬山河親水公園正式展開，在原住民迎賓歌聲中，揭開了蘭陽平原夏日歡樂的序幕。來自十幾個國家的表演團體與台灣的孩子們共築快樂時光，為宜蘭觀光產業寫下新的一頁。

　　活動的原始構想來自於法國亞維儂國際藝術節，主題以歡樂、希望、健康為訴求。後來，蘭陽青年會向縣政府提議，邀請國外表演團體參加，於是在蘭陽舞蹈團秘克琳神父協助下，邀請外國藝術表演團隊前來，讓童玩節走向國際舞台。歷年來，已有不少國際民俗童玩舞蹈及歌謠表演者來台演出，包括保加利亞、斯洛伐克、葡萄牙、俄羅斯等。「親水」、「遊戲」、「童玩展覽館」、「表演團隊」成為宜蘭國際童玩藝術節的四大主軸。

　　宜蘭國際童玩藝術節，是唯一以童玩為主題的藝術節，也是台灣知名的國際節慶活動之一。該活動將地方文化、藝術轉化成地方產業，注

入新的活力與創意，也打造了傳統、藝術、文化與經濟共生共榮。

　　因此，對於台灣而言，這個節慶活動具有國際宣傳的意味，每年吸引大批的遊客蒞臨，為宜蘭縣政府賺進億元以上的收益，然而自 2005 年起首度出現虧損，2007 年因虧損嚴重而劃下休止符，令人惋惜。2008 年 7 月宜蘭縣政府在同一場地開辦「宜蘭國際蘭雨節」。

　　擷取古諺「竹塹多風，蘭地多雨」命名為「宜蘭國際蘭雨節」，提出以「讓遊客感受在地深厚文化內涵及美麗風景」為目標，規劃三大園區：冬山河親水公園「夢幻園區」、武荖坑「冒險園區」及頭城外澳「海洋文化園區」等。「宜蘭國際蘭雨節」共舉辦了 2 屆，據統計亦是虧損連連，並未能再造節慶熱潮，因此 2010 年，宜蘭縣長林聰賢兌現競選政見，在經費爭議及政治口水中恢復辦理宜蘭國際童玩藝術節。

　　2010「宜蘭國際童玩藝術節」延續以演出、展覽、交流、遊戲四大軸線交錯組成，自 7 月 3 日至 8 月 15 日舉辦為期 44 天的夏日盛會，共吸引了 58 萬 6530 人的參予。在閉幕晚會上，國內外團隊以精采活潑的《童謠列車》壓軸，玻利維亞女子樂團特別為這場閉幕創作《我會再回來》一曲，希望童玩節能持續舉辦的期待。

　　究竟童玩節有何魅力能在停辦 2 年後起死回生？自由時報於 2010 年 9 月 2 日的報導，宜蘭縣史館與宜蘭記者協會合辦「走過一甲子，宜蘭 10 大新聞票選」活動，結果 1996 年「宜蘭國際童玩藝術節」開辦獲選第一名，可看出童玩節在宜蘭人心目中是光榮感的來源，更是宜蘭的驕傲。2010 年榮獲聯合國教科文組織下「國際民俗藝術協會」（CIOFF）的指標性活動之一，也成為亞洲唯一獲該協會認證之國際兒童民俗藝術節。

（二）鶯歌陶瓷嘉年華

　　本活動自 2000 年起即名列台灣 12 大地方節慶之一，將傳統陶瓷產業轉化成休閒文化觀光。

　　鶯歌陶瓷發展歷史約可溯及清代嘉慶年間，至今已 200 多年，贏得「陶瓷之都」的美譽。當地居民從事的工作多數與陶瓷有關，各類陶瓷製品齊聚於此，是世界少數的全方位陶瓷專業區，也讓大家一提到鶯歌就聯想到陶瓷。

　　鶯歌陶瓷嘉年華活動最早萌芽於 1940 年代，一群製磚瓦、碗盤、磁磚的地方窯業企業家，致力推動陶藝文化。歷經長期努力於 1995 年成立「鶯歌陶瓷藝術發展協會」，邀集藝術文化界人士，共同打造鶯歌為陶瓷藝術之都。2000 年鶯歌陶瓷博物館開館，加上鶯歌的陶瓷觀光街道規劃完成，由台北縣政府主辦，鶯歌鎮公所與鶯歌陶瓷博物館承辦的「鶯歌陶瓷嘉年華」，成為鶯歌一年一度的盛會。引領了台灣陶瓷產業發展，更結合陶瓷藝術與觀光休閒產業於一體。

　　歷年的嘉年華活動，每年 10 月於鶯歌的陶瓷博物館、陶瓷老街、文化路及河濱公園等地點舉行，期間約 3 週。熱鬧的嘉年華會包括了陶藝展、塑陶體驗、藝文展覽、劇團演出，及一系列的慶典活動，更邀請世界其他國家陶藝家進行經驗交流，建立鶯歌國際文化形象。

（三）客家桐花祭

　　油桐樹，由於種子富含油脂，曾是日治時期台灣的經濟樹種，在中北部低海拔的山區常常可見，每年 4、5 月，油桐花滿山遍野盛開時，山頭便呈現一幅「5 月白雪」的美景。此一地區正好是客家庄群聚之地，多年的相依相存也就形成了油桐和客家文化密不可分的獨特現象。

　　2002 年客委會首次舉辦「桐花祭」，於苗栗縣公館鄉北河村舉行，在有百年歷史的伯公石龕旁的桐花林蔭下舉辦祭典，以客家族群過去在山林間賴以維生的香茅油、樟腦、木炭、番薯、玉米、生薑、茶等向土地、山神、天神祝禱祭告，希望透過油桐花祭典，吸引國內外遊客共同來分享與感受客家的美麗。

　　2008 年更以邁向國際為目標，在客委會積極輔導之下，配合民間廠商，展開一系列的桐花商品促銷活動，同時推出「台灣客家世紀映像展

－客家印象跨世代對話」攝影展，讓客家人文風華配合桐花祭邁向國際，未來更計畫與國際接軌，將桐花祭推上國際舞台。

由於苗栗桐花祭深獲好評，客委會擴大舉行，並以「客家桐花祭」為名，至 2015 年已是第 14 屆。有台北、桃園、新竹、苗栗、南投、台中、彰化、雲林等 8 縣市，26 餘個鄉鎮，共同辦理超過百場以上的藝文活動。使「客家桐花祭」結合傳統與現代，在政府、民間企業與社團的努力之下，內容越來越充實，也為客家文化注入新的活力。

「客家桐花祭」除賞花、遊古道、品嚐客家美食、藝文活動之外，更積極鼓勵桐花創意商品的開發，至今約有 400 項的桐花衍生商品，透過文化藝術及故事的包裝行銷，大幅提升客家傳統產業的品質及產值，創造客家地區的商機。達到「深耕文化、帶動產業、發展觀光、活化客庄」之目的。

（四）雲林國際偶戲節

雲林縣可以說是台灣布袋戲的故鄉，歷屆薪傳獎得主就有黃海岱、鍾任壁、廖萬水、方清祈、黃俊雄與廖文和 6 位來自雲林的布袋戲藝師。早期有北管布袋戲與潮調布袋戲分庭抗禮，之後則以「五洲園」黃海岱及西螺「興閣派」鍾氏家族最負盛名。即使目前，雲林縣內也還有 8 個專業布袋戲團，將近 2 百個業餘布袋戲團，而且藝師如林，冠居全台。

為發揚偶戲的特色，文建會委託中華民俗藝術基金會，每 2 年舉辦一次「雲林國際偶戲節」。由雲林縣政府與文化局共同舉辦，於 1999 年 3 月首度登場，不僅以台灣特有新穎偶戲贏得國際矚目，更讓台灣瀕臨失傳的民俗技藝得以傳承。2006 年雲林的布袋戲打敗玉山成為台灣意象之首，享譽全球，讓布袋戲風華再現。

除了盛行的布袋戲外，偶戲還包括皮影戲、傀儡戲，於 2014 年舉辦了不同國度的專業偶戲表演，以及 9 場近距離互動的國際偶戲互動工作坊，展現異國偶戲風情，並將傳統偶戲文化與生活結合。尤其布袋戲富有傳統藝術及表演色彩，讓地方產業特色更加活潑生動，歷屆活動均能

致力達到傳承與教育目的，也為台灣傳統藝術文化跨出一大步。因此文建會主導的「福爾摩沙藝術節系列活動」，2006 年起在雲林即以偶戲節為代表。相對於一般節慶活動而言，雲林國際偶戲節更具有傳統藝術的內涵，對於偶戲傳承與創意推廣，透過節慶活動，達到文化傳承，親子同樂，發揮本土偶戲獨有的教育娛樂功能。

二、產業促銷與社區營造的節慶

（一）三義木雕藝術節

苗栗縣三義鄉的山坡地，早年多種植樟木，在清代曾是以採伐樟木做建材、煉樟腦為主要產業，至日治時期，鄉民偶然撿拾枯木加工為擺飾，日人深受其藝術價值所吸引，開始於此地開設木雕店。經過將近百年的發展，一代接著一代的木雕師傅努力經營，讓三義鄉成為名聞遐邇的「木雕鄉」。

自 1993 年首屆「木雕嘉年華」推出以來，吸引了眾多的遊客參觀，打響三義木雕之名。三義木雕藝術節規模逐年擴大，在 1995 年木雕博物館成立後，結合節慶活動，更讓三義凝聚全省木雕精品，木雕之鄉益發耀眼，也使地方產業文化化身為藝文活動，三義木雕從工藝品逐漸轉型為藝術創作，擺脫日漸式微之命運。三義木雕藝術節的舉辦，不僅產業得以延續生命，更將三義木雕導入國際舞台，成為國際知名的木雕藝術重鎮。

三義木雕藝術節的活動 2001 年起，被交通部觀光局列為台灣十二大活動之一，原為 5 月的重要節慶。2005 年文建會規劃的「94 年福爾摩沙藝術節系列活動」，三義木雕節成為台灣重要的藝術節慶之一，名稱改為「三義木雕國際文化藝術節」，配合系列活動，舉辦月份每年均有更動。2015 年以「響木祭」為主題，藉由活動使遊客感受「木」之聲所帶來的溫暖，內容除了國際木雕藝術交流展、國際木雕競賽得獎作品展外，更規劃藝術家工坊巡禮、木藝體驗並邀請木雕師現場創作表演。

圖 6-15　三義木雕藝術節木雕作品

（二）花蓮國際石雕藝術季

　　花蓮擁有豐富的礦石，造就了石材工業的發展，也吸引了國內的石雕藝術家進駐創作，使得花蓮成為台灣石雕藝術的重鎮。文建會為開發地方資源特色，1996 年開始推行「輔導縣市辦理小型國際文化藝術活動計畫」，花蓮縣因應當時地方已蔚然成形的石雕藝術

圖 6-16　花蓮國際石雕藝術季

創作風氣，經文建會核定，以「石雕藝術季」來營造地方文化特色，藉以帶動地方產業及觀光文化事業。因此自 1997 年起，每年舉辦一次的國際石雕藝術季活動，天下雜誌將該活動評比為到花蓮必看的三大節目，在 2002 年名列台灣 12 大節慶之一。

　　石雕藝術季的活動不僅讓民眾參與、認識石雕藝術的創作，聚集國內外頂尖的石雕好手，透過現場創作互相觀摩競技，以及石雕精品展

示，提升當地石雕界視野，將花蓮推向國際舞台。另外結合花蓮縣各鄉鎮特色，融入活動之中，例如：原住民歌舞、地方文化館、傳統編織、美食等。石雕藝術季在持續推廣下，已成為國際知名石雕藝術嘉年華，也是花蓮最具代表性的藝術活動。「石雕城市」成為花蓮追求的目標。

（三）東港黑鮪魚文化觀光季

東港是台灣南部的漁業重鎮，黑鮪魚是這裡的著名魚產，「東港黑鮪魚文化觀光季」因此而著稱。每年 4、5 月黑鮪魚順著黑潮北上，經蘭嶼、綠島附近海域，東港的鮪釣船趁此時機捕獲黑鮪魚。由於日本人視黑鮪魚腹肉為極品，因此東港捕獲的黑鮪魚約 99%直接銷往日本。但在 1997 年亞洲金融風暴後，日本經濟深受影響，因此高價位的黑鮪魚，其進口數量與價格大幅降低，嚴重影響台灣漁民生計。

在此情況下漁民為爭取生計，前往屏東縣政府抗爭，當時擅長文化行銷的文化局長，邀集屏東科技大學學者和文化局專員，於 2000 年成立屏東縣產業委員會，選定黑鮪魚為屏東縣產業文化發展的項目。2001 年首度舉辦「東港黑鮪魚文化觀光季」以來，每年為屏東縣帶來超過 30 億的觀光產值，吸引全國人民的矚目，也吸引遠從香港、日本的觀光客，為屏東創造全國第一的漁獲價值。

圖 6-17　東港黑鮪魚文化觀光季

在觀光季期間，主辦單位規劃一系列與黑鮪魚有關的主題行程，諸如前往魚貨市場看鮪魚入港、拍賣，參觀東港漁業文化展示館，最受歡

迎的行程當然是大啖黑鮪魚大餐。為讓遊客安心享用黑鮪魚，主辦單位推動餐廳認證制度，保證價格與衛生。

東港黑鮪魚季起自漁村，透過漁村文化和觀光資源的整合，正是文化與觀光結合的成功案例，而文化創意產業的延伸，豐富黑鮪魚產業的生命力。

三、創新民俗祭典節慶

（一）內門宋江陣嘉年華

高雄市內門區擁有 50 多個民俗藝陣，是台灣藝陣的大本營。而其中最引人注目的就屬宋江陣，鄉內就有 18 個宋江陣頭，堪稱全國之最。

宋江陣是具有武術、兵陣與宗教性質的民俗藝陣，據說是源自水滸傳宋江攻城掠地所使用陣式，結合三十六天罡與七十二地煞。相傳鄭成功治理台灣時，讓屯墾的人民在農暇時練武健身，神誕慶典出陣護神、驅邪祈福，既為民間的自衛武力，又是民俗藝陣。宋江陣是台灣民間陣頭中組織最精細、器械、武功最精巧的陣頭。

內門宋江陣的發達與宗教信仰有密切關聯，內門紫竹寺是地方的信仰中心，奉祀觀音佛祖。每年農曆 2 月的觀音佛祖聖誕是當地最大的祭典，各式藝陣會在廟埕賣力演出，在觀光局規劃之下，原本屬於地方的宗教活動，成了極富魅力的「內門宋江陣嘉年華」。2001 年首次舉辦廣獲好評，吸引來自國內外各地遊客，爭睹精彩的宋江陣豐富的陣型、兵器、武技與團隊的合作無間。使原本預計「舞三年，歇三年」的藝陣演出，變成每年嘉年華會中常態性的表演。因此內門宋江陣嘉年華，交通部觀光局列為 12 大節慶之一。

演變至今規模日益龐大，成為大型的民俗陣頭嘉年華，除傳統陣頭文武大會，近年舉辦「全國大專院校創意宋江陣頭大賽」，2015 年更首次號召全國高中職加入創意陣頭大賽，期將此藝陣文化發揚光大。

除了全國創意宋江陣頭大賽外，2017 年起也特別邀請內門國小學生，為大家解說兵器種類及武功招式，同時藉由創意宋江陣比賽，讓民眾更加了解宋江文化，體會內門精神。高雄市政府觀光局特別安排小小解說員串場，希望能將這珍貴的文化藉由這些小萌兵，傳承內門宋江藝陣文化。

第五節　節慶與祭典活動的省思

節慶活動近年來在台灣蓬勃發展，無論是原住民的祭典、傳統節慶或是新興地方節慶，幾乎天天都有各式節慶，在城市或大小鄉鎮進行，台灣可稱為節慶之島。然而這些節慶活動，是否很成功的達到節慶活動的目標與成果？值得吾人省思。

首先在原住民祭典部份，祭典一旦形成，它常被神聖化、規範化，成為人們必須遵從的文化模式。更能藉由祭典，建立族群信心，認同自己的文化。所以近年來原住民的正名運動，正是部分原住民族群由於語言、文化、祭儀的保存，而獲得承認為一獨立的族群，例如噶瑪蘭族，其新年祭祖儀典「巴律令」的保存，與獨特性終於 2002 年 12 月成為台灣原住民的一族。又如撒奇萊雅族，正名後舉行回歸本族傳統的海祭、豐年祭、成年禮的木神祭、火神祭憶先祖慰祖靈等的祭典。

然而今日一些的祭典，已屬於表演、歡樂的性質，遠離了當初慶典祭儀的初衷，更有若干的祭典逐漸地流於商業化、觀光化之虞，其負面部分值得省思。期望在未來，藉著更發達的傳播媒體，更頻繁的人群互動，也透過各族群之間的相互尊重，原住民族的祭典成為各族群彼此認識、學習及分享的觸媒。

至於台灣的傳統節慶，雖源自於傳統中國，在工商繁忙的時代脈動下，有一部份並未因此被淡忘、忽視，乃由於在傳統中加入新元素，使其活絡更貼近人們的生活。例如台灣燈會、鹽水蜂炮、台北端午文化

節、府城七夕藝術節、基隆中元祭等結合民俗、宗教外，更以文化觀光加以包裝行銷，成為每年吸引眾人的觀光盛會。

現今台灣傳統節慶部分，也不免流於商業化、觀光化追求商業利益，而流於一窩蜂的情況。以台灣燈會為例，每年主辦的縣市為了吸引大批人潮，無不花費鉅資來舉辦，的確吸引觀賞的人潮。至於其他未獲主辦的縣市，自辦大型燈會，形成同質性高，缺乏特色與創意性，是否能持續年年引吸引觀光人潮，這或許也是值得思考之處。

面對 100 多個地方新節慶，在台灣本島及離島各地展開，讓人們有機會體驗台灣各地的自然環境、風土民情、產業特色及生活文化。對當地人們而言，在節慶活動過程中，可以看到地方對文化投注的心力，更為地方產業帶來振興的新契機，與觀光的人潮、商業利益，使經濟與文化結合。

然而深入檢視這些節慶，首先發現一些以「國際文化藝術」為名的節慶，其舉辦模式，都是邀請其他國家的藝術家，或團隊進行所謂交流、提升藝術、建立國際文化形象為目標。2003 年 10 月刊出的《新台灣新聞周刊》〈花蓮國際石雕藝術展淪為夜市叫賣？〉[3]一文提到：

> 台灣藝術界大老郭清治批評花蓮石雕展，指出台灣石雕歷史太短，花蓮石雕文化尚未定位，沒有文化特色，二十世紀是鐵雕的時代，花蓮石雕已經不是主流。令人訝異的事，不知是官僚阿諛還是奉承，竟然在石雕展中擺了不知是銅雕鐵雕的非石雕作品。

此或許為國際文化藝術節的危機。

另外非常受歡迎，已舉辦 12 年的國際童玩節在 2007 年劃下休止符，直到 2010 年再重新舉辦。2007 年當時各方討論童玩節停辦原因，包括：活動經費不足，難以支持龐大開銷；同質性活動過多導致童玩節

---

[3] 作者為江冠明。

獨特性被替代，以及入園價格高等因素，顯示新興節慶必須不斷的求新求變，才不致於被淘汰。

至於以當地特產為主題的節慶，同樣面臨同質性高而缺乏特色的窘境，例如白河蓮花節，這幾年似已不再吸引大批遊客蒞臨，而仍吸引大量觀光客的則屬東港黑鮪魚文化觀光季，食材中的黑鮪魚，面對海洋資源保育的呼聲，又該如何去應變，或許會是主辦單位應思考的課題。

在台灣新興節慶活動，雖不可避免政治與經濟利益的影響，但應避免流於形式化，以免熱鬧有餘而深度不足，導致膚淺化與世俗化之弊。一個節慶的永續經營，令人一再參與，節慶內涵中有深厚的歷史文化背景，正是其歷久不衰的主要因素，此或許為台灣的新興節慶所欠缺的一個面向。因此如何經營新節慶，適時加入創意與創新的元素，將是未來努力的方向。

問題與討論

1. 新興節慶活動近年來在台灣蓬勃發展，文中就其類別分成三大類：藝術文化節慶、產業促銷與社區營造的節慶、創新民俗祭典節慶等類別就你的觀察你認為還可以增加哪些類別？

2. 如果你的外國朋友 7~9 月時到台灣找你，你會推薦他去參加那些節慶活動？為什麼？

3. 你的家鄉在哪一縣市？有哪些節慶活動是課文所沒有提到？請說明節慶名稱與內容？

4. 每個國家都有幾個最具代表性的節慶活動，吸引世界各地的人潮前往參加，例如：日本的祇園祭，西班牙的奔牛節，如果要選出最具有台灣特色且能推向國際的節慶活動你覺得應是哪一節慶？為什麼？

5. 東港黑鮪魚文化觀光季，食材中的黑鮪魚，面對海洋資源保育的呼聲，該如何去應變？對此一問題你有何建議可以給主辦單位？既符合環保又不失黑鮪魚文化觀光季的精神。

第七章

台灣的歌謠

　　歌謠的出現有其時代背景，會受到自然與人文環境的影響。世界上每個地方流傳的歌謠，是反映出這個地方人民的共同心聲。透過對台灣歌謠的認識，可以了解台灣歷史的發展過程。

　　生活在這塊土地上的族群，不論先來或後到，因應他們自己的生活方式，發展出屬於他們自己的歌謠。有些歌謠會隨著時間而消逝，若不加以保存，就會消失不見。有些歌謠的產生，有其時代背景，透過對這些歌謠的認識，可了解當時的社會情況。當我們重新唱起這些具有時代意義的歌謠，又會回到以往的回憶裡。

　　以下本章將分成四節來作介紹，首先介紹台灣歌謠概論，接著介紹原住民及客家歌謠，再介紹台語歌謠、國語歌曲。

第一節　台灣歌謠概論

　　台灣一些研究歌謠的人對歌謠的定義，有別於中國傳統對歌謠的定義，在他們的研究中，台灣歌謠多指台語流行歌曲。但台語流行歌曲應只是台灣歌謠的一部份而已，不應代表全部。

　　台灣歌謠具有民族性、傳統性、集體性、鄉土性、共賞性、文化性等特質，也具有抒發心情、娛樂、教化、祈福與傳承的功能。

　　依台灣歌謠歌詞內容來分類，主要可分成祭儀、勸世、情歌、職業、勵志、懷念故鄉、交通工具、地名等類。

一、台灣歌謠的定義

　　「歌」係指流傳於民間，可知詞、曲創作者；「謠」係指流傳於民間，口耳相傳，不知詞、曲創作者。

　　在台灣歷史的發展過程中，有些研究者對於「歌謠」一詞的定義有別於中國傳統對於歌謠的解釋。依中國傳統的說法，「歌謠」乃指民歌、

民謠。日治時代所出版的一些書籍，普遍以「歌謠」來指稱民歌、民謠。在台灣，「歌謠」一詞，則是由日語而來的語彙，被台語歌曲的創作者以台灣歌謠來指稱台語流行歌曲，這是與中國傳統對歌謠的定義有所不同。在台灣大部份的研究者則認為「台灣歌謠」係指台語流行歌曲。

在一些介紹台灣歌謠的書籍中，大都把台語流行歌曲就當作台灣歌謠來作介紹。台灣歌謠不應只介紹台語流行歌曲，應把在台灣族群中的歌謠都涵蓋在內，所以本章所介紹的台灣歌謠，主要以口耳相傳，不知詞、曲創作者的傳統歌謠及知詞、曲創作者的創作歌曲來作敘述，涵蓋原住民歌謠、客家歌謠、台語歌謠及國語歌曲，因篇幅有限，南北管、歌舞小戲、歌仔戲、布袋戲、民間說唱、唸謠、童謠、宗教歌曲等歌謠不在本章所要敘述的範圍。

二、台灣歌謠的特質與功能

（一）台灣歌謠的特質

大致來說，台灣歌謠具有以下的特質：

1. **民族性**：歌謠是台灣的先民在生活中逐漸產生的，它反應出生活在這塊土地上不同族群的思想、信仰、情感、生活方式。例如〈老山歌〉、〈祈禱小米豐收歌〉等。

2. **傳統性**：生活在台灣這塊土地上的人民中，很多人是來自中國大陸，自然而然，把中國傳統民間音樂帶來台灣。台灣歌謠的音樂根源，除原住民的音樂外，多受到中國傳統民間音樂的影響。

3. **集體性**：台灣歌謠是人民代代相傳，集體創作的成果。

4. **鄉土性**：台灣歌謠是生活在這塊土地上的人，以本身的語言創作，反映出其生活各個層面，具有濃厚的鄉土性。

5. **共賞性**：台灣歌謠存在於台灣百姓中，不為特定人士所有，而為所有台灣百姓所共有、共賞。

6. **文化性**：台灣歌謠歷經歷史的發展，代代相傳，代表各族群生活的文化。

（二）台灣歌謠的功能

1. **抒發心情的功能**：人們在工作勞動中，藉由唱歌來抒發心情，減輕工作中的疲勞感。

2. **娛樂的功能**：歌謠是人們茶餘飯後很重要的娛樂，藉由歌舞表演來自娛或娛人。

3. **教化的功能**：歌謠透過戲劇演出的手法來呈現，人們從觀賞戲劇表演來傳唱，可從中得到一些知識。除此之外，歌謠的歌詞本身也具有教化的功能，如〈祖母的話〉，歌詞內容提到要成為一個好媳婦的條件是晚睡早起，會做家事。

4. **祈福的功能**：歌謠用於祈福來消災免禍。

5. **傳承的功能**：口耳相傳的歷史，可藉由歌謠來傳承。

三、台灣歌謠歌詞內容的分類

依台灣歌謠歌詞內容來分類，主要可分為：

1. **祭儀類**：如賽夏族矮靈祭典的祭歌、鄒族「戰祭」的祭歌、阿美族豐年祭祭歌等。

2. **勸世類**：如〈祖母的話〉、〈勸世歌〉、〈客家本色〉等。

3. **情歌類**：情歌類的歌曲佔絕大多數，如〈霧臺情歌〉、〈舊情綿綿〉、〈一支小雨傘〉、〈針線情〉、〈雙人枕頭〉、〈情字這條路〉、〈舊情也綿綿〉、〈愛情限時批〉、〈家後〉、〈情人的眼淚〉、〈阿美阿美〉、〈戀曲1980〉、〈領悟〉、〈這些日子以來〉、〈夢醒時分〉、〈一場遊戲一場夢〉、〈我很醜可是我很溫柔〉、〈吻別〉、〈花心〉、〈浪人情歌〉等。

4. **職業類**：如賣肉粽的〈燒肉粽〉、做資源回收的〈收酒矸〉、做船員的〈鑼聲若響〉及〈港都夜雨〉、做酒家女的〈酒家女〉、做舞女的〈舞女〉、做護士的〈青春悲喜曲〉等。

5. **勵志類**：如〈愛拼才會贏〉、〈我的未來不是夢〉等。

6. **懷念故鄉類**：如〈秋風夜雨〉、〈阮若打開心內的門窗〉、〈媽媽請你也保重〉、〈黃昏的故鄉〉、〈故鄉〉、〈家在山的那一邊〉等。

7. **交通工具類**：如〈車站〉、〈機場〉、〈火車〉等。

8. **地名類**：如〈淡水暮色〉、〈關子嶺之戀〉、〈台北今夜冷清清〉、〈來去台東〉、〈流浪到淡水〉、〈高山青〉、〈美麗的寶島〉、〈鹿港小鎮〉、〈台北的天空〉等。

第二節　原住民及客家歌謠

　　原住民的傳統歌謠，因無文字記載，多靠口耳相傳，但多與其祭祀與生活有關，但有些歌謠在平時是不能唱的，只有在祭典時才可唱，也使得一些祭儀性歌謠，隨著年長者的去世而無法保留下來。

　　原住民有時為了特定目的而進行歌曲創作，但 2000 年以後，一些有原住民血統的音樂創作者及歌手，有感於傳統歌謠隨著年長者的逝去而流失，遂把一些傳統歌謠加以演唱，以保存屬於自己的傳統文化。甚至自行編詞編曲，以自己的語言文字來演唱。因原住民歌謠少用樂器伴奏，以流行音樂的樂器，來重新詮釋傳統歌謠，使傳統歌謠呈現出現代感。

　　客家傳統歌謠，主要有老山歌、山歌子、平板三大曲調。除了這三大曲調外，後來出現許多客家小調。

　　從 1960、1970 年代起，全台各地陸續舉辦全省客家民謠比賽、客家山歌比賽來推廣客家歌謠，到了 1980 年代，在社區也成立民謠班或山歌班來推廣此項工作。

客家創作歌曲 1981 年由吳盛智首開風氣之先，之後，呂金守、涂敏恆等人也開始創作客家歌曲。在他們的影響下，後來又出現一些創作客家歌曲者。有一些非客籍的歌手也開始演唱客家歌曲，而原為演唱台語、國語歌曲的客籍歌手也開始演唱客家歌曲。客家創作歌曲透過大眾媒體及歌唱比賽的宣傳，以及一些客家歌曲創作者的努力下廣為人知，如今已呈現多元的面向。

一、原住民歌謠

（一）傳統歌謠

1. 泰雅族：

泰雅族歌謠是即興式的，旋律、歌詞也是，透過唱歌來維繫人與大自然、人與人、人與神間溝通的橋樑。因泰雅族無文字，其歌謠係透過口耳相傳的方式來保存，使得這些歌謠逐漸流失當中。

凡與泰雅族生活有關的事物皆可透過歌唱來表達。泰雅族的歌謠可分成祭歌、飲酒歌、工作歌、親情歌、情歌等。祭歌是祭祀時所唱的歌。飲酒歌是在一天工作結束後，邀集工作伙伴喝酒所唱的歌。工作歌是在工作時隨性唱歌，如杵歌、鋤草歌等。情歌是談戀愛時所唱的歌。

2. 賽夏族：

賽夏族最為人知的祭典是矮靈祭，而賽夏族的歌謠至今較完整被保留下來的，只剩下巴斯達隘矮靈祭典的祭歌。祭歌是配合舞蹈，只有在舉行矮靈祭時，才可以唱，平時矮靈祭祭歌在部落中不准傳唱，長久下來便成禁忌，任何人皆不敢違抗，怕遭不測。

據傳矮靈祭的祭歌是由矮人所傳授的，平時禁止傳授，大概在祭典開始前一個月才可練唱祭歌，每次練唱要花費 4 小時左右，才能把整套 10 餘首的祭歌唱完。祭歌的歌詞內容中，多是以矮人對賽夏族原住民的告誡。現在能把整套矮靈祭祭歌完整的唱完，並記住且了解每首祭歌的歌詞內容的人不多見，此是賽夏族原住民所面臨的一大問題。

3. 布農族：

布農族的歌謠以和聲為主，其中又以〈祈禱小米豐收歌〉的八部和音最有名。1943 年，日本音樂學者黑澤隆朝受到台灣總督府的委託，開始對台灣原住民的音樂做實地的調查與錄音，同年 3 月，黑澤隆朝發現布農族的〈祈禱小米豐收歌〉，為此留下記錄。1952 年，黑澤隆朝將對布農族的〈祈禱小米豐收歌〉所作的錄音寄至聯合國教科文組織，受到一些國際知名音樂學者的重視，使〈祈禱小米豐收歌〉為世人所知。

在布農族的歌謠中，主要有祭儀性與生活性的歌謠。祭儀性的歌謠可用於狩獵、農事、特殊祭儀與生命禮俗中。生活性的歌謠多與工作、飲酒、敘事、勞動等日常生活有關。

4. 鄒族：

鄒族的歌謠主要有祭儀性與生活性歌謠，祭儀性歌謠主要有部落最重要的「戰祭」的祭歌及「小米收成祭」的祭歌。生活性歌謠多與飲酒、工作勞動、情歌有關。

5. 魯凱族：

魯凱族的歌謠與其日常生活、工作與祭儀有關，有獵歌、祭歌、酒歌、情歌等。

6. 排灣族：

排灣族的歌謠中，主要有祭儀性歌謠與生活性歌謠，祭儀性歌謠常在五年祭及豐年祭出現，是歌頌祖先的豐功偉業。生活性歌謠有工作歌、敘事歌、結婚歌、搖籃歌、情歌、飲酒歌等。

7. 阿美族：

阿美族的歌謠中，有跳舞歌、慶豐年歌、豐年祭祭歌，還有屬於生活性的歌，如捕魚、除草、狩獵、飲酒、抒情歌、情歌等歌謠，而阿美族郭英男所唱的〈老人飲酒歌〉也因為被 1996 年亞特蘭大奧運所採用而出名。

8. 卑南族：

卑南族的歌謠中，祭歌是屬於男性的歌，如猴祭、大獵祭、年祭等祭歌，因狩獵時禁止女性參加之故。工作歌是屬於女性之歌。

9. 達悟族：

達悟族的歌謠與其生活密切相關，如捕魚歌、船歌、葬歌、情歌，還有一些祝福歌如飛魚之歌、黃金之歌等。

（二）創作歌曲

原住民投入創作歌曲中，以陸森寶〈美麗的稻穗〉最為有名。〈美麗的稻穗〉原名為 Posalaw bulai，由陸森寶在 1958 年創作這首歌，來描述卑南族族人無法在八二三砲戰時至前線慰勞作戰的族人，告知他們收成的情形。1975 年，胡德夫將這首歌取名為〈美麗的稻穗〉。

1988 年，陸寶森有感於卑南族的年青人從外地回到故鄉，在舉行年祭時，不會唱族裡的老歌，因而創作〈懷念年祭〉。

2000 年以後，原住民創作的歌曲，透過流行音樂的製作方式，而被社會大眾所接受。一些有原住民血統的音樂創作者及歌手，有感於傳統歌謠隨著年長者的逝去而流失，遂把一些傳統歌謠加以演唱，以保存屬於自己的傳統文化，甚至自行編詞編曲，以自己的語言文字來演唱，如紀曉君〈南王系之歌〉及〈搖電話鈴〉。因原住民歌謠少用樂器伴奏，以流行音樂的樂器如吉他、鋼琴等，來重新詮釋傳統歌謠，使傳統歌謠呈現出現代感。

二、客家歌謠

客家歌謠的起源，起初應是為了抒發個人情緒所哼唱出來的聲音，後來配合一些日常生活的活動，如採茶、耕種、挑擔、撐船時以自娛，或為了與對岸、遠山的人對話，讓對方能清楚聽到聲音而逐漸演變來的。

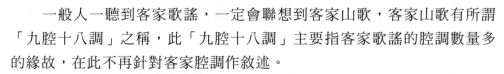

　　一般人一聽到客家歌謠，一定會聯想到客家山歌，客家山歌有所謂「九腔十八調」之稱，此「九腔十八調」主要指客家歌謠的腔調數量多的緣故，在此不再針對客家腔調作敘述。

　　以下僅針對客家傳統歌謠及客家創作歌曲作一介紹，其中因限於篇幅，客家的童謠、兒歌、唸謠非本文所能述及的。

（一）傳統歌謠

　　台灣流傳的客家傳統歌謠，主要有老山歌、山歌子、平板三大曲調。以下針對這三大曲調加以說明：

1. **老山歌**：又稱「大山歌」，是客家歌謠中最古老的一種曲調。老山歌無固定的歌詞，演唱者須根據老山歌的曲調，自己創作出歌詞。以前，為使歌聲能由此山傳至對山，有時需將曲調唱高，聲音往往拖得很長。只要是同一類型的歌詞，不論其內容為何，都可以用此一曲調唱出。在歌詞音節的分配上，大致可分為「二個字加五個字」、「四個字加三個字」2種，但有時亦混合使用。

老 山 歌

圖 7-1　老山歌（1982 年，楊兆禎採譜）

2. **山歌子**：又稱「山歌指」，由老山歌演變而來。在同一曲調下，可唱
   出不同的歌詞。與老山歌相比較，其速度較快、節奏較為固定，不像
   老山歌將聲音拉得很長。在歌詞音節的分配上，大致由「二個字、一
   個字、一個字、二個字、一個字」5 個音節組成。

山 歌 子

圖 7-2　山歌子（1982 年，楊兆禎採譜）

3. **平板**：又稱「改良調」，由老山歌、山歌子改變而來。平板，取其曲
調平坦順暢，不用將聲音拉太長太高，平平穩穩的意思，也是最常使
用、最大眾化的曲調。平板也是山歌由山野慢慢走入茶園、家庭、戲
台、戲院的產物。在歌詞音節的分配上，大致由「二個字、一個字、
一個字、二個字、一個字」5 個音節組成。

平 板

（間奏）

圖 7-3　平板（1982 年，楊兆禎採譜）

客家山歌主要的演唱方式以獨唱和對唱最常見，獨唱是演唱者抒發情感的一種方式；對唱則是客家人平常對話的延續。

除了上述的三大曲調外，其他的客家小調多有歌名，且歌詞較為固定，一首歌一種唱腔，經常在活動場合中被演唱。在民間流傳的小調有〈落水天〉、〈桃花開〉、〈病子歌〉等，其中又以〈桃花開〉最受歡迎。

對於客家傳統歌謠的推廣，要提到 1962 年成立的客家歌謠研究會及 1963 年成立的苗栗縣客家民謠研進會，日後各地也開始成立客家民謠研究會來推廣客家歌謠。1963 年，中國廣播公司苗栗台舉辦第一屆的全省客家民謠比賽後，各地客家縣市或鄉鎮，也舉辦客家民謠比賽來推廣客家歌謠。另外，在 1960 年代，《苗友月刊》（現稱《中原月刊》）開闢客家民謠專欄，介紹客家山歌、小調及一些客家歌謠的歌詞，成為人們學習客家歌謠時的範本。從 1960、1970 年代起，全台各地陸續舉辦比賽來推廣客家歌謠，到 1980 年代，在社區也成立民謠班或山歌班來推廣此項工作。

（二）創作歌曲

客家創作歌曲在 1981 年由吳盛智首開風氣之先，推出第一張客家創作歌曲《無緣》專輯並在電視媒體演唱。另外，呂金守、涂敏恆等人也開始創作客家歌曲，受到他們的影響，出現謝宇威、黃連煜、陳永淘、顏志文、林生祥、羅國禮等創作客家歌曲者。

隨著客家創作歌曲大量的出現，有些唱片公司也發行客家歌曲的專輯，使得客家歌曲的數量達到前所未有的規模，具代表性的歌曲有鄧百成的〈細妹仔按靚〉及劉平芳的〈客家本色〉，1990 年鄧百成以〈我自遠方來〉入圍金曲獎。隔年，劉平芳以〈一枝擔竿〉入圍金曲獎，為客家歌曲寫下了光榮的一頁，她也是發行客家流行歌曲專輯最多的歌手。

2004 年，有「客家鄧麗君」之稱的陳雙推出首張專輯《夜合》後，又發行多張專輯，屢獲金曲獎入圍肯定。徐筱寧推出《靚細妹》專輯受到很大回響，也獲得第 16 屆金曲獎最佳客語演唱新人獎。曼怡發行《永

遠懷念你》和《油桐花之戀》二張專輯，創下一個月內推出二張個人客家歌曲專輯的歷史記錄。

1999 年起，客家歌曲又受到金曲獎肯定，其中入圍金曲獎者如顏志文的《山狗大》專輯、謝宇威的《一儕.花樹下》專輯、陳雙《夜合》專輯等；因而獲得金曲獎者，如交工樂隊的《我等就來唱山歌》專輯及《菊花夜行軍》專輯、劉劭希的《野放客》專輯。自 2005 年起，金曲獎最佳流行音樂的獎項依語言頒發，生祥與瓦窯坑 3 的《臨暗》專輯、好客樂隊的《好客戲》專輯、林生祥的《種樹》專輯等。獲得最佳客語演唱人獎者，如劉劭希的《野放客》專輯、謝宇威的《一儕.花樹下》專輯、林生祥的《種樹》專輯、秋林的《大嶺腳下 2》專輯等。獲得最佳客語演唱新人獎者，徐筱寧的《靚細妹》專輯。

在客家創作歌曲中，以歌頌父母子女間的情感、男女情歌為主，也有描述離鄉背景、思念故鄉等歌曲。其中最為人熟知的是〈客家本色〉，主要是奉勸世間的客家人，時代、社會在變，但不要忘了客家祖先從大陸渡海來台，努力開墾打拼 的艱辛，勤儉持家的精神，作一個良善的人。〈一枝擔竿〉則以擔竿不易折斷的特性來象徵客家人代代相傳堅韌不拔的精神。

客家歌曲在 1980 年代受到校園民歌的影響，歌詞內容不再限於男女愛情，如顏志文的〈借問〉，即以描述客庄生活經驗的歌曲。呂金守〈捱也係客家人〉，唱出對客語流失的憂心。

另外，有一些非客籍的歌手也開始演唱客家歌曲，如莊琇媛發行《野花》專輯、高向鵬發行《女人心》專輯、許景淳演唱〈油桐花〉；原為演唱台語、國語歌曲的客籍的歌手羅時豐，也演唱客家歌曲〈無其樣個人〉。

客家歌曲透過唱片公司、電台、電視台、網路、報章雜誌、歌唱比賽的宣傳，以及一些客家歌曲創作者的努力下廣為人知，如今已呈現多元的面向。

第三節　台語歌謠

　　台語歌謠中，很多傳統歌謠直到今日仍為人傳唱，如〈天黑黑〉、〈牛犁歌〉等，不會因為時間的流逝而消失。

　　講到台語創作歌曲，要提到為宣傳電影而創作的〈桃花泣血記〉，以此種方式來宣傳，造成轟動，日後宣傳電影也透過此種手法來宣傳。

　　各唱片公司投入資金，聘請詞、曲創作者創作歌曲，造成膾炙人口的台語歌曲出現。台灣總督府推動皇民化運動，影響到台語創作歌曲的發展，在二次大戰後，一些中斷創作的詞曲家及自日本回國的年青音樂家投入歌曲創作市場後，促使台語創作歌曲有了進一步的發展。

　　政府推行國語運動及二二八事件的影響，使台語創作歌曲受到影響，取而代之的是混血歌曲的出現，1973 年，台灣出現了一股民歌風，此風潮間接刺激台語創作歌曲的發展。1980 年代，因解嚴及本土思維興起，許多新的詞曲創作、演唱人才大量出現，彌補自 1960 年代後的斷層。1990 年代以後的流行歌曲，已從國語歌曲為重，演變成國台語並重的局面。

一、傳統歌謠

　　福佬人從中國大陸渡海來台，他們在台灣生活過程中產生的歌謠，很多是與農業生活有關。其中最為人所知的是出現在台灣北部盆地的〈天黑黑〉；而在台南平原也出現了〈牛犁歌〉，它的歌詞點出農夫為了生活不畏辛勞，辛苦工作情形。

　　在屏東恆春一帶出現了〈恆春調〉，後來演變成〈思想起〉。〈思想起〉是源自恆春地區的歌謠，民族音樂家呂炳川曾在屏東採集歌謠，他認為〈思想起〉是由平埔族中西拉雅族的曲調演變而來。在音樂界公認陳達所唱的〈思想起〉最具特色，而〈月琴〉的歌詞中寫道「抱一支老

月琴，三兩聲不成調，老歌手琴音猶在，獨不見恆春的傳奇」，寫的正是陳達。

〈台東調〉被視為是恆春人往台灣東部開墾所產生的歌謠。〈台東調〉的曲調經由郭大誠填詞後，變成受歡迎的歌曲〈生（青）蚵仔嫂〉。另外，在宜蘭地區出現〈丟丟銅仔〉，〈丟丟銅仔〉的產生，有此一說，因鐵路的興築，開通了宜蘭與台北間的交通線，當火車進入山洞時，隧道內的水滴聲伴隨著車輪轉動的律動，便成了〈丟丟銅仔〉。〈六月茉莉〉表現出人民內在的情感，〈六月田水〉則呈現出農夫在田裡耕作的情形。

1895 年簽訂馬關條約，滿清政府把台灣割讓給日本，台灣淪為日本的殖民地，台灣百姓不願接受台灣割讓給日本的事實，起來反抗日本，造成極大的傷亡，在嘉義地區出現了〈一隻鳥仔哮救救〉的歌謠。〈一隻鳥仔哮救救〉歌詞中提到「什麼人仔甲阮弄破這個巢」、「乎阮掠著不放伊干休」充分表現出台灣百姓不願受到異族統治，抒發對異族統治的不滿。

不管以上這些歌謠是如何的不同，從北部到南部，從西部平原到東部地區，台灣先民嘴裡所唱出來的歌謠，是如此動聽。這些歌謠歷經時代的演變，至今仍為大多數台灣百姓所傳唱，不因時間的流逝而消失。

二、創作歌曲

（一）第一首台語創作歌曲的出現－〈台灣自治歌〉

台語創作歌曲就要提到 1925 年蔡培火的〈台灣自治歌〉，蔡培火在1923 年參加台灣議會設置請願活動，因違反治安警察法，被日本當局起訴判刑，蔡培火在獄中寫了〈台灣自治歌〉，並發表於《台灣民報》上，此首歌在 1931 年才被譜曲；〈台灣自治歌〉充分表現出台灣要自治的決心。

蔡培火又在 1929 年創作〈咱台灣〉、1933 年創作〈美台團團歌〉等歌，其中，〈咱台灣〉還被灌錄成唱片發行。

圖 7-4 〈咱台灣〉歌詞

（二）第一首台語流行歌曲－〈桃花泣血記〉的出現

在 1932 年上海聯美影業製片印刷公司所出品的「桃花泣血記」在台北第一劇場放映，電影業者為吸引觀眾來觀賞電影，想出了製作宣傳歌曲的促銷方式。聘請詹天馬與王雲峰創作宣傳歌曲，第一首台語流行歌曲－〈桃花泣血記〉出現了。

為了宣傳電影「桃花泣血記」，沿街吹奏〈桃花泣血記〉，由於〈桃花泣血記〉在大街小巷傳唱，歌曲一炮而紅，有唱片業者把〈桃花泣血記〉灌錄成唱片發行，在 1932 年推出，果然造成轟動。

〈桃花泣血記〉成為台灣歌謠史上第一首為宣傳電影而寫歌的台語創作歌曲，也是台語流行歌曲的始祖。

（三）1932 年至 1945 年台語創作歌曲的發展

1932 年，電影「桃花泣血記」透過歌曲來宣傳電影手法的成功，使得電影需靠歌曲來宣傳，成了當時電影業者宣傳電影的主流。

1933 年，古倫美亞唱片公司聘請一些作詞、作曲者投入創作台語歌曲的行列，當年發行的作品如〈望春風〉、〈月夜愁〉等，都是一直到現在仍為人所傳唱的歌曲。據一些歌謠研究者的研究，〈望春風〉作詞者李臨秋根據《西廂記》中有一句「隔牆花影動，疑是玉人來」得到的靈感，在作詞時加入「月娘笑阮憨大獃，乎風騙不知」，使整首歌更具生命力。另據《台灣歌謠臉譜》所云，李臨秋創作〈望春風〉的動機如下：

> 30 年代，婦女的社會地位仍相當低，女性被看成男人的附屬品；… 想寫一首說出女性心裡話的歌，讓女性也能勇敢表達自己的情感，於是寫下這首〈望春風〉。… 將女性內心對愛情的渴望，表達得淋漓盡致。

當〈望春風〉和〈月夜愁〉等曲將台語流行歌曲帶進了嶄新境界時，一些唱片業者也跟進聘請一些詞曲創作者來創作台語歌曲，此一時期出現了一些有名的作品如〈雨夜花〉、〈春宵吟〉、〈雙雁影〉、〈日日春〉、〈青春嶺〉、〈白牡丹〉、〈心酸酸〉、〈悲戀的酒杯〉等歌曲。

圖 7-5　鄧雨賢

其中值得一提的是至今仍被傳唱不已的一首歌〈雨夜花〉。1931 年，廖漢臣受黃周影響，就寫了一首〈春天〉的童謠，鄧雨賢把它改成兒歌，所寫的歌譜正是〈雨夜花〉旋律。1933 年，周添旺改填成今日大家所熟悉的〈雨夜花〉。〈雨夜花〉來自一個真實的愛情悲劇，同時這首歌也被認為是在暗喻台灣人遭日本人壓迫的心境。

1936 年，小林躋造擔任第十七任總督後，以台灣作為日本南進基地。1937 年，日本侵略中國，與此同時，日本總督在台灣也推行各項高壓政策，4 月，台灣總督府下令禁用漢文，報紙即日起廢止中文欄。台灣許多知識分子以消極態度抗議，唱片業也不如以往的盛況。

　　二次大戰末期，日本政府如火如荼的推動「皇民化運動」，一些詞、曲創作者面臨這種困境，不得不放棄寫歌，另謀發展，如鄧雨賢到鄉下教書、陳達儒去當警察、蘇桐和陳冠華當江湖藝人等，給日治時期的台語流行歌曲的發展劃下休止符。

　　1942 年起，日本當局為了宣導政令，把一些台語流行歌曲的曲調變成了戰爭進行曲，如〈望春風〉改為〈大地は招く〉（《大地在召喚》）、〈月夜愁〉改為〈軍夫の妻〉（《軍夫之妻》）、〈雨夜花〉改為〈譽れの軍夫〉（《榮譽的軍夫》）。

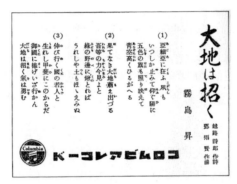

圖 7-6　　〈望春風〉改為〈大地は招く〉的歌詞

（四）1945 年至 1970 年台語創作歌曲的發展

　　1945 年 8 月，被日本統治 50 年的台灣又回到中國手上，在台灣百姓歡欣鼓舞迎接台灣新生的情形下，一些中斷創作的台語歌曲作詞、作曲家，紛紛投入創作歌曲，再加上一些自日本回國的年青音樂家也投入歌曲創作的行列，促使台語創作歌曲有了進一步的發展。此時期，歌曲的曲調出現較為爽朗，旋律也呈現了活潑、輕快的情形。

　　1946 年政府大力推動國語，使台語歌曲的市場大受影響，〈望你早歸〉的出現，說出當時台灣百姓心裡的話。這首歌被認為是在描述當時有很多台灣人被派往海外當兵，尚未回來，他們的親人期待他們能趕快回來的歌曲。

　　1947 年 2 月 28 日發生了一件影響台灣日後歷史發展的大事件－「二二八事件」。二二八事件的發生，使得不少文學精英因此失蹤或死亡，連帶影響到台語歌曲的創作。在二二八事件及後來的「白色恐怖」的陰影下，一些創作台語歌曲者也都隱匿不出，使得台語歌曲的創作受到影響。有一些不怕死的詞、曲創作者，仍不受影響繼續創作，但此時的作品又回到較為悲涼、哀怨的曲風，如〈暗淡的月〉、〈港都夜雨〉、〈舊情綿綿〉、〈補破網〉、〈夜半路燈〉、〈苦戀歌〉、〈秋怨〉、〈孤戀花〉、〈秋風夜雨〉等。

　　〈杯底毋通飼金魚〉是反映此時期的作品，是與二二八事件有關的創作歌曲。呂泉生創作這首歌曲的動機是在 1949 年 3 月，與人閒聊中，因對「二二八事件」持不同的看法而起衝突，最後不歡而散。此事給呂泉生很大的感觸，他認為無論什麼事，若每個人都能真誠以對，就不會產生誤會，於是寫下這首歌。

　　1948 年創作的〈補破網〉，在李臨秋創作的初衷，其實是為情場失意而寫，目的在喚回情人的感情。但被人加以引申，認為在物資缺乏的時代，生活不安定，物價又高漲，大家期望有一個安定的生活。

　　還有一些歌曲反映社會底層的聲音，如〈收酒矸〉、〈燒肉粽〉等，〈收酒矸〉是張邱冬松在 1946 年創作，它反映出人民為了生活，辛苦奔波的一面。1949 年創作的〈燒肉粽〉道出畢業找不到工作，暫時以賣肉粽為生，隨著物價高漲，仍須辛苦工作的情形。

　　受二二八事件及白色恐怖的影響下，此時能維繫人民感情的是一些經過改造的歌曲，這些歌曲都是一些日本歌的曲調，配上台語歌詞，有人稱此為「混血歌曲」。造成這種現象的出現是因為一些詞曲創作者不願意創作，使得唱片公司為節省成本，並增加歌曲來源，自日本引進日本歌曲來填補台語創作歌曲數量減少的情形。

　　這些「混血歌曲」盛行於 1950、1960 年代，歌曲在日本，都是人們熟悉的歌曲，再配上台語的歌詞，若是好的作品，在台灣就會受到歡

迎，如〈黃昏的故鄉〉（《赤い夕陽の黃昏》）、〈孤女的願望〉（《花笠道中》）、〈可憐的戀花再會吧〉（《十代の戀よさよなら》）等都是很好的作品。其中，〈孤女的願望〉這首歌描述一位鄉下女子到台北找工作的情形，被視為台灣從農業社會到工業社會，農村的勞動力集中到城市的代表歌曲。〈黃昏的故鄉〉則呈現對家鄉的懷念。

（五）1970 年代以後台語創作歌曲的再生

1973 年，台灣出現了一股民歌風，由李雙澤發起「唱自己的歌」的風潮，此一風潮狂掃台灣各校園，間接刺激台語創作歌曲的發展。

林二、簡上仁因對台語歌曲的喜好，他們開始四處尋訪台語老歌，並四處去找尋、走訪台語老歌的作詞、作曲者，使台語創作歌曲又再次受到肯定。中視「蓬萊仙島」節目在李季準、侯世宏主持下，每周播出這些前輩作詞、作曲家的作品。林二還策劃了兩場台語歌曲演唱會，分別在中山堂、國父紀念館舉行，各由李季準、杜文靖來主持，使得台語歌曲再次受到矚目。

除此之外，在 1973 年，由金曲小姐洪小喬主持的「金曲獎」節目，在節目中徵求創作歌曲。簡上仁寫了〈正月調〉，變成全國家喻戶曉的歌曲，周添旺寫了〈西北雨〉成為人人傳唱的新流行歌曲，台語創作歌曲自此得以發展起來。但這些做法在「校園民歌」的風潮中，並未引起太大的注意。

1980 年代，在各種社會運動的發展下，加上政治解嚴及拜本土思維興起之賜，許多新的詞曲創作、演唱人才大量出現，彌補自 1960 年代後的斷層。

1980 年代初期，洪榮宏的〈一支小雨傘〉、沈文程的〈心事誰人知〉等曲掀起一股台語歌曲的風潮，成為在國語歌曲外的一股新興勢力。1982 年，洪榮宏推出《行船人的愛》專輯，其中〈一支小雨傘〉一曲造成轟動，深受大眾歡迎，之後，又演唱多首好聽歌曲如〈雨!哪會落抹停〉、〈恰想也是你一人〉、〈愛情的力量〉、〈一卡皮箱〉等。同年，蔡

振南所寫〈心事誰人知〉，由沈文程來演唱，這首歌成為當年台灣最走紅的歌曲之一。

1983 年，陳一郎演唱〈行船人的純情曲〉，受到廣大回響，奠定其在台語歌壇的地位。同年，陳小雲以〈舞女〉一曲走紅歌壇，之後，又推出多首知名歌曲如〈歌聲戀情〉、〈愛情的騙子我問你〉、〈愛情恰恰〉等。江蕙也在同年推出《你著忍耐》專輯，受到市場囑目。1984 年，又推出《惜別的海岸》專輯，廣受大眾喜愛。之後演唱知名代表歌曲如〈酒後的心聲〉、〈落雨聲〉、〈家後〉、〈甲你攬牢牢〉等，其中〈酒後的心聲〉、〈落雨聲〉、〈家後〉三首更是 KTV 點播率很高的歌曲。

1986 年，陳盈潔推出《風飛沙》專輯，其中〈風飛沙〉一曲更成為其代表作。1987 年，黃乙玲推出首張專輯《講什麼山盟海誓》，結果造成轟動，迅速走紅。之後演唱知名代表歌曲如〈愛情的酒攏袂退〉、〈無字的情批〉、〈海波浪〉等。蔡振南在同年為蔡秋鳳寫〈什麼樂〉，這首歌點出台灣社會大家樂盛行的現象。1988 年，葉啟田推出《浪子的心情》專輯，其中〈愛拼才會贏〉一曲，更是紅遍大街小巷。

新聞局規定台語歌曲在三家電視台的綜藝節目中，一天演唱不得超過兩首，使得台語歌曲幾乎無法在一般綜藝節目中打歌，更不用說使用其他的大眾傳播媒體來作宣傳。

這樣的限制，使得 1980 年代台語流行歌曲只好透過餐廳秀的表演及夜市走唱的傳播方式，來作宣傳。無論是餐廳秀的表演或夜市走唱，都顯示出台語流行歌曲在主流媒體封殺之下，透過其他的傳播的方式來求生存。

1990 年代以後的台語流行歌曲，已由以國語歌曲為重的現象，演變成國台語並重的局面。本土文化重新受到評估與重視，使得台語歌曲的演唱成為一股風氣。台語歌曲經過一連串的風風雨雨，終於能自由地從每個人的口中唱出，這也代表台灣已經走出歷史的悲情，迎向新生、希望的新紀元。

1990 年，林強推出《向前走》專輯，其中〈向前走〉一曲描述年輕人為了生活，追求夢想，離開家鄉，前往都市打拚。

沈文程所唱的〈1990 台灣人〉，歌詞點出台灣股市飆漲、無殼蝸牛、社會治安敗壞的現象。

1992 年，陳昇與黃連煜組成「新寶島康樂隊」，以演唱台語與客語為主，之後，也融入原住民音樂，為台語歌壇注入新元素。其知名的歌曲有〈多情兄〉、〈鼓聲若響〉等。

1994 年，豬頭皮（本名朱約信）推出首張專輯《笑魁唸歌》，將西洋的嘻哈曲風融入台語歌曲中，並以不同語言的唸歌方式，真實呈現社會底層人物的生活百態。1998 年，伍佰（本名吳俊霖）推出首張台語專輯《樹隻孤鳥》，搭配民謠、舞曲及搖滾等曲風，並融合現代電子音樂，為台語歌曲打造出新生命。他是搖滾樂創作歌手，其知名的歌曲有〈愛情限時批〉、〈世界第一等〉、〈煞到你〉等。

1980、1990 年代台語歌曲的創作者也愈來愈多，作品內容愈來愈多元化、作品也深受百姓歡迎，使台語歌曲變成了流行歌曲市場的主流。

2000 年以後，台語歌曲產生重大變化，嘻哈、R&B、電音舞曲等曲風大量出現。新布袋戲歌曲及新台語民謠盛行，心靈音樂興起，加上抒情歌曲融入多種音樂元素，給大眾更多元的感受。另一方面，選秀節目興盛，發掘不少歌唱人才，為台語歌壇注入新力量。

2001 年，施文彬推出《好聽》專輯，將 R&B 曲風帶入歌曲中，獲得好評。2004 年，秀蘭瑪雅推出《真心話》專輯，以 R&B 方式來唱。

2002 年，謝金燕推出《YOYO 姊妹》專輯，另樂迷感受台語電音歌曲的魅力，之後，又推出《練舞功》、《嗆聲》、《54321》、《月彎彎》、《造飛機》等專輯，其中《嗆聲》、《54321》兩張專輯主打台語嘻哈音樂。

以演唱霹靂布袋戲歌曲出名的有黃妃及荒山亮，黃妃於 2001 年推出《追追追》專輯，造成轟動，深受樂迷喜愛。2011 年以《相思聲聲》專

輯，獲得金曲獎的肯定。荒山亮於 2011 年推出《天荒地老》專輯，此專輯也獲得金曲獎的肯定。

2002 年，辦桌二人組（由馮韋傑、龍力維組成）推出《再會啦！車站》專輯，以民歌曲風來詮釋新台語民謠。

心靈音樂方面，2004 年，黃思婷推出《情緣》專輯，嘗試將佛教經文融入流行歌，以清新脫俗的優美曲風搭配祥和的音律，造成熱銷。之後，又推出《問情》、《自由》、《祈禱》、《心路》、《感謝天》等專輯。

參加選秀比賽而出道的翁立友，於 2005 年推出《媽媽的背影》專輯，以其嗓音詮釋台語抒情歌曲，造成轟動，也獲得金曲獎的肯定。

綜觀台語歌曲歷經不同時期的變化，呈現不同的面貌，也反映出各個時期的歷史背景。隨著台灣社會愈來愈開放，歌曲的創作也愈來愈多元化，符合時代需要的歌曲，往往能引起人們的共鳴而傳唱不已，成為各個時期的經典歌曲。

第四節　國語歌曲

台灣國語流行歌曲的發源地，是在淡水河邊的露天歌廳。國語流行歌曲的發展，在 1962 年以前，只能靠歌廳、電台、電影來推廣。

台視「群星會」的出現，使得台灣的歌星藉由演唱別人的歌曲逐漸展露頭角，在 1971 年以後，三家電視台全面競爭，使歌唱節目不再那麼受歡迎。

1950 年代起的愛國歌曲及 1970 年代起的文藝電影歌曲成為人民傳唱的歌曲。1970 年代出現的校園「民歌」，在台灣各地掀起一股校園民歌發展的風潮。在唱片市場大幅度成長後，「民歌」已逐漸朝向商業化的市場導向，也宣告民歌時代的結束。

1980 年代，隨著台灣政治開放，創作的歌曲內容反映社會思潮，歌手經由包裝成為青少年模仿與學習的對象。1990 年代的國語流行歌壇有

二大趨勢－歌手的年輕化及歌迷低齡化，1990 年代以後，歌手在國語歌壇，有國際化的趨勢。

一、國語歌曲的開展

講到台灣國語歌曲的發展，是延續國語歌曲在上海、香港時期的發展。國語歌曲在上海時期，是隨著電影產生的主題曲或插曲，藉由電影的播映而為人所傳唱。在大陸局勢動盪，人們急於逃難，無心娛樂消費，使得國語歌曲的發展受到極大影響。有些音樂創作者轉往香港發展，使得國語歌曲得以在香港延續下去。

1945 年以前，台灣百姓使用閩南語或客家話居多，因此，國語歌曲在台灣的發展，要從國民政府播遷來台，造成中國大陸各省的移民，隨著政府來台，才逐漸有國語歌曲的市場。

（一）歌廳的出現與演變

1947 年、1948 年時，一些從大陸移民來台的人，大多在淡水河一帶出入，因為生活娛樂的需要，而產生了所謂的「露天歌廳」。

「露天歌廳」的形式像上海一帶的茶館，最初的表演內容，除了歌唱外，還有唱小調及說書。台灣國語流行歌曲的發源地，就是在淡水河邊的露天歌廳。

每晚有十幾個藝人輪流演唱歌曲，只要您付了錢，就有一杯茶和椅子，可以坐著聽歌，[1]演唱的歌曲內容，多為 1930 年代周璇、白光、李香蘭、吳鶯音等人，在上海時期流行的國語歌曲，如〈鳳凰于飛〉、〈月圓花好〉等。

---

[1] 由於是露天的，所以在場邊圍出一個固定範圍，在這個範圍內有座位，但須付錢，沒付錢者，只能站在外面聽。

　　當時淡水河邊有好幾個地方可以演唱，其中比較具規模且為人熟知的這一家稱它叫「淡水露天歌場」。在淡水河畔演唱的歌手，不乏一些知名度較高的歌手，如鍾瑛、紫薇等人。

　　1949 年至 1951 年是淡水露天歌場的全盛時期，然而露天歌場只流行一陣子，後來新南陽歌廳、碧雲天歌廳一一出現後，露天歌場就沒落消失了。自新南陽、碧雲天等歌廳崛起後，歌廳的發展相當迅速，在鼎盛時期，台北的歌廳就有台北、金龍、宏聲、麗聲、日新、七重天等，在高雄最具知名度的歌廳是樂府歌廳，後來有藍寶石、紅寶石歌廳等。

　　歌廳從台北市中山北路開始轉型，因為美軍俱樂部多聚於此，後來又演變成西餐廳及鋼琴西餐廳，歌廳到了 1970 年代更達到全盛，而店名有「金」字頭都是一流的地方，這時只是純粹唱歌聽歌的地方，還沒有什麼紅包場歌廳。

　　在歌廳逐漸沒落時，另一股風潮也逐漸產生，那便是在民歌興起後，一些好聽的歌曲陸續出現，老歌就式微了。

　　1950 年 5 月，蔣中正總統在演講時指出：「一年準備，兩年反攻，三年掃蕩，五年成功。」同年，因為韓戰爆發，美國派遣第七艦隊協防台灣，以防止中共對台灣進行攻擊，同時也阻止台灣反攻大陸。美國除以第七艦隊協防台灣外，並提供美援及軍援，協助台灣從事各項建設。韓戰爆發，台灣得以暫時解除危機，趨於穩定。在這樣的政治情勢之下，使得人們開始欣賞流行歌曲。

　　1950 年代在國語流行歌曲中，除了〈南屏晚鐘〉是王福齡作曲、方達（即陳蝶衣）作詞外，其餘的多為姚敏所作。此外，除〈紫丁香〉、〈好預兆〉等少數作品外，以下作品皆為姚敏、陳蝶衣合作的，有〈春風吻上我的臉〉、〈我是一隻畫眉鳥〉、〈情人的眼淚〉等。

（二）1962 年至 1971 年的歌唱節目

　　1962 年以前國語流行歌曲的發展，只能靠歌廳、電台、電影來推廣，在電視還未出現時，娛樂事業並不發達的台灣，幾乎都是香港藝人

的天下，不論是歌廳演唱或隨片登台，所到之處都能造成轟動。這種現象一直到電視出現後，歌唱節目從聲音到畫面的劃時代演出，才讓台灣的歌星逐漸展露頭角。

電視發展之初，由於演藝人員嚴重不足，人員有賴各個夜總會、廣播、歌廳、電台及軍中演藝人員的支援，就連樂隊也是臨時編組。

台視在 1962 年 10 月 10 日正式開播，而台視第一個綜藝歌唱節目「群星會」出現，使歌星從原本的電台播唱和歌廳演唱的形式，進入了在家就可欣賞畫面的時代。

「群星會」是一個現場直播的節目，由關華石製作，慎芝主持，大受歡迎，一些歌星未與電視台有合約，反而與「群星會」節目有合約，「群星會」成為國語歌曲發展的另一個代名詞。

1961 年初，台灣的歌星大都沒有自己的歌曲，所以「群星會」上演唱的歌曲多為 1930 年代已在上海流行的國語歌曲，或從香港流行到台灣的電影插曲及唱片歌曲。因此，在電視上演唱的歌曲往往就成了他們的代表作。

1964 年以後，歌星人數漸多，一些在電台演唱受歡迎的歌手，或經由電台歌唱比賽脫穎而出的優秀人才，都投入了電視的行列，這時期在電視上演出的歌星有張琪、謝雷、冉肖玲、秦蜜、吳靜嫻、劉福助、趙曉君、閻荷婷、青山等人。有一段時間更流行以情侶搭檔的演出，如余天與秦蜜、青山與婉曲、謝雷與張琪、夏心與張明麗等，這是流行歌曲發展過程中首次見到的。

另外，走出攝影棚的錄影節目出現，以實況錄影的方式播出，使得歌星有更多的表演空間，可以在同一天在 2 個以上的節目出現，如「歡樂週末」作實況錄影的播出，這段時間參加各類節目演出的歌星，還有秀瓊、金晶、鳳飛飛、陳彼得、陳蘭麗、康弘等人。

由於綜藝節目增加快速，演出人才嚴重不足，1967 年起，台視續辦了好幾屆的歌唱比賽，為歌壇發掘一些新秀，經由歌唱比賽脫穎而出的新秀，有夏台鳳、湯蘭花等人。

同時另一個堪稱是台灣電視史上播出最久的節目，從最初的「田邊俱樂部」、「歌唱擂台」到「五燈獎」，以歌唱比賽為主，由觀眾報名參加，從這個節目中脫穎而出的藝人有勾峰、秀瓊、溫梅桂到今日的蔡小虎、張惠妹等人。

此一時期有名的歌曲如〈苦酒滿杯〉、〈往事只能回味〉、〈榕樹下〉、〈酒醉的探戈〉等。

後來在 1971 年以後，3 家電視台全面競爭，電視公司為吸引更多的觀眾，無不在節目的製作上求新求變，也使得觀眾增加了對節目的選擇機會，以致歌唱節目不再像初期那麼受歡迎。

（三）愛國歌曲

在國民政府播遷來台後，透過香菸包裝、信封等不同的形式，來強調反共復國的重要。

自 1950 年代起，愛國歌曲不斷在各種場合被大力播送，成為人們的共同記憶，其中最具代表性的歌曲有〈反攻大陸去〉及〈反共復國歌〉。

愛國歌曲的創作，在 1970 年代以後，以劉家昌所創作的愛國歌曲最具代表性，他創作的作品有〈梅花〉、〈中華民國頌〉、〈國家〉等，這些歌曲至今仍被人們所傳唱。其中在 1980 年由費玉清所演唱的〈中華民國頌〉，更成為當年最受歡迎的歌曲之一。在往後的一些集會場合中，人們通常以演唱此首歌來表示對中華民國的熱愛。

愛國歌曲隨著時代的變化，已成為在特定的集會場合中，才會演唱的歌曲。

圖 7-7　反共抗俄標語　　　　圖 7-8　〈反攻大陸去〉歌詞

（四）文藝電影歌曲

　　1970 年代，國語電影的潮流，似乎呈現以武俠片和文藝愛情片分庭抗禮的局面，在電影裡的主題曲和插曲至今仍能不斷流傳。如鄧麗君的〈海韻〉、〈小城故事〉、〈千言萬語〉；鳳飛飛的〈一顆紅豆〉、〈雁兒在林梢〉、〈我是一片雲〉、〈月朦朧鳥朦朧〉；蕭孋珠的〈一簾幽夢〉、〈四海都有中國人〉；江蕾的〈在水一方〉；劉文正的〈閃亮的日子〉、〈卻上心頭〉、〈雲且留住〉；萬沙浪的〈風從那裡來〉；歸亞蕾的〈庭院深深〉；黃鶯鶯的〈雲河〉；余天的〈汪洋中的一條船〉等。

二、民歌時代

1970 年代出現由知識青年主導的校園「民歌」，從 1973 年到 1980 年代初，在台灣各地掀起一股校園民歌發展的熱潮。

1973 年，李雙澤發起「唱自己的歌」，1975 年，楊弦在台北中山堂舉辦「現代民謠創作演唱會」，一股「唱自己的歌」的浪潮，在年輕學子中被熱烈討論著。在此之前，台灣的國語流行歌曲都延續著上海時期與香港時期的歌曲，歌廳卻熱烈的唱著西洋搖滾音樂，因此，以自彈自唱、自

圖 7-9　現代民謠創作演唱會節目單

寫自編的音樂風格來唱歌，馬上風靡台灣各地的校園。

1977 年，新格唱片有鑑於當時流行歌曲及西洋歌曲的盛行，為了提昇唱片內容與製作水準，舉辦「金韻獎」的歌唱比賽，鼓勵年輕人創作、演唱。在第一張金韻獎專輯唱片推出後，由於市場反應相當熱烈，於是網羅國內年輕的歌唱者與詞曲創作者，投入製作唱片的行列，讓校園民歌進入了商業市場。雖然金韻獎前後只辦了 5 屆，這股旋風卻是1970 年代國語流行歌曲發展中相當重要的轉變。

這些努力在推動校園民歌的有楊弦、韓正皓、吳楚楚、王夢麟、趙樹海、楊祖珺、陶曉清、羅大佑、邰肇玫、葉佳修、齊豫、王海玲、包美聖、黃大城、施孝榮等人，其中有不少歌手後來投入幕後製作，成為台灣唱片業的中堅份子。

1979 年美國宣布與中共建交時，侯德健寫下了〈龍的傳人〉，由李建復演唱的這首歌轟動全國，成為與大時代互相結合的歌曲代表。

在唱片市場大幅度成長後，市場上的作品到底有多少是純正的「民歌」，已經沒有人在意了，歌壇已全面朝向年輕化，對真正認真在做音樂的人來說，作品已朝向市場導向，超越了校園民歌以生產者為導向的訴求。

隨著唱片市場愈來愈有利可圖，「民歌」這塊招牌反而變成拿來賺錢的工具。唱片公司一窩蜂地推出許多風格相似、內容空洞的作品，以學生歌手之類的形象來包裝搶搭「民歌」風潮的末班車。這種作法很快就讓大家倒足胃口；而那些真正有才華的人，有的出國、有的淡出歌壇、有的調整方向投入唱片生產線，整個環境已經完全不一樣。

「天水樂集」是由李建復、蔡琴、蘇來、李壽全、許乃勝、靳鐵章等人組成的音樂工作室，是民歌風潮末期企圖力挽狂瀾的嘗試。這個團體無論在演唱、詞曲創作、編曲和製作各方面都擁有很好的人才。在1980 年代初期，他們創作《柴拉可汗》和《一千個春天》兩張作品，以驚人的原創性、嚴謹的製作，加上極出色的編曲和演唱方式，成為民歌運動晚期的代表作品。

「天水樂集」只維持一段時間，卻為日後一些「工作室」建立了最早的分工模式，具有承先啟後的重要意義。

1982 年，金韻獎在舉辦第 5 屆之後停辦，正式宣告了民歌時代的結束。同時，飛碟跟滾石 2 家唱片公司先後成立，開闢出與民歌完全不同，卻充滿新希望的音樂路線。

進入 1980 年代中葉，「民歌」漸漸成為一個過時的詞彙，但是早年奠下的基礎，讓台灣的國語歌曲擁有繼續發展下去的資本。

民歌時代的作品有〈如果〉、〈龍的傳人〉、〈橄欖樹〉、〈抓泥鰍〉、〈忘了我是誰〉、〈阿美阿美〉、〈今山古道〉、〈風告訴我〉、〈讓我們看雲去〉、〈浮雲遊子〉、〈曠野寄情〉、〈廟會〉、〈木棉道〉、〈小草〉、〈雨中即景〉、〈母親我愛您〉、〈秋蟬〉、〈再別康橋〉、〈微風往事〉、〈月琴〉、〈拜訪春天〉、〈歸人沙城〉、〈中華之愛〉、〈童年〉、〈散場電影〉等，為民歌時代留下了美好的見證。

三、1980 年代至 2000 年代國語歌曲的發展

在 1970 年代民歌時代之後，1980 年代，隨著台灣政治上逐漸開放，民歌時代所培養出來的新一代詞曲創作、演唱者，成為培育新人的製作人，歌詞內容能反映社會思潮，歌手藉由宣傳、包裝，成為青少年模仿與學習的對象，如楊林、林慧萍、小虎隊、紅孩兒、紅唇族等。

1970 年代的民歌，讓年青學子可以藉由歌曲表達心聲，至 1980 年代初期，校園歌曲的出現，使更多青年學子透過歌曲表達對社會的批判，如 1981 年，羅大佑的〈鹿港小鎮〉，唱出對都市文明的厭倦，歌詞內容為「… 台北不是我的家，我的家鄉沒有霓虹燈 …」。

1980 年代的流行歌曲與社會脈動相結合，流行歌曲內容反映社會現狀，一方面是批評時政，另一方面強調歌詞內容要「言之有物」。不僅能夠開始反省、批判社會現象，也有探討不同感情模式下的歌曲，如張清芳的〈這些日子以來〉，敘述女子感情遭第三者介入的心情。趙傳的〈我很醜，可是我很溫柔〉，歌詞提到外表醜陋的男子，也有溫柔的一面。這些歌曲都是透過淺顯易懂的詞彙，來表達個人對愛情的看法，令人耳目一新。

1980 年代以後，有些歌手如朱約信、伍佰等人，直接創作批判政治、社會歌曲，使得以往歌曲創作者不敢直接觸碰的政治、社會議題，成為新的題材。

1985 年，由李宗盛為張艾嘉製作《忙與盲》專輯，描繪生活在都市中的人因工作忙碌，對愛情盲目的現象，成為一張探討都市中產階級生活的專輯。

1989 年，新聞局舉辦首屆「金曲獎」，增加台語金曲獎的獎項，成為官辦的音樂獎項中，首度出現對台語流行歌曲的重視，這正是台語流行歌曲進入到官方認可的文化領域中。

　　這樣的現象，也使台灣的流行歌曲，在 1990 年代以後，逐漸進入到一個「雙語」流行的境界，甚至一首歌曲中有國、台、英三種語言交雜的新曲風，此被認為與洛城兄弟(L.A.Boyz)有關。

　　1990 年代的流行歌壇有二大趨勢，一是歌手的年齡愈來愈年輕化，一是歌迷低齡化。國語流行歌曲的歌手也有年輕化的現象，大量新秀歌手搶攻國語歌曲的市場，如范曉萱、SOS、徐懷鈺等。原以國中、高中學生為流行音樂的主要消費群，在唱片公司的開發下，甚至擴及國小及幼稚園的消費族群，如范曉萱的《小魔女的魔法書》專輯，結合翻唱日本卡通主題曲及小孩口味的童語，創下傲人的銷售成績。這張專輯中的〈健康歌〉，因歌詞簡單，配上范曉萱的舞蹈動作，使得該曲成為最受幼稚園小朋友喜愛的歌曲。在范曉萱之後，徐懷鈺所演唱的〈怪獸〉在幼稚園也受到歡迎。

　　1993 年，張惠妹在綜藝節目「五燈獎」奪得「五燈之星」後，開始在酒吧駐唱，累積多元的歌唱風格與技巧。1996 年發行首張專輯《姊妹》，在〈姊妹〉一曲中，加入卑南族音樂成分，使歌曲更加豐富，此為原住民音樂融入國語流行歌曲的先鋒。1997 年推出《Bad Boy》專輯，結果銷售成績亮麗。2009 年發行《阿密特》專輯，將卑南族古調改編成搖滾版本，發揚原住民音樂。她是首位打入流行音樂市場，又能強調自己是原住民出身的歌手。

　　1993 年，張宇推出《走路有風》專輯，以其獨特唱腔受到矚目，同年，又推出《用心良苦》專輯，專輯中〈用心良苦〉一曲更成為 KTV 熱門點播歌曲。

　　除此之外，1990 年代以後，歌手在國語歌壇，有國際化的趨勢，如一些香港歌手、日韓歌手、新加坡歌手、馬來西亞歌手來台灣發展。

　　香港歌手方面，劉德華 1990 年發行《如果你是我的傳說》專輯造成熱賣，1991 至 1992 年又發行《我和我追逐的夢》、《來生緣》和《謝謝你的愛》三張專輯，同樣熱銷。1994 年發行《忘情水》專輯創造極佳的銷售成績。1992 年，成龍發行首張專輯《第一次》，專輯中有兩首男女

對唱歌曲〈明明白白我的心〉及〈在我生命中的每一天〉，獲得好評，成功打開男女對唱歌曲的市場。1994 年，王靖雯（王菲）推出首張專輯《迷》，專輯中有一首〈我願意〉，以其獨特的唱腔加以註釋，獲得很大的回響。同年，又推出《天空》專輯，皆有不錯的銷售成績。其他香港歌手如郭富城 1991 年發行《我是不是該安靜的走開》專輯、張學友 1993 年發行《吻別》都有不錯的銷售成績。

日韓歌手方面，日本歌手千葉美加 1990 年發行《青春起飛》專輯，以其獨特日式唱腔唱國語歌曲，之後，又發行多張專輯，都有不錯的成績。韓國歌手金元萱 1994 年推出首張國語專輯《第一次接觸》，之後，推出的專輯歌曲中，又以〈莎喲哪啦〉最有名。

新加坡歌手方面，巫啟賢 1994 年推出《太傻》專輯，專輯中〈太傻〉一曲，深受歌迷喜愛。

馬來西亞歌手方面，雙人團體「無印良品」1996 年推出《掌心》專輯，成為國語歌曲市場受歡迎的團體之一。

2000 年以後，台灣國語歌曲產生重大變化，以 R&B、Hip-Hop、Rock、Dance 等曲風成為主流，另選秀節目盛行，發掘許多優秀人才，為歌壇注入新的生力軍。

1998 年，蔡依林參加歌唱比賽脫穎而出，開始其歌手之路。2003 年發行《看我 72 變》專輯，創下很好銷售。2006 年推行《舞孃》專輯，此張專輯曲風多樣，充滿國際風，以流行舞曲為主，融合迪斯可、嘻哈等音樂元素，確立之後以舞曲為主的音樂方向。

2000 年，周杰倫發行了首張專輯《Jay》，此張專輯的風格融合 R&B、Hip-Hop、古典和中國風，初步奠定了周杰倫的「周式曲風」和歌手形象。2001 年，發行《范特西》專輯，融入 Rock、Rap，創出很好的效果。2003 年，發出《葉惠美》專輯，以古典弦樂及鋼琴伴奏，配合 R&B、Hip-Hop 的搖滾式唱法，呈現其獨特風格。其中一首〈東風破〉，由方文山以古詩詞填詞，帶有濃濃的中國風，深受歌迷喜愛，至 2016 年

止，周杰倫演唱的歌曲中，也不乏具有中國風的知名作品，如〈青花瓷〉、〈菊花台〉及〈千里之外〉等。

2000 年，來自新加坡的歌手孫燕姿發行《yan zi》專輯，其中〈天黑黑〉以鋼琴伴奏與童謠巧妙結合，打動歌迷的心。這張專輯以大量鋼琴、弦樂及笛聲來搭配，創出亮眼成績，獲得第十二屆金曲獎「最佳新人」的獎座。2004 年，推出《Stefanie》專輯，專輯中每一首歌以一個樂器為主軸，除了呈現搖滾、異國曲調等風格外，也嘗試加入沙發音樂、探戈等風格。

2001 年‧來自香港的歌手陳奕迅發行《反正是我》專輯，專輯曲風呈現 R&B、Hip-Hop、RAP ROCK 等元素。2002 年，來自新加坡的歌手阿杜發行《天黑》專輯，專輯的曲風以抒情及搖滾為主。

2003 年，羅志祥發行《Show Time》專輯，為國語歌曲中首次出現日式 Hip-Hop 舞曲。同年，來自新加坡的歌手林俊傑發行《樂行者》專輯，以 R&B 抒情曲及酷炫的舞曲曲風，創出另人驚艷的效果。

五月天樂團於 1999 年推出《五月天第一張創作專輯》，以吉他搖滾曲風，廣受好評，其中〈志明與春嬌〉成為 KTV 點播排行榜的年度冠軍。2003 年，又推出《時光機》專輯，加入印度西塔琴、美式龐克及日系復古風等新的音樂元素，奪得第十五屆金曲獎「最佳樂團」的獎座，也奠定「臺灣第一天團」的地位。至 2017 年止，常獲得或入圍金曲獎相關獎項的肯定。

2000 年任家萱(Selina)、田馥甄(Hebe)、陳嘉樺(Ella)三人參加選秀比賽後，被發掘而出道，2001 年組成 S.H.E（取自三人英文名字的第一個字母），推出《女生宿舍》專輯，其中〈戀人未滿〉以 R&B 曲風呈現。2002 年，發行《青春株式會社》專輯，其中〈Remember〉是結合古典音樂與嘻哈舞曲的代表。同年推出《美麗新世界》專輯，此專輯呈現音樂的多元化，除原來的舞曲和 R&B 外，也加入 Rap 及電子音樂。至 2017 年止，她們已成軍 16 年，是台灣時間最久的女子演唱團體。

2005 年，蘇打綠樂團發行《蘇打綠》專輯，專輯中融合多樣曲風與流行旋律，2006 年，再推出《小宇宙》專輯，以〈小情歌〉成功的攻佔主流市場。2017 年在台北國家音樂廳作休團前最後一場表演，也是第一個在國家音樂廳開演唱會的樂團。

在 21 世紀的今日，以往舉辦的歌唱比賽經過一段時間的沈寂後，又成為年輕一代爭相競逐的舞台。一些從歌唱比賽脫穎而出的人成為歌手，帶動一股年青人參加歌唱比賽的風潮，也製造一些新的話題，如「星光幫」、「超偶幫」等。

蕭敬騰於 2007 年參加歌唱選秀節目「超級星光大道」第一屆的踢館挑戰賽，其堅強的實力吸引了不少觀眾的注意，並以歌聲高亢雄渾，富有感染力和穿透力著稱。楊宗緯參加第一屆「超級星光大道」歌唱選秀節目，以獨特唱腔和強烈渲染力的催淚歌聲撼動人心而出道，如林宥嘉、賴銘偉、梁文音、徐佳瑩等也是出自此歌唱選秀節目。張芸京、黃文星、艾成、符瓊音、朱俐靜等則是出自另一個歌唱選秀節目「超級偶像」。

總而言之，國語歌曲從戰後一直到現在，歷經不同時期的發展，產生不同的變化。從來自上海、香港時期所流行的歌曲在台灣被傳唱到現在的流行歌曲，無不反映各個時期的特色。

問題與討論

1. 台灣歌謠的特質與功能為何？

2. 你認為要如何保存原住民的傳統歌謠？

3. 你認為要如何保存客家歌謠？

4. 請說明台語歌曲的演變與發展？

5. 請說明民歌時代以後，國語歌曲的演變與發展？

參考資料

第一章　台灣的歷史

1. 李筱峰、劉峰松著，《台灣歷史閱覽》，台北：自立晚報，1994 年。

2. 陳孔立著，《台灣歷史綱要》，台北：人間出版社，1996 年。

3. 周婉窈著，《台灣歷史圖說》增訂本，台北：聯經出版事業公司，2014 年初版第八刷。

4. 張勝彥等著，《台灣開發史》，台北：國立空中大學，2001 年。

5. 廖宜方著，《圖解台灣史》，台北：易博士出版社，2004 年。

6. 薛化元著，《台灣開發史》，台北：三民書局，2006 年。

7. 高明士主編，洪麗完等著，《台灣史》，台北：五南圖書公司，2006 年。

8. 江燦騰、陳正茂著，《新台灣史讀本》，台北：東大圖書公司，2008 年。

9. 劉益昌著，《台灣的史前文化與遺址》，南投：台灣省文獻會，1996 年。

10. 曹永和著，《台灣早期歷史研究》，台北：聯經出版事業發公司，1979 年。

11. 楊彥杰著，《荷據時代台灣史》，江西：江西人民出版社，1992 年。

12. 尹章義著，《台灣開發史研究》，台北：聯經出版事業公司，1989 年。

13. 蔡志展，《明清台灣水利開發研究》，南投：台灣省文獻會，1999 年。

14. 王泰升著，《台灣日治時期的法律改革》，台北：聯經出版事業公司，1999 年。

15. 黃昭堂著，黃英哲譯，《台灣總督府》，台北：前衛出版社，1993 年。

16. 行政院研究二二八事件小組著，《二二八事件研究報告》，台北：時報出版，1994 年。

17. 丹尼‧羅伊（Denny Roy）著，何振盛、杜嘉芬譯，《台灣政治史》，台北：商務印書館，2004 年。

18. 林鐘雄著，《台灣經濟發展四十年》，台北：自立晚報社，1987 年。

19. 彭懷恩著，《台灣政治變遷四十年》，台北：自立晚報社，1987 年。

20. 李筱峰著，《台灣民主運動四十年》，台北：自立晚報社，1987 年。

第二章　台灣的族群

1. 王甫昌,《當代台灣社會的族群想像》,台北:群學出版公司,2003 年 12 月。

2. 潘英,《臺灣原住民族的歷史源流》,台北:臺原出版社,1998 年 10 月。

3. 王嵩山,《臺灣原住民的社會與文化》,台北:聯經出版事業公司,2001 年 7 月。

4. 臺灣原住民族資訊資源網－認識原住民族-族群介紹,網址:http://mjk.ac/uUhWab

5. 潘英,《臺灣平埔族史》,台北:南天書局,1996 年 6 月。

6. 石萬壽,《臺灣的拜壺民族》,台北:臺原出版社,1990 年 6 月。

7. 平埔文化資訊網－平埔文化專題－大肚番王傳奇,中研院民族所數位典藏,網址:http://www.ianthro.tw/p/64。

8. 林再復,《閩南人》,台北:撰者發行;三民書局總經銷,1988 年。

9. 〈唐山過台灣－泉州人移民的故事〉、〈台灣的泉州人(下)同安・安溪篇〉、〈漳州移民的故事〉,《漢聲》,第 19-21 期,台北:漢聲出版社,1989 年。

10. 高雙印、吳秀玉,《開蘭始祖－吳沙之研究》,台北:師大書苑公司,1997 年 11 月。

11. 劉還月,《臺灣客家族群史(移墾篇)上、下》,南投市:台灣省文獻委員會,2001 年 5 月。

12. 張維安等撰稿,《臺灣客家族群史(產經篇)》,南投市:台灣省文化委員會,2000 年 11 月。

13. 曾逸昌,《客家總論:蛻變中的客家人》,苗栗縣頭份鎮:撰者出版,2008 年 1 月。

14. 邱彥貴、吳中杰,《臺灣客家地圖》,台北:貓頭鷹出版社,2001 年 5 月。

15. 張茂桂主編,《國家與認同:一些外省人的觀點》,台北:群學出版公司,2010 年 2 月。

16. 高格孚,《風和日暖:臺灣外省人與國家認同的轉變》,台北:允晨文化實業公司,2004 年 1 月。

17. 郭冠麟主編，《從竹籬笆到高樓大廈的故事：國軍眷村發展史》，台北：國防部史政編譯室，2005 年 12 月。

18. 趙如璽，《一探桃園縣眷村文化與空間肌理》，桃園：桃園縣政府文化局，2009 年 9 月。

19. 陳朝興等撰述，《眷村的前世今生─分析與文化保存政策》，台中：文建會文化資產總管理處籌備處，2009 年 7 月。

20. 董俊仁，《跨越竹籬笆─臺灣眷村文化保存實踐與政策研究》，國立臺北藝術大學文化資訊學院藝術行政與管理研究所碩士論文，2016 年 1 月。

21. 楊環靜，《走進臺灣光陰的故事─眷村菜市場》，台北：太雅出版公司，2009 年 8 月 1 日。

22. 蔡佳珊，〈作客臺灣：外勞的夢想與屈辱之旅〉、蔡家珊、李光欣，〈外籍勞工在臺滄桑：勞動在異鄉邊緣〉，《經典雜誌》，網址：http://mjk.ac/zdsKsX，2011 年 7 月 28 日。

23. 內政部移民署編製，《各縣市外裔、外籍配偶人數與大陸（含港澳）配偶人數》，2018 年 1 月 11 日；教育部編印，《106 學年度新住民子女就讀國中小人數分布概況統計》，2018 年 6 月。

24. 夏曉鵑，〈從「外籍新娘」到「新住民」走了多遠？(一)、(二)、(三)〉，《天下雜誌》獨立評論，網址：http://mjk.ac/qduT5u，2018 年 1 月 31 日。

第三章　台灣的地名

1. 洪英聖著，《情歸故鄉─台灣地名探索（1）總篇》，台北：時報文化出版股份有限公司，1995 年。

2. 洪敏麟著，《台灣地名沿革》，台中：台灣省政府新聞處，1985 年。

3. 張德水著，《台灣政治、種族、地名沿革》，台北：前衛出版社，1996 年。

4. 蔡培慧、陳怡慧、陳柏州著，《台灣的舊地名》，台北：遠足文化股份有限公司，2004 年。

5. 陳正祥著，《台灣地名辭典》，台北：南天書局股份有限公司，1994 年。

6. 陳憲明等著，《台灣的地理》，台北：玉山社，2004 年。

7. 李筱峰、林呈蓉著，《台灣史》，台北：華立圖書股份有限公司，2003 年。

8. 陳鴻圖著，《台灣史》，台北：三民書局，2004 年。

9. 安倍明義著,《台灣地名研究》,台北:武陵出版社,1994 年。

10. 吳密察著,《唐山過海的故事─台灣通史》,台北:時報文化出版企業股份有限公司,1998 年。

11. 戴文鋒著,《台灣文化研究學報:台灣鄉土地名之今昔與問題》,台南:台南大學台灣文化研究所,2004 年。

12. 池永歆著,《國立台灣師範大學地理教育第 4 期:台灣地名學研究回顧與地名義蘊的詮釋》,頁 7-18,1997 年。

13. 林衡道著,《台灣文獻:台灣地名的分類》,27:4,頁 50-52,1976 年。

14. 簡長順著,《台灣地名的形成與發展在歷史教育的意義─以桃 30 園縣龜山鄉為中心》,台北:台灣師範大學歷史研究所碩士論文,2002 年。

15. 中央研究院台灣歷史文化地圖網站:http://thcts.ascc.net/kernel_ch.htm。

第四章　台灣的教育

1. 張勝彥、吳文星、溫振華、戴寶村著,《台灣開發史》,台北:國立空中大學,1996 年。

2. 陳鴻圖著,《台灣史》,台北:三民書局股份有限公司,2004 年。

3. 李筱峰、林呈蓉著,《台灣史》,台北:華立圖書股份有限公司,2005 年。

4. 陳嘉琳著,《台灣文化概論》,台北:新文京開發出版股份有限公司,2005 年。

5. 高明士主編,《台灣史》,台北:五南圖書出版股份有限公司,2006 年。

6. 薛化元著,《台灣開發史》,台北:三民書局股份有限公司,2006 年。

7. 李汝和著,《台灣文教史略》,南投:台灣省文獻委員會,1972 年。

8. 汪知亭著,《台灣教育史料新編》,台北:台灣商務印書館股份有限公司,1978 年。

9. 徐南號主編,《台灣教育史》,台北:師大書苑有限公司,1993 年。

10. 張鐸嚴著,《台灣教育發展史》,台北:國立空中大學,2005 年。

11. 經典雜誌著,《台灣教育四百年》,台北:經典雜誌,2006 年。

12. 胡律光著,《再現台灣─台灣的教育》,台中:莎士比亞文化事業股份有限公司,2007 年。

13. 楊彥杰著,《荷據時代台灣史》,台北:聯經出版事業公司,2000 年。

14. 林文龍著,《台灣的書院與科舉》,台北:常民文化事業股份有限公司,1999 年。

15. 李鎮岩著,《台灣的書院》,台北:遠足文化事業股份有限公司,2008 年。

16. 吳學明著,《近代長老教會來台的西方傳教士》,台北:日創社文化事業有限公司,2007 年。

17. 吳文星著,《日治時期台灣的社會領導階層》,台北:五南圖書出版股份有限公司,2008 年。

第五章　台灣民間信仰

1. 張珣、江燦騰著,《當代台灣宗教研究導論》,北京:宗教文化出版社,2004 年。

2. 董芳苑著,《探討台灣民間信仰》,台北:常民文化,2004 年。

3. 黃文博著,《台灣民間信仰與儀式》,台北:常民文化,2002 年。

4. 林美容著,《媽祖信仰與台灣社會》,台北:博揚文化,2006 年。

5. 石萬壽著,《台灣的媽祖信仰》,台北:台原出版,1992 年。

6. 姜義鎮著,《台灣的民間信仰與儀式》,台北:武陵出版,1994 年。

7. 林仁川、黃福才著,《閩台文化交融史》,福州:福建教育出版社,1997 年。

8. 陳仕賢著,《台灣的媽祖廟》,台北:遠足文化,2006 年。

9. 謝宗榮著,《台灣的王爺廟》,台北:遠足文化,2006 年。

10. 黃柏芸著,《台灣的城隍廟》,台北:遠足文化,2006 年。

11. 伊能嘉矩著,《台灣文化志〔中〕中譯本》,台北:台灣文獻委員會,1991 年。

12. 劉還月著,《台灣的客家族群與信仰》,台北:常民文化,2004 年。

13. 渡邊欣雄著,《漢族的民俗宗教》,台北:地景出版,2000 年。

14. 吉元昭治著,《台灣寺廟藥籤研究》,台北:武陵出版,1993 年。

15. 林美容著,《信仰、儀式與社會》,台北:中央研究院民族學研究所,2003 年。

16. 郭中瑞、堀込憲二著,《中国人の街づくり》,東京:相模書房,1980 年。

17. 王榮國著，《海洋神靈》，江西：江西高校出版社，2003 年。

18. 劉還月著，《台灣民間信仰小百科〔廟祀卷〕》，台北：台原出版，1996年。

第六章　台灣的節慶與祭典

1. 黃丁盛著，《台灣的節慶》，台北：遠足文化，2003 年。

2. 陳柏州、簡如邠著《台灣的地方新節慶》，台北：遠足文化，2004 年。

3. 劉還月著，《台灣人的歲時與節俗》，台北：常民文化，2000 年。

4. 劉還月著，《四時民俗祭典》，台北：常民文化，2001 年。

5. 古野清人著，葉婉奇譯，《台灣原住民的祭儀生活》，台北：常民文化，2000年。

6. 范情、簡文敏等著，《女人屐痕：台灣女性文化地標》，台北：女性文化事業有限公司，2006 年。

7. 林清玄著，《傳統節慶》，台北：文建會，1999 年。

8. 李豐楙著，《台灣節慶之美》，宜蘭：傳藝中心，2004 年。

9. 陳雨嵐著，《台灣的原住民》，台北：遠足文化，2004 年。

10. 楊承業、梁文玲、石二月著，《台灣節慶嘉年華》，台北：秋雨文化，2006年。

11. 藍吉富、劉增貴主編，《中國文化新論—宗教禮俗篇：敬天與親人》，台北：聯經出版社，1993 年。

12. 魏貽君、楊翠著，《再現台灣—原住民的祭典》，80 期，台中：莎士比亞文化，2008 年。

13. 文建會網站：http://www.cca.gov.tw/。

14. 觀光局電子報。

15. 張益鈞、黃瀞儀報導／華視／2008.07.20。

16. 江冠明著，《新台灣新聞週刊：花蓮國際石雕藝術展淪為夜市叫賣》，2003年。

17. 台灣節慶網站：http://edu.ocac.gov.tw/local/web/Trad/Calendar.aspx。

第七章　台灣的歌謠

1. 杜文靖著，《說唱台灣歌謠》，台中：台中市教育會，1994 年。

2. 莊永明著，《台灣歌謠追想曲》，台北：前衛出版社，1996 年。

3. 莊永明、孫德銘編著，《台灣歌謠鄉土情》，台北：孫德銘，1999 年。

4. 鄭恆隆、郭麗娟著，《台灣歌謠臉譜》，台北：玉山社，2002 年。

5. 陳郁秀編，《台灣音樂閱覽》，台北：玉山社，1997 年。

6. 馬世芳主編，《永遠的未央歌》，台北：台灣滾石唱片，1995 年。

7. 黃裕元著，《台灣阿歌歌》，台北：向陽文化，2005 年。

8. 簡上仁著，《台灣民謠》，台北：眾文圖書公司，1996 年。

9. 曾慧佳著，《從流行歌曲看台灣社會》，台北：桂冠出版，1998 年。

10. 陳郁秀著，《音樂台灣》，台北：時報文化，1996 年。

11. 楊麗祝著，《歌謠與生活：日治時期台灣的歌謠采集及其時代意義》，台北：稻鄉出版社，2000 年。

12. 劉國煒編著，《老歌情未了》，台北：華風文化，1997 年。

13. 吳國禎著，《吟唱台灣史》，台北：台灣北社，2003 年。

14. 田哲益著，《台灣原住民歌謠與舞蹈》，台北：武陵出版，2002 年。

15. 鄭榮興著，《台灣客家音樂》，台北：晨星出版，2004 年。

16. 曾逸昌著，《客家通論》，台北：曾逸昌，2008 年。

17. 顏綠芬、徐玫玲著，《台灣的音樂》，台北：財團法人群策會李登輝學校，2006 年。

18. 林瑛琪著，《台灣的音樂》，台中：莎士比亞文化事業股份有限公司，2007 年。

19. 吳國禎著，〈台語研究當中「歌謠」一詞的使用與檢討〉，http://iug.csie.dahan.edu.tw/giankiu/GTH/2006/ICTR/lunbun/04.pdf。

20. 黃純彬著，〈試論客家流行歌曲〉，http://mjk.ac/PahCuF。
http://www.hakkaonline.com/forum/thread.php?tid=22662

21. 怪 E 紅傑克，〈話說臺灣台語流行歌曲的發展及演進〉http://jackli51.pixnet.net/blog

22. 怪 E 紅傑克，〈話說臺灣華語流行歌曲的發展及演進〉http://jackli51.pixnet.net/blog

23. 音樂與歌手－維基百科

圖片來源

第一章　台灣的歷史

第一節　史前時代

圖 1-1　　周婉窈著,《台灣歷史圖說（史前至一九四五年）》,頁 19,台北:聯經出版公司,1997 年。

圖 1-2　　周婉窈著,《台灣歷史圖說（史前至一九四五年）》,頁 38-39,台北:聯經出版公司,1997 年。

第二節　大航海時代

圖 1-3　　曹永和著,《台灣早期歷史研究》封面圖,台北:聯經出版公司,1979 年。

圖 1-4　　廖宜方著,《圖解台灣史》,頁 67,台北:易博士出版社,2004 年。

圖 1-5　　江樹生著,《鄭成功和荷蘭人在台灣的最後一戰及換文締和》,頁 21,台北:漢聲雜誌社,1992 年。

圖 1-6　　湯錦台著,《大航海時代的台灣》,頁 92,台北:貓頭鷹出版社,2001 年。

圖 1-7　　湯錦台著,《開啟台灣第一人鄭芝龍》,頁 197,台北:果實出版社,2002 年。

第三節　滿清時期

圖 1-8　　施偉青著,《施琅將軍傳》,頁 2,長沙:岳麓書社,2006 年。

圖 1-9　　廖宜方著,《圖解台灣史》,頁 71,台北:易博士出版社,2004 年。

圖 1-10　 周婉窈著,《台灣歷史圖說（史前至一九四五年）》,頁 85,台北:聯經出版公司,1997 年。

第四節　日本時期

圖 1-11　《再現台灣》92 期，頁 19。

圖 1-12　周婉窈著，《台灣歷史圖說（史前至一九四五）》，頁 148，台北：聯經出版公司，1997 年。

圖 1-13　莊永明、遠流世紀回味編輯組編著，《台灣世紀回味‧時代光影》，頁 17，台北：遠流出版公司，2000 年。

圖 1-14　周婉窈著，《台灣歷史圖說（史前至一九四五）》，頁 127，台北：聯經出版公司，1997 年。

圖 1-15　莊永明、遠流世紀回味編輯組編著，《台灣世紀回味‧時代光影》，頁 18，台北：遠流出版公司，2000 年。

第五節　戰後台灣

圖 1-16　莊永明、遠流世紀回味編輯組編著，《台灣世紀回味‧時代光影》，頁 31，台北：遠流出版公司，2000 年。

圖 1-17　洪聰益、李筱峰著，〈蔣政權「反共抗俄」的政治迷思史料舉隅〉，引自《台灣史料研究》，頁 53，台北：吳三連台灣史料基金會，1998 年。

圖 1-18　劉峰松、李筱峰著，《台灣歷史閱覽》，頁 192，台北：自立晚報，1994 年。

第二章　台灣的族群

第一節　原住民

表 2-1　高明士主編，洪麗完等著，《台灣史》，台北：五南圖書公司，2006 年，頁 20。

表 2-2　高明士主編，洪麗完等著，《台灣史》，台北：五南圖書公司，2006 年，頁 35。

圖 2-1　行政院原住民委員會全球資訊網，網址：http://www.apc. gov.tw/，2010 年 7 月 23 日。

圖 2-2　周婉窈著，《台灣歷史圖說（增訂本）》，台北市：聯經出版公司，2009 年 12 月，頁 32。

第二節　閩南人

圖 2-3　周婉窈著，《台灣歷史圖說（增訂本）》，台北市：聯經出版公司，2009 年 12 月，頁 69。

圖 2-4　洪敏麟，《台南市市區史蹟調查報告書》，台中市：台灣省文獻委員會，1979 年 6 月，頁 38。

第三節　客家人

圖 2-5　取自《客家風雲雜誌》，轉引自新竹縣饒平客家文化協會，網址：http://ngiaupin.lifebook.com.tw/geography.aspx，2010 年 7 月 23 日。

圖 2-6　劉還月，《台灣客家族群史（移墾篇）上》，南投市：台灣省文獻委員會，2001 年 5 月，頁 10。

圖 2-7　戴正倫，〈客家與敬字亭〉，《國立中興大學客家學院電子報》，網址：http://140.115.170.1/Hakkacollege/big5/network/paper/paper10/05.html，2010 年 8 月 29 日。

第四節　外省人

圖 2-8　趙可斌，四四南村，台灣大百科全書，網址：http://taiwanpedia.culture.tw/web/content?ID=8542，2010 年 8 月 29 日。

圖 2-9　台南市大同路二段「大林新城」國宅社區。撰者自攝，2010 年 8 月 30 日。

圖 2-10　台南市仁德區「二空新村」改建工程。撰者自攝，2010 年 8 月 18 日。

圖 2-11　壹週刊美食旅遊組，《台灣美食壹之選（修訂版）》，台北市：三友圖書公司，2010 年 6 月，頁 29、31；王蓉蓉、王偉忠，《偉忠姐姐的眷村菜 2》，台北市：時周文化事業公司，2009 年 3 月，頁 102。

第五節　新住民

圖 2-12　綜合整理，〈22 萬外籍看護 9 成變黑工〉，《聯合新聞網》，網址：http://mjk.ac/VmkR7P，2015 年 4 月 13 日；綜合報導，〈台灣之恥 遠洋船壓榨萬漁工 印尼漁工疑遭虐死 揭血淚真相〉，《蘋果日報》，網址：http://mjk.ac/rz6YYk，2016 年 12 月 19 日。

圖 2-13　夏曉鵑，〈從「外籍新娘」到「新住 民」走了多遠？（二）〉，《天下雜誌》獨立評論，網址：http://mjk.ac/h7zEHE，2018 年 1 月 31 日。

圖 2-14　夏曉鵑，〈從「外籍新娘」到「新住 民」走了多遠？（三）〉，《天下雜誌》獨立評論，網址：http://mjk.ac/LL4MGt，2018 年 1 月 31 日；詹士弘、鄭旭凱，〈〈中部〉《照顧新台灣之子》火炬計畫推學母語　挨批配套不足〉，《自由時報》，網址：http://mjk.ac/pLXd7e，2014 年 10 月 25 日。

第三章　台灣的地名

第三節　台灣的地名－人文環境類

圖 3-1　陸傳傑等撰文，《裨海紀遊新注》番社采風圖，頁 109，台北：大地地理出版事業股份有限公司，2001 年。

圖 3-2　李世榮、吳立瓶著，《台灣的老鄉鎮》，頁 185，台北：遠足文化事業有限公司，2003 年。

第四節　台灣地名的發展與演變

圖 3-3　陸傳傑等撰文，《裨海紀遊新注》，頁 42，台北：大地地理出版事業股份有限公司，2001 年。

第四章　台灣的教育

第一節　荷西時期的西方宗教教化

圖 4-1　經典雜誌編著，《台灣教育四百年》，頁 14，台北：經典雜誌，2006 年。

圖 4-2　《西方宗教在台灣大展導覽手冊》，頁 2，台南：台南市文化資產保護協會，2000 年。

圖 4-3　經典雜誌編著，《台灣教育四百年》，頁 16，台北：經典雜誌，2006 年。

圖 4-4　原書央圖台灣分館藏，維基百科網站：http://mjk.ac/TBQcpB。

圖 4-5　胡律光著，《再現台灣－台灣的教育》，頁 7，台中：莎士比亞文化

事業股份有限公司，2007 年。

圖 4-6　　　維基百科網站：http://mjk.ac/TBQcpB。

第二節　明鄭與滿清時期的儒化教育

圖 4-7　　　作者拍攝（2008 年 1 月 27 日）。

圖 4-8　　　經典雜誌編著，《台灣教育四百年》，頁 39，台北：經典雜誌，2006
　　　　　　年。

圖 4-9　　　作者拍攝（2008 年 1 月 27 日）。

圖 4-10　　作者拍攝（2008 年 1 月 27 日）。

圖 4-11　　中央研究院文語所文物圖像研究室典藏之《番社采風圖》，轉引自經典
　　　　　　雜誌編著，《台灣教育四百年》，頁 49，台北：經典雜誌，2006 年。

圖 4-12　　作者拍攝（2008 年 1 月 27 日）。

圖 4-13　　趙氏家族提供。

圖 4-14　　經典雜誌編著，《台灣教育四百年》，頁 52，台北：經典雜誌，2006
　　　　　　年。

第三節　清領末期的新式教育

圖 4-15　　作者拍攝（2008 年 1 月 27 日）。

圖 4-16　　維基百科網站：http://mjk.ac/cZw7y3。

圖 4-17　　作者拍攝（2008 年 1 月 27 日）。

圖 4-18　　作者拍攝（2008 年 1 月 27 日）。

圖 4-19　　吳學明編著，《近代長老教會來台的西方傳教士》，頁 87，台北：日
　　　　　　創社文化事業有限公司，2007 年。

圖 4-20　　經典雜誌編著，《台灣教育四百年》，頁 67，台北：經典雜誌，2006
　　　　　　年。

圖 4-21　　張靜宜編著，《再現台灣－沈葆楨和劉銘傳》，頁 2，台中：莎士比
　　　　　　亞文化事業股分有限公司，2006 年。

圖 4-22　　胡律光著，《再現台灣－台灣的教育》，頁 21，台中：莎士比亞文化
　　　　　　事業股份有限公司，2007 年。

第四節　日治時期的近代教育

圖 4-23　　經典雜誌編著，《台灣教育四百年》，頁 80，台北：經典雜誌，2006年。

圖 4-24　　島嶼柿子文化館編著，《台灣百年小學故事》，頁 157，台北：柿子文化事業有限公司，2004 年。

圖 4-25　　作者提供。

圖 4-26　　台中一中網站：http://mjk.ac/q9tWHY。

圖 4-27　　國家圖書館閱覽組編，《日治時期的台南》，頁 112，台北：國家圖書館，2007 年。

圖 4-28　　網路資料：http://www.tonyhuang39.com/tony0562/tony0562.html。

圖 4-29　　戴東原等編輯，《台大醫院百年懷舊》，頁 147，台北：國立台灣大學醫學院附設醫院，1995 年。

圖 4-30　　經典雜誌編著，《台灣教育四百年》，頁 116，台北：經典雜誌，2006 年。

圖 4-31　　經典雜誌編著，《台灣教育四百年》，頁 95，台北：經典雜誌，2006年。

第五節　戰後的教育變革

圖 4-32　　作者提供。

圖 4-33　　經典雜誌編著，《台灣教育四百年》，頁 126，台北：經典雜誌，2006 年。

圖 4-34　　2008 年 6 月 29 日《中國時報》開卷版。

圖 4-35　　經典雜誌編著，《台灣教育四百年》，頁 171，台北：經典雜誌，2006 年。

圖 4-36　　作者拍攝（2008 年 7 月 12 日）。

圖 4-37　　作者拍攝（2008 年 7 月 12 日）。

第五章　台灣的民間信仰

第一節　民間信仰的眾神祇

圖 5-1　　作者攝于台南市天壇（2008 年 5 月 25 日）。

圖片授權聲明

　　本書引用之所有圖片，在編輯過程中皆竭力聯絡著作權所有人，以期順利取得合法之授權，並無任何侵權之意。然少數圖片終究未能如願取得確切的聯繫管道，如圖片著作權所有人看到此一聲明，煩請主動與敝公司聯絡，以便洽談相關授權事宜，謝謝。

國家圖書館出版品預行編目資料

台灣歷史與文化／王淑端等編著；劉燕儷主編.
－四版.－新北市：新文京開發，2019.08
面；　公分

ISBN　　978-986-430-524-7（平裝）

1.臺灣史　2.臺灣文化

733.21　　　　　　　　　　　　108011775

台灣歷史與文化（四版）　　　　　（書號：E321e4）

總　編　纂	田博元
編　　　纂	汪中文
主　　　編	劉燕儷
編　著　者	王淑端、李巧雯、吳逞功、王耀德、邱重銘、王俊傑
出　版　者	新文京開發出版股份有限公司
地　　　址	新北市中和區中山路二段 362 號 9 樓
電　　　話	(02) 2244-8188（代表號）
F　A　X	(02) 2244-8189
郵　　　撥	1958730-2
初　　　版	2008 年 9 月 23 日
二　　　版	2011 年 2 月 21 日
三　　　版	2015 年 5 月 10 日
四　　　版	2019 年 8 月 30 日

New Wun Ching Developmental Publishing Co., Ltd.

New Age · New Choice · The Best Selected Educational Publications—NEW WCDP

新文京開發出版股份有限公司
NEW WCDP

新世紀‧新視野‧新文京 — 精選教科書‧考試用書‧專業參考書